上海三联人文经典书库

国家出版基金项目
NATIONAL PUBLICATION FOUNDATION

上海三联人文经典书库

119

作为历史的口头传说

[比]简·范西纳 著

郑晓霞 等 译

张忠祥 等 校译

ORAL TRADITION AS HISTORY

上海三联书店

"十四五"国家重点图书出版规划项目

国家出版基金资助项目

总　序

陈　恒

　　自百余年前中国学术开始现代转型以来,我国人文社会科学研究历经几代学者不懈努力已取得了可观成就。学术翻译在其中功不可没,严复的开创之功自不必多说,民国时期译介的西方学术著作更大大促进了汉语学术的发展,有助于我国学人开眼看世界,知外域除坚船利器外尚有学问典章可资引进。20世纪80年代以来,中国学术界又开始了一轮至今势头不衰的引介国外学术著作之浪潮,这对中国知识界学术思想的积累和发展乃至对中国社会进步所起到的推动作用,可谓有目共睹。新一轮西学东渐的同时,中国学者在某些领域也进行了开创性研究,出版了不少重要的论著,发表了不少有价值的论文。借此如株苗之嫁接,已生成糅合东西学术精义的果实。我们有充分的理由企盼着,既有着自身深厚的民族传统为根基、呈现出鲜明的本土问题意识,又吸纳了国际学术界多方面成果的学术研究,将会日益滋长繁荣起来。
　　值得注意的是,20世纪80年代以降,西方学术界自身的转型也越来越改变了其传统的学术形态和研究方法,学术史、科学史、考古史、宗教史、性别史、哲学史、艺术史、人类学、语言学、社会学、民俗学等学科的研究日益繁荣。研究方法、手段、内容日新月异,这些领域的变化在很大程度上改变了整个人文社会科学的面貌,也极大地影响了近年来中国学术界的学术取向。不同学科的学者出于深化各自专业研究的需要,对其他学科知识的渴求也越来越迫切,以求能开阔视野,迸发出学术灵感、思想火花。近年来,我们与国外学术界的交往日渐增强,合格的学术翻译队伍也日益扩大,同时我们也深信,学术垃圾的泛滥只是当今学术生产面相之一隅,高质量、原创作的学术著作也在当今的学术中坚和默坐书斋的读书种子中不断产生。然囿于种种原因,人文社会科学各学科的发展并不平衡,学术出版方面也有畸轻畸重的情形(比如国内还鲜有把国人在海外获得博士学位的优秀论文系统地引介到学术界)。

有鉴于此,我们计划组织出版"上海三联人文经典书库",将从译介西学成果、推出原创精品、整理已有典籍三方面展开。译介西学成果拟从西方近现代经典(自文艺复兴以来,但以二战前后的西学著作为主)、西方古代经典(文艺复兴前的西方原典)两方面着手;原创精品取"汉语思想系列"为范畴,不断向学术界推出汉语世界精品力作;整理已有典籍则以民国时期的翻译著作为主。现阶段我们拟从历史、考古、宗教、哲学、艺术等领域着手,在上述三个方面对学术宝库进行挖掘,从而为人文社会科学的发展作出一些贡献,以求为21世纪中国的学术大厦添一砖一瓦。

目　录

2

前　言

"古老的事情依然响彻在耳畔"
——加纳阿肯人谚语

　　这句加纳阿肯人的谚语简明扼要。口头传说的神奇之处在于过去的信息真实地存在过,却不能被我们持续感知,虽然有人认为这也是它的致命弱点。口头传说只有在被讲述时才会再现。仅在短暂瞬间它们能被听到,大多数时间它们只留存在人们的脑海里。话语是短暂的,但记忆并非如此。在口传社会中,没有人怀疑记忆是包含了过去人类经验的总和,并且是解释当今社会现状和原因忠实的宝库。"Tete are ne nee"的意思是"古老的事情成就今天",或者"历史总在重演"。无论记忆是否变化,文化通过被语言和行为承载的记忆所复制。大脑通过记忆将文化代代传承。大脑是如何记忆和创造复杂的思想、信息和生活指令,且在时间上表现出连续性,这是值得我们探索的最伟大的奇迹之一,堪比人类智慧和思想本身。因为这个奇迹如此之伟大,所以它也非常之复杂。口头传说应该是文化、意识形态、社会学、心理学、艺术学,最后还有历史学等学生的学习核心。这会在本书最后一部分论及。

　　在众多的史料来源中,口头传说占有独特的一席之地。它们是未成文的信息;它们的保存依托于连续几代人的记忆。然而,直到一代人之前,几乎没有人以历史方法论研究口头传说的意义。

作为历史的口头传说

更令人吃惊的是，口头传说在实际中一直被作为原始资料使用。这种资料不仅是口传社会历史的明确资料或者文字社会中对不懂文字群体的历史信息，而且也是许多古代著作的源头，诸如在早期的地中海地区、印度、中国、日本，或者是之后西欧第一个千年之交前的许多来自欧洲中世纪的著作。

"古老的事情成就今天。"是的，口头传说是对"当代"的记录，因为他们是在当下被讲述。然而，它们也包含来自过去的信息，所以它们同时也是对"过去"的表达，它们是过去在当下的重现，我们无法否认其所体现的过去和当下。一些社会学家将口头传说的全部内容归于稍纵即逝的当下，这是对口头传说的破坏，是一种简化论。一些历史学家无视当下对它的影响，这也是一种简化论。口头传说必须是对过去和当下的共同反映。

这种情况以及对记忆的依赖是否自然地剥夺了口头传说作为历史资料的有效性？ 或者"……对非书面故事的信念盲目地历代相传"（Wordsworth，"The Excursion"，VII：941 - 943）是否合乎情理？答案并非简单的是或否。更准确地说，与其他历史资料一样，这是一个有关各种特定的口头传说的可信度能否被考量的问题。这是本书要解决的问题。

1959 年我写了一本书解答这个问题，希望从历史学方法论角度能使这一空白点引起关注，并对作为历史的口头传说的特点进行初步介绍。[1] 从那以后许多文章和专著都致力于解决这一问题以及相关的问题，例如将口头传说作为艺术形式进行研究。这本书需要跟得上最新发展，与此同时我获得了很多经验，许多论述得以出版问世，而我自己的想法也像记忆本身一样，并非一成不变，所以就有了这本新书。此书的目标没有改变，仍然是向读者简要地介绍口头传说作为历史证据的使用规范。这些证据的使用规范形成一个整体，成为思维的逻辑训练。我们不能只应用其中一些规范而忽略了其他。这些规范是一个整体，是一种历史学方法。我们的目标是把它们呈现出来。在注释中，我会向读者介绍与这些规范有关的讨论。

至于研究范围，本书不应局限于任何特定的时期或地点。案例越多越好，因为我认为，人类的思想和记忆在任何地点和任何时间都以同样的方式运行。有些人仍否认这一点，争辩说"思维模式"混淆了思维客体和思维过程。作为该目标的必然结果，本书也强调全人类思维过程的统一性，进而避免时空的局限，然而，实际上本书多数的口头传说和研究都是以 20 世纪的人为基础。这是因为该时期我们有足够多的信息让历史学家能够考量许多口头传说的可靠性。这些口头传说不同于许多被书写下来、从远古流传至今的口头传说。毫无疑问读者们会注意到这其中有很多非洲的案例和来自于我自己研究的案例。对于这些案例，有兴趣的读者可以找到更深入的长篇分析，甚至是被记录下来的原始资料。[2] 使用某个人的个人经历或者主要的非洲案例并无大碍，只要它们能代表普遍情况即可。为了表明这一点，注释中包含了世界其他地区的例子。世界大部分地区都已经开始研究口头传说，这使我们可以自信地说我们是在研究普遍情况。与本书类似的大量的书籍也可以说明这一点，但是作为研究方法，言简意赅是非常重要的，要点应当进行阐述而非冗长地堆砌记录。

我首先将我们称之的"口头传说"作为一个过程进行描述。这使我能够更好地说明这一称呼的含义。随后我将论述口头传说怎样变成记录、证据或者文本，在此过程中需要应用文本考证的规范。然后我考察口头传说产生的社会环境，以及它表现社会文化的特征。口头传说是被记忆的信息，这就引起了接下来要探讨的基本问题。一旦研究其这一方面，就可以评估口头传说对于历史学家的价值。

无论看起来多么具有逻辑性，这一行文顺序并不是唯一的选择。的确，它不同于该书先前的规划方案。选择这样一个方案是

作为历史的口头传说

为能够更好地指导读者,而尽可能减少重复从口头传说是什么乃至它对历史重构的价值的考量。

简·范西纳

致　谢

　　任何一个把口头传说作为一个根植于集体的过程进行书写的人都意识到,在一定程度上都会受到她或他所处的史学和学术传统的影响。在这条宽广的河流中会发现各种"漩涡";有我们的老师、同事、学生和素未谋面的作者。除此之外,其他人作为家庭成员或者朋友在对话中谈及的某些口头传说,也传递着知识、生活经验和传统。他们的智慧和相关性并不比专业学者逊色。然后还有支持研究和研究者的机构:博物馆、研究院和大学各部门。即使我们能列举出所有得到的支持,但是我们又如何判定每份支持的多与少呢?专家们在本书中随处都可以找到各种支持和影响,如果有来自研究机构的读者,他们也将会看到他们所做出的支持。

　　我们得知,对于过去存在一个"很长的时期"和一个"最近的过去"。首先我必须提及至少一个人和一个机构,即便这还包含了另一个人。第一个是我以前的指导老师 J. 迪斯梅特(J. Desmet)教授。这位著名的中古史学家一定已经发现了我不是一个循规蹈矩的学生,最后他眼见着他本人和我一起承担这一课题。他创造了奇迹,以极大的热情质疑我的观点及表达以至于有时候让我心烦意乱,正如我可能对他也是如此。没有人比迪斯梅特更了解历史推理的妙处,最终没有人比他更投入于实现本书的目标,当然直到后来我才真正发现我的"教授"在这一研究项目上投入了多少精力和时间。至于机构,则是现在已经不复存在的"中部非洲科学研究

1

所"(IRSAC),在其 9 年的光辉岁月中允许许多像我们这样的学者从事自己喜爱的研究。已故的、伟大的 L. 范·登·伯格(L. Van den Berghe)对这一机构产生了重要的影响,他的继承者们永远不会忘记他。

至于"最近的过去",我必须感谢威斯康星州的维拉斯信托基金(Vilas Trust Fund)、威斯康星大学研究生院和德国亚历山大·冯·洪堡基金会的支持,使我有时间进行研究及著书。我怎能忽略 S. 葛兰宝(S. Grabler)女士呢? 正是她将这一切输入文字处理机,然后又不得不从那进行恢复。即便是在进行她自己的研究工作之时,她仍旧致力于证明现代技术的功用以及利用它的好处!

简·范西纳

(美国)威斯康星大学麦迪逊分校

1984 年 5 月

第一章
作为过程的口头传说

"口头传说"既是过程,也是过程的结果。其结果是基于过去的口头信息形成的,至少流传一代人以上的口头信息。过程就是这些信息随着时间流逝通过口头进行传播,直至消失。因此,任何一个特定的口头传说都仅仅是在某一时期的特定表现,一种从最初的交流开始的口头发展过程中的一个元素。每一种表现的特点都根据其在整个过程中所处位置的差异而不同。我们必须在第一部分讨论整个过程,甚至是要先于我们将口头信息定义为史料来源和讨论其主要特征。

一、信息的产生

在任何情况下人们说话都会产生信息,其中一些可能会被不断重复而开启一个传递过程。促使人们相互交流和重复别人所说的话的各种情况不应该被简单地归类。尽管如此,历史学家仍会在被重复的信息中区分出两大类:传递"消息"的交流和对现有情况进行"解释"的交流。我们将依次进行讨论。

(一)消息

消息的本质是提供关于不久前所发生的且听众并不知晓的信

息。消息必须对听众有一定吸引力,而且往往具有一些耸人听闻的价值。越是耸人听闻的,它就越会被重复。关键的一点是,这样的交流不涉及过去,而在于现在,并暗示着未来。这些信息来自目击者、传闻或如想象、梦境或幻觉之类的内心体验。

1. 目击者

本书的每一位读者都曾经是某一时刻的目击者。每个人都会把他参与的或看到的事件给不在场的人进行描述。目击者的描述被认为是所有历史的源头。因此,大部分的历史方法指南都对此进行了讨论。[1] 他们强调,为了事实的可靠性,证人应该能够看到或者能够理解他所看到的,而不会由于过度参与导致他或她的偏见完全改变所看到的内容。第一点是显而易见的,但是其他的就不那么明显。有关士兵在战场上的报道经常缺乏这两方面的证据。他们通常是在硝烟弥漫的情况下只看到了所发生事件的一小部分。他们并不真正理解到底发生了什么,因为整体的混乱和他们自己所处的位置让他们难以从容不迫地观察整个战事的发展。[2] 从我个人的经验来看,在记录意大利和利比亚战争期间(1911—1932年)目击者的叙述,除了其中一人是例外,其他大约一千个目击者都无法观察到整个战争。唯一的例外是在塔瑞福特(Taghrift)战役(1927年)时,有一个人的骆驼被利比亚军队征用,他不得不跟着他的骆驼站在山上俯瞰整个战场。这是一场小战役,战场四周山丘环绕。即便如此,他也不能事无巨细地描述持续了几个小时的战事中各方力量的来往。

在最好的情况下,即使是最好的目击者也不能对发生的事情像电影一样进行完整描述,正如所有对故事的描述所证明的。目击者的描述也是一种个人经历,不仅包括感知,还包括情绪。目击者通常也不是闲散的旁观者,而是事件的参与者。此外,对所发生的事情的理解不能仅仅通过感知的信息来获得,必须在一个连贯的整体中把感知组织起来,而事件的情景逻辑就会提供观察所缺失的部分。经典的车祸事故或钱包抢劫案例记录就足以证明这点。一名车祸的目击者先是听到了撞击声,然后看到了车祸现场,然后推断出事故是如何发生的——这两辆车在事故发生前都是如何行驶的,据此他或她对事故建立起连贯的描述。一般在事故发生前,他是没有看到这两辆车的。大多数的目击者无法仅凭一个响声以及车祸的结果就能建立起这样一个故事。如果一名目击者正在驾驶的汽车被撞击,那么事故发生的速度超过了他能感知的反应时间。这样的人通常只记得事故的一两个片段。然而,当被要求讲述所发生的事情时,他们必须把整个事故连贯起来,并构建起一个故事,在这个故事中大部分叙述却是由情景逻辑构成。

因此目击者的描述只有部分是可靠的。的确,对于复杂(战斗)或意外(事故)事件可能比简单的可预见的事件要罕见。然而,即使这样,信息也仍然是不完整的。对事件本身的预期歪曲了对事件的观察。人们倾向于描述他们期望看到或听到的,而不是他们实际看到或听到的内容。总而言之:通过记忆和情绪状态的感知中介会形成一个描述。记忆通常会从连续的感知中选择某些特征,并根据预期、先验知识或“必须发生之事”的逻辑来解释它们,以填补感知的空白。

因此,从第一步开始,对于所有的信息,不管是口头的还是书面的,对严谨的分析人员来说,都可能已经否认目击者信息的可信度。从最严格的理论来看,分析人员这样做是正确的。在实践中,正如我们从日常经验中所知道的,他们是错误的。因为如果我们的观察和他们的解读是如此不确定的话,那么我们根本就不能发挥任何作用。我们将不记得自己每天参与的事情也不能有效地按照所记情况行事。尽管如此,我们还是应该记住,那些阻碍目击者描述的不利因素,在被接受之前应该进行仔细的审查。[3]

2. 传闻

传闻或谣言是从耳朵传到嘴里。但是它仍然与信息有关——

实际上是以轰动性信息的方式存在,否则谣言就难以建立。即使叙述的事实是真实的,但那些引人入胜的部分总是有点过分夸张,而且叙述总是以直接引起他人共鸣的方式出现。"你知道某某人已经做了什么吗?"这种语句会感染到被认为和讲述者对此事共有基本的价值观的听众的情绪。

实际上许多谣言都是有根据的,尤其是在一个没有文字或大众媒体的社会里,言论是信息传递的基本媒介。然而我们都知道许多谣言是不真实的,"哪里有烟,哪里就有火"的谚语被证明其错误率和真实性各占一半。特别是当谣言有实际目的的时候,比如让对手灰心丧气,或者鼓动支持者,这些都是不能相信的。在实践中,大多数虚假的谣言由于预期结果根本不会发生而逐渐消失,然后又会被新的谣言所取代。没有矛盾的谣言会流传下来,成为口述历史的一部分,后来也成为口头传说的一部分。虽然上面的说法是关于传闻的,这些传闻的变化应该是公众可以察觉到,但是虚假的谣言不可能有这样的影响而被继续流传下去,进而变成口头传说。

传闻是大多数口头传说或书面文件的源头。目击者的描述在这两类来源中都是罕见的。通常情况下,人们无法确定谣言是否来源于目击者的叙述。[4] 在大多数情况下,证据本身就会引导我们,就像库巴的信息提供者对人类起源的故事所评论的那样:"如果不是通过传闻,他怎么知道自己的创造呢?"

谣言是一个集体历史意识建立的过程。由大量的谣言产生的集体解释,导致人们对事件、非事件或系列事件解释的普遍接受。因此,基于谣言的口头传说更多告诉我们的是关于事件发生时民众的心态而不是事件本身。

3. 想象、梦境和幻觉

想象、梦境和幻觉是非常普遍的感知。在某些社会中,不仅是对于经历过的人,而且对于整个社区的人而言,其中一些内容被认为是消息。当经历者讲述这些经历时，这些故事就变成了传闻被传播。所有具有这些特点的信息都被认为是一种从超自然到生活的交流，也是一种信息。对神灵或神谕的想象是这些来源的主要例子。通常像孩子这样"清白"的人的想象会引导建造神殿和朝圣。

在口传社会中，此类事件在过去和现在都会频繁发生，而体现在口头传说中要么成为对历史意义的注释，就像经常发生的预言一样，或者他们之所以一直流传，是因为被合理化或产生了可以解释的新情况。卢旺达传说中有关于欧洲人到来的预言转变为了历史意识。[5] 丁吉斯瓦约（Dingiswayo）国王梦到被命令通过普遍的征服来实现和平，通过事后追溯梦境使他那个时代的祖鲁（纳塔尔）帝国主义被合法化。[6]1856 年农卡乌兹（Nongqause）预言，如果他们献祭牲畜他承诺将他们的祖先送返回到（南非）科萨，就能在开普敦省阻止欧洲人的入侵。这是一个被记住结果的预言例子。许多科萨人都听从了她的话，然后随之而来的饥荒破灭了科萨人抵抗欧洲入侵压力的决心。[7]

对这些信息来源应该进行识别，而不是一概而论为物理上的不可能而被忽略，从而成为后世无用的修饰。这些信息在口头传说中的存续，意味着在历史意识和当代的精神和意识形态中有一定的意义。

（二）对经历的诠释

有一整类原始消息根本不涉及信息，而只是对经历的表述。这之中包括了个人回忆，对现有事物的起源解说（图像解释）、语言表达（民间语源学）、口头传说（解释性语言），以及例如在口头艺术中出现的文学表达。所有这些来源都是具有反映性的，是对现有情况和现有信息思考的产物。它们代表了对历史意识详细阐述的一个阶段，是我们通常所说的"文化"的主要源泉之一。这样的来源有时能证明事件,大部分是证明特定时间内存在的情况。

1. 回忆

回忆也许是人类记忆最典型的产物。无论是否被问题引发,它们主要是对过去事件或参与者事后很久以后所给出的回忆。回忆是某种生活史,每个人都拥有这样的回忆。它们对个性和身份概念至关重要。它们是个人关注的传递给他人的自我形象。回忆不是由随机的记忆集合而成的,而是一个有组织的整体记忆的一部分,它常常投射出叙述者的一贯形象,在很多情况下,是对他或她的生活的一种辩解。[8]

在此我们看到运作中的记忆的全部能量。当事件或情况不相关或不方便时就会被遗忘。其他的信息依据其在自我形象创作中所扮演的角色被保留和重新排序、重新改造或者被准确地记住。这幅肖像的某些部分太过私密或太过矛盾而无法很好地被揭示。虽然有些是私人的,但是根据心情也可以告知非常亲近和亲爱的人。有些则是公共分享,这些通常与公共职业有关。[9] 在许多文化中,人们倾向于创造两个自我的形象。一个是建立在角色和地位、价值观和原则的基础上戴上面具的自己,或者说是一个公共形象,这是有关自我的高贵面具。另一幅形象则不那么公开,作为矛盾的经历揭露怀疑和恐惧的痕迹而被本人记住。根据当代的个性观念,面具下的自己和心目中的自己的差别在不同文化中各不相同。[10] 在一些文化中,比如日本或中非,这种差别是很弱的。然而在其他国家,比如今日的美国,差距就变成了一道鸿沟。即使在差距很小的情况下,仍然会保留一些可以告诉任何人的回忆,而有一些只可以告诉密友,还有一些不能告诉任何他人。

通过在特定文化中对个性的概念和对隐私要求的敏感性,研究者可以很好地发现过去的历史和它的呈现方式的差距。生活史的内在一致性将允许人们找到选择的原则,能将个人的回忆联系起来,从而评估它们对每个人的回忆的影响。

这些资料是口述历史的主要输入来源,因此对口述历史学家而言,讨论这些资料如何产生、如何收集、如何使用都是非常重要的。然而我们必须包容这个小瑕疵,因为我们把回忆限制在作为后来的口头传说的来源。要重点记住的是,处理情况的信息来源与其处理事件一样频繁。他们在对话中与重要的他者进行交流时,无论他们是家人、邻居、同一组织或社区的同事,这些对话来源总是既包括传闻又有目击者的叙述。人类的记忆如此运作导致它排除了某些类型的"正确"的回忆——人们不能正确地记住曾经坚持的观点以及后来发生的改变,除非它产生剧烈的行为。人们记不住相似的抽象事物的列表,比如数字。童年记忆应该会把物体或人描绘得比实际更大,而童年记忆的意义也应该与那个时代特定文化特定情境中孩子的理解相对应。这些简单的迹象加上之后对采访的评论以及记忆重建的方式,都会告诉我们关于口述历史学家怎样获得这些资料。[11]

一则关于意大利作曲家安东尼奥·罗西尼(1792—1868)平生唯一一次会见贝多芬(1770—1827)的著名故事,可以作为谨慎对待回忆录的警示。在贝多芬去世若干年后,罗西尼回忆道,他走进贝多芬的房间,但在拜访的过程中困难重重,最后他也没有和这位不太会意大利语(罗西尼的语言)的音乐大师说上话。到了罗西尼的晚年,这一会见变成另一种传说。它说饱受病痛折磨的大师不顾创作中的痛苦会见了罗西尼,并且肯定他正在进行的伟大的创作,尤其是赞扬了《塞维利亚的理发师》的第二幕。[12]

2. 解释

各种现存的情况都可以促使解释它们存在的原因。这样的解释是事后(ex post facto)产生的,因此是新产生的信息。因此为了说明地形的显著特征或解释历史遗迹,经常会出现一套解释。人们经常把岩石上的小凹坑解释为英雄、国王或先知的手印或脚印。[13] 在罗马,坐在一个看起来像教皇的御轿上的古老的女人雕像,引发了有关女教皇约翰娜(Pope Johanna)的传说。[14] 这种虚构的解释被称为"图像萎缩"(iconatrophy)。除了这种虚构的解释,源自于事发现场时间或纪念碑本身的其他东西可能确实存在。因此有必要对所有与考古遗址有关的故事进行谨慎的处理。作为一个类别,他们不能被拒绝,但也不能被全盘接受。

通俗词源(popular etymology)是另一类别的解释。正如它们的语言来源规律所显示的那样,一般它们都是虚构的,但也有一些是正确的。因此,在(扎伊尔)金沙萨靠近急流的金坦波(Kintambo)地区,就意味着人们拥有"渔业"。但是在下一个地区卡利娜(Kalina)人们说这是一个当地头人的名字时,这是错的。尽管这个名字很明显是班图语的形式,但这个名字是奥匈帝国官员卡利娜(Kallina)的名字,1884 年他淹死在那里。[15] 到 1957 年,他的名字披上了当地人的宗谱外衣成了头人身份。如本例所示,流行词源解释很少是真实的。流行词源解释不仅应用于地名,也应用于个人姓名和头衔,而且经常会编造成传说故事。[16] 因此,(象牙海岸)博勒(Baule)民族被解释为 Ba-ule("投掷"),并出现了女王是如何带领大批博勒人离开中部阿肯地区,到达大河沿岸的传说故事。为了寻找渡河的方法,她问占卜者该怎么做。他们让她把年幼的儿子扔进洪水里,然后过河之道就会显现。于是她照做了,得到的回报就是看到动物们穿越的河流之路,她跟着臣民抵达了河对岸。为了记住所做出的牺牲,就以该民族的名称作为纪念。[17]

对任何一种类别的口头传说中的一些难懂的段落的解释,通常是对诗歌的解释,构成另外一种解释类型。有时,这些解释会回到事件本身,就像隆迪人(Rundi)的谚语所述:"这是恩孔多(Nkoondo)的分裂。"这指的是 19 世纪晚期的一场战役,当时叛军特瓦雷雷耶(Twaarereye)在恩孔多被击败。假如在战争中涉及的各方名字在其他版本中并无不同,人们更倾向于把这当作历史事实。因此,即使该解释就发生在战争刚结束后的时期里,它仍然会经历多次更改。[18]然而在大多数情况下，这些解释都是在最初的口头传说发生很久之后才产生。它们解释了语言的古体、无法理解的典故、不再存在的习俗等等，至少证明了它们所解释的口头传说并没有被改变。

推测性的解释通过给出一个起源来解释文化特征的存在。许多溯源传说故事或者是许多谱系的上游都属于这一类型。因此，几个（扎伊尔）特特那（Tetela）的家谱上显示了一组兄弟，他们是不同的特特那群体的祖先，以及弟弟欧鲁巴（Oluba）和欧库巴（Okuba），他们被认为是卢巴人（Luba）和库巴人（Kuba）的祖先。[19]H. 鲍曼（H. Baumann）巧妙地把这些故事评论成是提供文化历史信息的最佳来源。[20]就像解释性语言一样，它们通常包含着对古老特征的记忆。此外，它们对于研究某一文化的宇宙观也是必不可少的。

3. 语言艺术

所有的艺术都是隐喻和形式，诗歌、歌曲、谚语、俗语、故事等语言艺术都符合这一规律。它们是对当时情境或事件经历的表达，从这些事件或情境中汲取道德经验，或表达与之相关的强烈情感。从历史学家的角度来看，这种形式很重要，因为像诗歌这样的类别需要单个作家的创作，而显然每个人都会形成新的信息。即使如此，表演这些创作者作品的后继者也会大量地改变作品。每种类别都有自己的隐喻和固有表达模式。例如挽歌就是使用它们特有的意象。为特定的葬礼而作的新挽歌在它的选择和意象联系上仍然保持口头传说，在呈现新形象时，新的形象必须和原有的形象保持一致。[21]有些学者认为，文字出现以前的吟游诗人会即兴创作，例如赞美诗。但是也有情况是只有精心完成创作后，诗人才会发表作品。我曾见过一位诗人在卢旺达的一座山上，对作品深思多个小时以后经过多日的创作直到他觉得完美无瑕。我们有理由相信，阿拉伯的前伊斯兰诗人也以类似的方式进行创作。[22]

以现有的意象和形式即兴创作，是各种虚构故事的标志。这些故事会在演出期间不断发展。它们从来都不是从零开始，而是随着各种古老故事的组合、序列的改变或即兴创作、人物描述的变化以及场所设置的变更而发展起来。[23] 不像诗歌及其类似的类别，没有哪个故事是创作出来的，创新只是一次次表演的积累。因此，尽管这些故事包含相当多的历史信息，却很难被使用，因为不知道哪个部分到底发生在哪个时期。像欧洲的"穿靴子的猫"的故事显然含有很多古老的元素——但到底是在什么时期呢？同样，其他地方法师们的故事也包含古老的元素，因为它们不能应用于今日的生活——但是我们也不知道它们的年代。

（三）口述历史

口述历史学家的资料来源是对发生在同时代的事件和情境的回忆、传闻或目击者的记录，即发生在信息提供者的生命期里。这与口头传说不同，因为口头传说不是当代发生的。它们口口相传，流传的时间远超出信息提供者的生命时间。这两种情况在资料来源的收集和分析上有很大差异；口述历史学家采访的对象通常是最近发生的事件的参与者，当参与的群体的历史意识仍在变化时，事件通常具有戏剧性的特征。有些人称之为"即时历史"。[24] 对这种特征的事件的采访，总是要与可用的书面或出版的信息进行比较，如果可能的话，也可以与广播和电视中的信息比较。我们的目标是将信息从被遗忘的记忆里拯救出来，并对所研究的事件/情境进行首次评估，从而提升事件参与者本身的意识。

大多数口述历史学家专门处理事件的描述。在实践中，研究设计是他们面临的一个主要问题，因为它涉及对所有潜在的目击证人的筛选。许多人倾向于不对个人证词进行深入分析，因为大量的信息可以相互交叉证明，但有些历史学家也专注于一个主要人物，同时仍然对其他的口头信息进行交叉核对。[25]

二、口头传说的动态过程

由于信息的传播超过一代人，它们便成为了口头传说。根据信息的进一步演变，口头传说分成了不同的类别。第一类信息由记忆组成，其中又分为以日常语言（惯用语、祷告）构成的信息与由特殊语言规则组成的信息（诗歌）。随着时间的推移，记忆下来的口头传说会随着时间的推移而发生改变，后者可以再次区分成正式语言（史诗）和日常用语（叙述故事）。叙述故事本身可以根据事实的标准分属于两个不同的类别，有些被鉴定为是真实或错误，有些则是虚构。真实的口头传说或故事更多地关注对内容的真实重复，其传播方式与虚构的故事，如传说、格言或谚语不同。这个标准取决于对"真实"的概念，它在每个文化中是不同的，必须进行研究。[26] 在这一点上，我们感兴趣的是对故事的两种不同的传播方式。我无法判断这种做法是否真的是普遍的，但肯定是广泛的。[27] 但是并不排除这样的情况，即某个口头传说在现在被认为是真实的，后来却发现是错误的。[28] 在一些社会中，历史故事的存在也表明了从事实到虚构的转变的情况。[29] 最后，在不同的社会中，对信息和故事的处理程度会有很大的不同，都必须根据其自身的特点对每种情况进行研究。

考虑到不同的传播方式，我现在简单地介绍一下口头传说现有的分类。

（一）记忆型演说

记忆型的作品一旦被创作出来，其内容在背诵时应该保持不变，尽管事实上它的实际措辞会随着时间的变化而变化。古迪（Goody）认为，没有任何标准可以考察背诵的准确性，因此作品的小改动也不会被发现。[30] 最接近标准的是由一些也学过这首诗的

11

作为历史的口头传说

人进行检测，就像卢旺达人的礼拜仪式文本《乌布维鲁》（*Ubwiiru*），[31] 以及在某种程度上阿拉伯的前伊斯兰教诗歌也是如此。[32] 我们尚不清楚使用日常语言或诗歌形式的传播在准确性上是否存在差异，但是理论上而言，额外的语言形式应该有助于记忆的保留，但我们在实践中发现，简单的惯用语句和祷辞往往会被记得更牢，基督教的主祷文和穆斯林的《法谛哈》（*Fatiha*）①就是如此。当然，这些都是有文字社会中的祷辞，而在口头社会中更直接的祷辞则更加多变。

我们总会发现一些以其古老特征来表明伟大时代的一些惯用话语。库巴人的感叹语"nce boolo bolo"已经失去了它原本的含义，通过比较式的语言重构，我们知道它的意思是"团结就是力量"，并在一些重大集会上被恰当地表述。（扎伊尔）姆布人（Mbuun）用于赶走雨神的一种神奇的惯用表达也有其古老的特点，其过程如下：

> 我恳求你：去宗博（Zombo）庞波（Pombo）的奎卢地区（Kwilu），那里有很多河流的支流。
> 卡姆（Kaam）的恩古尔（Ngul）
> 姆班扎·温姆巴（Mbanza Wemba）的姆布人已经追踪到居住在以桑巴（Samba）为主要标志的小木屋里的人。
> 他们头上戴着小垫子。
> 群山在他们的脚下。[33]

这些名称来自于一些姆巴人的迁移时期，并且把与距离当代姆巴国非常遥远的桑巴人之间的争吵的记忆也保存了下来。这样的一个咒语，措辞可能也会发生改变，特别是最后两句。例如"那

---

① 译者注：《法谛哈》是古兰经首章。

里有许多河流支流"等诸如此类的惯用表达可能已被替换过，但这个咒语的核心部分在很长时间内保持稳定，因为他们希望大雨降临在自几世纪之前已经不是姆巴人邻居的敌人身上。

　　如果要准确地复述诗歌就必须要牢牢记住。随着时间的推移，一个单词或一组词语可能被其他为了遵守诗体形式的表达所取代。然而，史诗和诗歌的区别在于，前者不要求确切的措辞反而更鼓励即兴创作，而后者则必须要记住。因此，索马里或卢旺达王朝诗歌的不同表现形式之间的差异极小也就不足为奇。[34]

　　有时候诗歌是非常明确的，就像这首挽歌：

> 恩蒂姆·焦卡利（Ntim Gyakari）是富有的贵族
> 因费亚斯（Feyiase）战斗，他领导的国家覆亡了
> 在战场费亚斯，恩蒂姆·焦卡利的孙子降生了。[35]

　　但是，人们必须知道恩蒂姆·焦卡利是（加纳）登凯拉（Denkyira）的最后一个国王，1701 年与阿散蒂人在费亚斯的战争中失去了他的王国。

　　有时诗只能加以解释才能理解，以（埃塞俄比亚）奥罗莫人（Oromo）为例：

> 噢，夜晚的红天空（重复）
> 古巴纳·达库（Goobana Daaccuu）的虚伪
> 狡猾的人无法团结他人
> 英雄不吹嘘
> 夜的黑暗是什么？（重复）[36]

　　这首诗是由卡卡尔迪（Qaqaldii）的瓦尔加法·孔毕（Walgaafaa Qumbii）所写，1876 年诗人的祖国被埃塞俄比亚国王孟尼利克

（Menelik）二世的将军古巴纳（Goobana）征服后，在监狱里流传。

因为诗歌和惯用语句是在一个特定的环境下创作的，并且是通过死记硬背的方式传播，所以很有可能就像书面文本那样重建其原型，即最初创作的假定措辞。与现存版本的比较可以证明传递是否忠实，以及当变体非常小的时候，如何重构原始版本。只有口头传说可以遵循这样的程序，在其他任何情况下，原型都不能被重建，或者实际上像故事和一些史诗一样，原始的版本从未存在过。

通常咒语、祷辞和惯用语句的确切日期都是未知的，而如上面的例子所示，诗歌的日期必须从伴随它们的解释中推断出来。因此，这些信息来源的历时跨度仍然是未知的。而且除了古语，也没有任何迹象表明它们的时代更久远或更晚近，因为这些信息并不是被逐渐改变，而是被淘汰使用。在一段时间里，一两句话可能会被记住，然后它们就不再出现。有些诗歌的历史可能长达几个世纪，[37] 但总的来说，它们往往在大约一个世纪之后就会被淘汰。

歌曲也不是口头传说的一种特殊类别，但是只要歌曲是诗歌或是固定的语言，即它们是被记忆下来的日常语言，就属于特殊类别。信息被唱诵出来有助于被更忠实地传承，因为旋律起到了帮助记忆的作用。[38]

（二）叙述

当对事件的叙述已经被流传了大约一代人之后，当前的信息可能仍然具有原始消息的要旨，但在大多数情况下，最终的故事已经融合了多个叙述，并形成了稳定的形式。情节和故事在这之后才开始逐渐改变。然而，即使在事件发生后不久也不可能发现这些口头传说的原始信息是什么。所以我们不需要重建任何原始的版本，甚至不需要假设有原始版本。

叙述的动态过程始于历史上的八卦消息或个人传说。后者后来成为了群体的传说,最终成为了有关起源的传说。我们依次呈现这些不同的类型。

1. 历史轶闻

各种新闻和传闻都是随着事件的发生而产生,通过社区平时的交流渠道传播,即使新奇感消逝也不会消失。一个孩子出生,这是新闻。但即使是在此之后,人们也会知道这个孩子的存在及其父母的名字。曾经在某个地方建立起来的村庄可能在五十年后被遗弃,但人们可能仍然记得哪个人建设起这个村庄,也许还记得它为什么会衰落。因此,大量的信息在其发生的一代后仍然保留下来,然后可以长时间地保存,或者当他的后代或之后的婚姻或祖传遗物被讨论时,或通向另一个目的地之路经过村庄所在地时,某人、婚姻或村庄建成就会被回忆起来。在布索加(Busoga),科恩(Cohen)发现这些资料包括环境、定居点、迁徙、婚姻以及词汇或现象的含义(起源材料和通俗语源)的信息。这些严格意义上都不在人类的历史意识中,但当时机恰当的时候,他们还是会被当做传闻而传播。[39]一个典型的相关例子是在 1954 年,一个在利比亚南部的商队向导所讲述的故事。他说在(利比亚/乍得)泰达(Teda)的西部,生活着不知道如何生火的人。他们被称为以太阳取火的人。他们围绕一个大井而居,太阳每晚都在那里落下,然后水就会变热,他们就可以煮食,因此他们一天只吃一顿。三周后,另一名向导确认了这一消息。我引用了这一段传闻而非其他,是因为希罗多德(Herodotos)和普林尼(Pliny)都讲过这一地区的传闻。[40]这样的传闻大约有 2500 年的历史,并且打破了传闻必定是短暂的这一观念。事实上,大多数关于人的传闻会在较短的时间内被遗忘,也就是说,当他们的后代灭绝或搬走,或者人们对流言不再有兴趣的时候,传闻就会被遗忘,因为它涉及的情况和事件太遥远了。其他的迹象表明,地方的传闻可能会保留一些极其古老的信息,比如关于(西德)海特哈布(Haithabu),或者是(法国)日尔戈维亚

15

(Gergovia)消失的城市的故事。[41]

2. 个人传说

回忆会变成一种家庭传说,甚至在拥有回忆的人死后,也会被更多的人了解和讲述。一个常见的例子是在(刚果布拉柴维尔)姆波斯(Mbosi),有个人告诉我他的祖父把他的妻子放在一个大的圆形鱼梁上,让她从屋顶上掉下来,以此来惩罚她的故事。这个故事是在一段关于两性关系的对话中浮出水面的。这个人的孩子很有可能从来没有听说过这个事情,不过话又说回来,他们可能也会知道。在适当的环境下,与历史上的传闻很相似,这些轶事往往以一种稳定的形式流传下来。他们很难回忆起这些事情,但在适当的环境下触发回忆的线索,故事就会被讲述。这种类型的个人传说往往会以笑话或历史传闻的方式传播,但与传闻不同的是,它们不被认为具有重要性。另一方面,某些领导者,或对他们的社区有很深的影响的人,他们的事情不会长久地成为个人偶然事件。他们被许多人记住,被频繁地回忆起来,并且倾向于形成群体传说中奇闻轶事的基础。只要这些信息能够进入群体传说,那么它很快就会消失,在相关人物死亡后仅能存留一到两代人的时间。

3. 集体叙述

集体叙述是许多作者认为的典型的"口头传说"。它们是对村落、酋邦、王国、协会和各种亲属群体的口头记忆。我把它们称为"集体",因为它们体现了被讲述的群体的身份,证实了他们对土地、资源、妇女、官职和畜群的权利。它们在某种程度上被制度化了,在正式场合被正式讲述,且通常是一个群体的财产。当它们与皇室历史有关的时候,资料来自国家官员,这些官员的职责是记住并使之与法律问题联系起来(继承、国王和议会的权利、优先地位、官员的义务和特殊津贴)。当回忆或新闻成为制度化的口头传说时,其内容必须进行调整。它们已经成为与之相关的制度相联系的现有历史集合的一部分,通过这一点通向与整个社会相关的信息资料。在这个可以精确地跟踪发生了哪些变化的连接点上的被精确记录的例子非常少。

一个有启发性的案例是有关亚利桑那州的霍皮人（Hopi）。在1853年到1856年之间的某个时间，10个霍皮人在拜访了迪法恩斯堡（Fort Defiance）的军队后返回到弗斯特梅萨（First Mesa）的家的途中被一群纳瓦霍人袭击。这次袭击至少有4人死亡，霍皮村酋长也是死者之一，结果一个新的家族接管了小镇的统治。这种冲突导致了报复行动。在经过一段时间后，霍皮人和纳瓦霍人的边界达成一致后才有了和平，边界就在伏击点附近的地方。

1892年底对该事件的记录有两个版本。第一个版本是一个概括性的对主要事实的描述，是在事件发生三周后根据事件幸存者也是事件发生时的成人欧贾斯基尼（Ojasjini）的回忆。第二个版本很长，有更详细的细节，但本质上还是叙述了一系列事件的顺序。在事件发生近四十年后，镇上仍有目击者在世，事实上有两个。哈尼（Hani）曾是一名在埋伏中严重受伤的男孩，但是他还活着，并且已经成为了歌手协会（Singer's Society）的主席，指导1892年的整个乌乌特西姆（Wuwutcim）仪式，在仪式上讲述了第一个版本。他可能就是那个讲述者。

第三个版本显然是口头传说，在1936年由一位霍皮人出版。从个人叙述到集体叙事的传说已经完成。与以前版本的区别主要在于添加了一些改变了整个故事性质的元素，增加了一个对为什么霍皮人要前往迪法恩斯堡的动机解释。这是以典型的方式进行的阐述：为了一个女人而竞争的两个男人，决定通过被杀死在边界上以显示献祭自己的勇气，使边界能被永远地标记出来。整个事件是注定要发生的。为了更清楚地说明这一点，在叙述中增加了两个插曲，一个是鹰/秃鹰，另一个是野兔。整个故事里没有多少意外。受伤的男孩哈尼长大了，1936年成为现实中的英雄。他的角色被稍微理想化，因此让人想起了神话故事"孪生战神"

作为历史的口头传说

(Twin War Gods)。

这些材料已经被融入到口头传说的语料库中,这在指向整个口头传说的其他部分的意义和意象时很重要。之所以如此是因为这一事件导致了领导层的变动,成为了边界划分的章程,并影响了该镇的高级首领。因此这是一个重要的事件,不能被遗忘。这个例子很好地说明了口头传说保留的原因,以及当它们成为整个口头传说一部分时所经历的转变。[42]

因此,在事件发生后集体的口头传说可以迅速地被创造出来,其获得的形式使这一类成为复杂的口头传说体系的一部分。在此之后没经过太久,这些叙述经历进一步的变化。总的来说,它们往往会变得更短,成为单纯的轶事。随着新的叙述进入不断变化的过程,个人传说也会发生进一步的变化。群体叙述的整个语料被不断地、缓慢地重塑或精简,有些信息获得了更大的价值。随着语料库的增大,一些信息会变得重复,或者变得看起来有对称的相反含义或产生助记精简化。通过融合类似的个体或情境,集体记忆被简化。被研磨成各种轶事的所有口头传说被建立起来并被对比,因此每个叙述的细节都被精简、改变或被淘汰,在其关联的信息上留下印记。[43]

这一过程还在继续,直到大多数的叙述丢失或融合在一起无法识别。这个过程的特别之处在于模式化的元素或成语。[44] 我们看到了在霍皮人的例子中,成语是如何进入叙述进行解释,使其在世界观和社会的民间理论方面变得易于理解。一旦存在,成语可能会在很长一段时间内保持稳定,或者可能会进一步扩散(就像霍皮人记述中的预兆一样),直到最后整个记述被归结为一种典型的成语,然后在所有类似的情况下都会反复出现。上尼罗河地区的所有迁徙都是由于兄弟之间对几乎没有价值的东西的争吵而造成的。[45] 在中非,婚姻往往是表达酋长之间关系的老套路。[46] 到最后,群体记述要么被丢失,要么是被当作一种成语,或者是一系列的成语成为起源描述的一部分。

4. 创世传说

世界上的每一个地区都有对世界的起源、人类起源，以及自我独特的对社会和社群出现的表述。这种起源或起源的传说就是人类学家所称的神话。[47] 这些叙述源自于当地智者对这些问题的推测，源自于已存的具有同样特征的材料，或借用其他社群的材料，以及来自大量固化的群体记述（也就是说，这些记述成为一些成语）。起源传说是新的叙述，它们在很长一段时间内是否保持稳定并不确定。[48]

逻辑构造经常被使用，在很多情况下以谱系的形式出现。[49] 第一个人类出现，然后生下其他人进行配对并繁衍更多的后代。这个范式能表现人类不同群体之间的关系，以及在单个创世故事中不同的动物、植物和神灵以及它们与人的关系。当需要解释这些类群时，借用的材料是非常有用的。巴别塔的故事就是其中之一。我们知道在非洲的大部分地区，这一主题被用来解释为什么人会不同。[50] 这种借用不需要来自其他的创世传说，而是直接来自于传说故事。在某些版本中有关布隆迪的第一任国王的出现，对这个未来的国王普遍接受的形象是一名牧羊人，打败并杀死假的国王。[51] 此外，也有借用通过进一步的揭露真相使叙述更充实。（扎伊尔）库巴人认为移民肯定来自位于最遥远的下游的人类共同的摇篮。因此，当他们从（安哥拉）因邦加拉（Imbangala）贸易商那里听到关于海洋的消息时，这些信息就以潮水、海滩、海浪和浩瀚的海洋等细节被添加到创世的叙述中。[52]

在所有的移民故事中，逻辑的运用都是显而易见的，因为人类起源于一个地方而现在生活在另一个地方。迁移故事应该当做宇宙观来理解，就如对原地（in situ）的创造一样，但是在这里曾经是集体叙述一部分的那些元素可以吸收进来。因此，库巴移民故事的最后部分反映了酋长首府的位置，也就是现在所在国家的北面。

作为历史的口头传说

同样的道理,"逻辑的"谱系也是宇宙观,但在它们的下游,对曾在这里生活过的人的谱系叙述确实发生了改变。更重要的是,整个群体的集体叙述已经塌陷为单一的成语,或提炼成一个代表了很长时期的文化英雄的形象。[53] 有些可能只是逻辑构造,或者可能曾经被尊崇为神灵但是后来又被人性化为文化英雄——这一过程被称为英雄神话论(euhemerism)。[54] 也许创造了社会和文化的五位连续的中国皇家文化英雄就属于此类,尤其是神秘的黄帝。[55] 第一位创造帝国机构和统一中国的皇帝始皇帝并不是神灵。[56] 在所有这些情况下,不应拒绝起源传说,但是应尽可能地把逻辑构造和宇宙观表现与浓缩的不易辨识的历史叙述分离开来。人们永远不能断定特定事件的发生,但是对创世和起源的研究可以通过其他方式来引出问题的常用表达。

起源叙述、集体叙述和个人叙述都是同一过程不同阶段的不同表现。[57] 当把这些叙述整体组合在一起时,通常整体会出现三个层次。近代时期的信息越往前越逐渐减少,而在较早的时期,由于有些不确定,人们会发现信息要么有中断,要么仅仅剩下一个或几个名字。我把叙述上的断层称之为浮动缺口。对于更早的时期,人们再次发现了丰富的信息,并用起源传说进行处理。这一断层对社群中有关的人而言并不明显,但对于研究人员来说却是显而易见的。有时,特别是在谱系中,最近的历史和起源故事都是由单独的一代人整体流传下来。

一些人类学家已经用这些阶段来代表社会中的不同功能。第一个是神话,对应着恒久的过去;第二个是一个重复的(周期性的)中间阶段;第三个是线性时间。神话叙述使现有社会的基础合法化,并作为社会宪章与马利诺夫斯基(Malinowski)的神话相对应。中间时期证明了当今社会运作的合法性,是社会的一种静态模式。最近的时期是对因果关系的描述,被认为是对合法秩序的干扰。R. G. 威利斯(R. G. Willis)讨论过"口头传说叙述、社会进化与历史意识形态之间的相关性"。[58]但他的表述太过静态，并不能特别解释任何传说的动态过程。此外，这一断层也成为了一个中间时期。

对这一断层的最佳解释是根据不同社会结构对时间估算的容量。超出一定的时间深度后，年表不再被保留，因为时间是通过参考世代或其他社会体系来计算的，因而社会结构也是不同的。叙述被融合，要么在一个文化英雄下被重新投入到起源阶段，要么被遗忘。我所知道的此类最短的时间深度是（中非共和国）洛巴耶（Lobaye）的阿卡（Aka），它没超过一代成年人的时间。[59]历史意识只在两个层次上运作：创世的时间和最近的时间。由于时间计算的限度会随着时间的推移而变化，我把这个断层称为一个浮动缺口。对（刚果）蒂奥（Tio）而言，约 1800 年，其限制在约 1800 年，如果是在 1960 年，那么要移至约 1880 年。如果蒂奥仍然是一个完全口头的社会，那么在 1880 年，德·布拉扎（De Brazza）的到来将处于起源时间。因为正是他成为了一个文化英雄，但仍然可以确定其年代。

5. 累积叙述

累积叙述是年表或家谱等必须不断更新的记述。它们通过提供新纪元为当地的年代学提供基础，时长单位被用来评估过去事情的时间距离。但这并不是它们存在的原因。它们与今天的社会结构有着直接关联。谱系显示了当代群体之间和个体之间的关系，以及当这些产生变化时，它们被操纵以此反映新的关系。因此，它们的传承与其他叙述有着截然不同的动态过程，这不仅仅是因为每个人在出生时都要被添加姓名，统治者的名单是为了证明统治的连续性和合法性，并证明了为什么某人今天占据了这个职位，以及为什么他拥有这个职位的权力。然而这样的列表也可以被操纵，并且容易引起混淆，因为列表在记忆中容易丢失，除非它们得到助记工具的帮助。谱系和列表对年代学都至关重要，之后将会详细讨论。[60]

（三）史诗

　　史诗是独成一系的口头传说。我们称史诗为以诗歌语言为基础的叙述，受制于特殊的语言规则。通常史诗中包含了成百上千的诗节，围绕着一个主要人物展开，呈现了一个充满奇迹和英雄主义的复杂故事。然而后一种要求并不重要，对历史学家来说，史诗最重要的是形式不变的情况下，措辞是完全自由的。对常备短语和填充词的大量使用，说明了一个表演者如何既能够创新又能保持所要求的形式。从这个意义上说，史诗主要存在于旧世界。[61] 随着表演者的创新不断受到推崇，出现同一史诗的不同版本也就并不奇怪，比如巴尔干半岛史诗或者芬兰史诗。[62] 当不同的表演者将不同的情节串在一起，或改变情节的顺序时，就会发生很大的变化，这不仅仅是因为个别的段落被扩大、缩减或改变。

　　许多史诗都有历史维度：英雄曾经真正地存在过，就像亚历山大（Alexander）或马尔科·克拉列维奇（Marko Kraljevic），又或者是一些事件主要的情节对应次要或重要的事件。特洛伊战争中尤利西斯（Ulysses）国王可能参与其中某场战争。历史学家将他们更多地用作对最近历史阶段现状的报告，而不是作为对这些人或事件的起源的叙述。有些史诗相当古老。因此，从约旦到阿尔及利亚都熟知的史诗《贾齐亚》（*Jaziya*）仍在讲述。它指的是在1049—1053年间，巴努希拉尔人（Banu Hilal）入侵到突尼斯，在1400年后不久历史学家伊本·赫勒敦（Ibn Khaldun）就有所提及。[63] 史诗可能比诗歌存留时间长得多。它们很可能会消失，但并不是被遗忘，而且其实质性的东西为以后的史诗所用或逐渐变成传说故事。

（四）故事、谚语和格言

　　故事是由表演者选择的日常语言来完成，并且大力鼓励一定的创新。故事被认为是虚构的,正如我们已知不存在原始作品,也不可能有原始版本。一些轶事、情节或主题可能非常古老,就像历史传闻"太阳喷泉"的故事一样古老。每一场演出都是首演,因此受观众喜欢。公众喜欢用新形式讲述的老故事,这与公众对待歌剧的态度相似。在歌剧表演中,环境、演唱风格、表演、服装,以及其他细节等必须是原创的,也不能改变配乐或措辞。公众对故事的期待是其新颖措辞和新颖表达的部分。随着时间的推移,故事的变化以一种不同的方式远远超过了叙述本身。它们从来没有一个开始,没有一个成品,也从来没有一个结束,而是消失在后来的故事里。这就意味着,传说故事是历史学家的重要来源,包含了非常复杂的时代和祖先的资料。任何人听到或现在读到《穿靴子的猫》,都意识到它的社会背景非常古老,但不能将其归于特定的地点和时间,即使似乎 16—17 世纪的意大利北部最有吸引力。太多不同时间和地点的材料混合在一起,在没有文字的社会中,这种障碍是如此巨大以至于人们只能用故事的素材来处理今天已不复存在的情况,然后追溯它们最近的可能的日期,在多数情况下是在比较后面的 19 世纪。

传说故事中也有历史故事。他们与叙述的不同之处在于,这些故事是用来娱乐,且其虚构是动态变化的,名称和背景可以随意更改。因此,有关卢旺达国王的叙述中,鲁甘祖·恩多利(Ruganzu Ndori)国王的故事就是一个很受欢迎且充满幻想的循环故事。[64] 许多并没有按严格的诗的形式叙述有关历史人物的伪史诗就属于这个范畴,应该被当作故事来处理。把鲁甘祖·恩多利的故事与历史记载进行比较,显示了其他流行的故事版本对它的显著影响,展现了艺术许可的全部效果。与其他"从前有个国王"的故事类型不同的是,现在国王被赋予了"鲁甘祖"这个名字。这种变化不仅发生在国王身上,也发生在法师和其他英雄故事上。因此库巴的两位法师之一科特·姆博(Kot a Mbo)就是一个仅在几代之前的历史人物。他的一些冒险可能只是一些戏谑，但是大部分借用了其他法师的大量轶事。

除了故事、格言、谚语，E. 伯恩海姆（E. Bernheim）所谓的"著名言论"（Geflügelte Worte）也属于这类口头传说，因为它既没有特定的措辞也没有任何特定的语言形式的要求。[65]此外，任何能加深画龙点睛效果的表述都很受追捧。格言和谚语的大规模收集都带有多样性措辞特征。[66]正如著名言论——通常是最后几个字非常有名——它们通常以伪造的方式对规划或人物进行总结。安德里亚纳姆波伊尼麦利纳（Andriampoinimerina）国王的一句话"海洋是我稻田的边界"就为其后代征服整个马达加斯加计划打下了基础。[67]歌德（Goethe）著名的临终遗言"更多光明"（Mehr Licht）被认为总结了他的职业生涯。斯坦利（Stanley）临死前听到大本钟正点报时时大喊"就是那个时间"，总结了他在非洲的生涯。[68]这些故事都不可信，但是这些故事的出现告诉我们后人如何总结前人的生活。

格言和谚语的变化并不为人所知。他们似乎就像语言中的任何隐喻的演变一样，仅仅成了一种表达，例如"他的心沉入了他的靴子里"①。它们可以是古老的，也可以是新创作的。谚语中没有什么能被定义为古老，只有智慧。因此这种情况与故事完全一样，事实上甚至更难。因为作为格言，这些谚语更短、有更多的隐喻。

三、作为史料的口头传说

（一）定义

我们现在准备好把口头传说定义为口头信息，这些口传信息

---

① 译者注：His heart sank into his boots，形容由于不希望的结果或事件的转折，一个人突然感到失望或沮丧。

来自这一代人以前的被记录下来的叙述。定义中规定信息必须是被说、唱或者跟着乐器呼喊出来的口头陈述。这不仅将这些资料与书面信息区分开来，而且也将其与除了口述历史以外的其他资料区分开来。这一定义还表明不是所有的口头资料都是口头传说。口头传说必须是历经一代人以上的口口相传的资料，因此口述历史的来源不在其列。另一方面，这个定义并没有规定口头传说必须是"关于过去"的，也不是说它们仅仅是叙述，它们包含了我们上面描述的所有类别。

并不是所有的人都接受这样的定义。赫尼吉（Henige）进一步增加了限制，规定它们必须在某个特定文化中被普遍地或者广泛地知晓。[69] 不那么普遍知晓的版本被认为是"证词"。对我们而言，在这里这种区别是不必要的，我们更喜欢使用"证词"最广义的定义，即"关于某事的证据"。赫尼吉强调，口头传说代表着共同的历史意识，虽然这是对口头传说的社会学分析的关键标准，但它不能作为某种史料来使用。

J. C. 米勒（J. C. Miller）将口头传说仅仅限定为有意识的历史陈述：讲述它的人想把过去传递给我们。[70] 并且在实践中，同一作者似乎暗示这种陈述必须是叙述性的。他进一步认为，这些陈述的核心包括固定模式或俗语（cliché）。在他看来这些陈述一直非常稳定，是历史学家必须解读的真正的未被改变的信息。但他的观点非常有局限性。口头传说不一定是俗语或者是叙述性的，也不一定是有意证明过去。从与过去无关的口头资料中我们可以得知很多关于过去的东西，因此不由自主地作了见证。事实上这一特性使它们更加可靠，因为它们做出的恰恰是无意识的贡献。

显然，我们的定义是一个为了方便历史学家们使用的可操作定义。社会学家、语言学家或口头艺术学者都有各自的观点。首先（社会学家）也许会强调通用知识，第二个特征是（语言学家）将语言从日常对话中区分出来，最后一个特点是（民俗学者）定义艺术的形式和内容。

这些专家通常不会像历史学家那般对口头传播的重要性有深刻印象。实际上,他们在实践中融合了口述历史和口头传说。可以理解的是,他们强调自己的分析最关键的特点,正如我强调那些把口头传说当作历史资料的至关重要的因素一样。

(二) 作为证据的口头传说

1. 从观察到永久记录

也许可以用两种方法来描述被观察的事件或情况与用书写或录音的最终记录之间的关系。无论使用哪种模式,记录和观察之间必定有某种联系。如果没有联系,就不存在历史证据。因此,一个没有开始时间的传说故事本身是没有证据的,但是那些作为现有情况被观察,然后融入到传说故事的背景或行为中的部分,确实可以追溯到某种观察而成为证据。

第一个也是最简单的模式是假设观察者口头报告他的经历,形成了最初的信息,第二个群体听到了并将消息传播下去。从一个群体到另一个群体,消息被不断传播,直到最后一个表演者作为信息提供者讲述给记录者。传播链就这样形成,每个群体都是其中一环。从定义和以前把口头传说当作一个过程的部分来看,很明显,对于历史学家而言,口头传说最显著的特性是其历经现在一代以上时间的口口相传。这意味着,一个口头传说应当被看作是除了最后一个外其他都已丢失的一系列连贯的历史记录,并且在传播链上的每一环通常都对其进行解释。[71] 因此,证据是在第二、第三,或第无数环被移动,但它仍然是证据,除非证明消息最终并不是来源于观察者的首个陈述。它不可能是受怀疑的事件或情况的证据,即使它仍然可以是之后事件的证据,之后的事件提供了那些"伪造"的信息。

许多世纪前一些研究口头传说的学者就意识到了这个关键的

事实。在伊斯兰教里，关于先知的言论的口头传说已经有作为《圣训》(*Hadith*)的权威价值，而且从犹太纪元2世纪起，这些陈述就在传播链上的每一环被评估甄选。在评估首个"先知的随从"和记录者之间每个所涉及证据的传播可能性、可靠性和质量后，根据被评估的结果，穆罕默德的言行录被接受、拒绝或搁置。[72]

这一简单的模式招来了批评。有人说这种模式是理想化的，并不现实，它充其量只适用于少数口头传说。[73]在一定程度上这点是正确的。最大化使用历史传闻的科恩(Cohen)和运用个人记忆的罗萨尔多(Rosaldo)都指出这样一个事实：一个单一简洁的传播链通常并不存在。相反，多数口头传说是众口相传。如男孩诞生的新闻被当做八卦传开并被许多人传播，最终随着时间变成历史传闻。即使是在这一代人或几代人之后，信息也通常不会有秩序地从一个世代的传播链转到下一个世代的传播链。人们听到表演者的声音，所有的听众都听到了这一信息，有些人反过来会告诉别人。有些讲述者已经从不同的人那里多次听到这些信息，然后将其所听到的融合成一个故事。因此，传播确实具有公共性和连续性，并不是所有的口头传说都有清晰的传播链可循。这些信息循着交流的常规渠道传播，第六章将会讨论其结果。重要的是我们要认识到，不应该固守一个模式去处理口头信息，就好像它们是有原件和副本的书面信息那样，而把它们当作具有口头表达的灵活性和短暂性的信息陈述。

虽然确实如此，但了解传播过程的核心问题仍然至关重要。如果是证据，观察和记录之间就必须有联系。[74]第二个模式强调的是，在实践中通常很难找到这样的传播，而且在许多情况下，记录的消息是以前几条消息重述的融合。然而信息仍然在传递，实际上比第一个模式有更多的人参与且更持久，能更好地控制信息的准确性。来自多人渠道并传递给更多人的信息比单一渠道交流的信息有更多的内在冗余。多元流动不一定意味着更多曲解，反而可能恰恰相反。

在一个口头传说被记录之后，其事实本身不会消亡。相反，在一段时间内口头传说会继续被讲述，也许以后还会被再次记录，因此反之书面记录也许可以作为口头传说的一种基础。因而就像在马达加斯加，存在一种混合的传播期，可以持续很长一段时间。历史学家应该意识到这一点，从早期的著作中查找口头传说作为反馈，并探寻一个口头传说是否被多次记录，而不是仅仅满足于最后一个记录。

2. 证据的对象

任何包含历史内容的信息都会告诉我们有关事件或一连串相关事件，描述过去的情况或报道某种趋势。车祸是一个事件，对一个世纪前的葬礼礼仪的描述是某种情境的证据，关于新娘聘礼的通货膨胀的评论是有关趋势的证据。

口头传说中的大多数情境和趋势似乎是对事件的总结概括，因此关于丧葬礼仪的记忆源于一个人参加一个或多个葬礼，再加上在这种场合的所谓的恰当行为的经验（即标准数据而非观察数据）。对新娘聘礼变化的观察可能取决于实际观察（对多少案例？）。它通常也表现了某一群体所持有的观念，无论观念是否被实体化。因此关于情境或趋势的陈述实际上不需要与真实的事件或观察有关，它们常常来自于当世或者后世人的总结概括，这样的数据证明其所持有的观点和价值观，以及心态，而不是证明事实，这就是它们的价值所在。因此重要的是要仔细审查有迹象表明实际上是对事件或情境的概况或标准的表述的口头传说，而不是那些对事件或情境观察后的描述的口头传说，反之亦然。

当我们考虑被讨论的各种口头传说的类型时，这种区分是十分重要的。除了极少数的诗歌外，只有叙述是直接证明事件。各种类型都对情境和趋势进行报道，特别是传说故事通过设置栩栩如生的背景，对所观察的情境以及与之相关的观念提供证据。由于这个原因,这些仍被忽略的资料具有很大的价值。对叙述的过度关注——甚至是历史传闻——在重构真实情况时会造成误导,因为叙述是当世和前几世代人的历史意识。我们不止一次强调影响叙述的选择过程要与历史的普遍观念保持一致,要集中在过去的某些方面——例如,精英们发生了什么;集中于某些特定的活动——例如,移民或战争。[75] 使用传说故事和被记忆的口头传说有助于获得大量具有较少偏见的和不同类别的数据。

在本章描述完口头传说之后,我现在可以转向对他们起作用的证据运用规则,首先介绍口头传说怎样与产生它的文本产生联系。作为历史学家,我们处理的是固定的文本和永久的信息,但是这种记录只是众多的陈述或表演中的一个表现形式。我们可以承认一个文本是对口头传说的有效呈现吗? 这一点及其相关问题构成下一章的主题。

第二章
表演、传说和文本

当一个研究书面文献的历史学家发现或拥有这样一份书面文献并开始阅读的时候，他或她的任务就开始了。历史学家与他或她面对的现成的书面文献之间没有任何关联，因此证据的古典规则就是直截了当。实体的以及作为信息的文档是什么？这是由创作人书写的原始文档吗？这是宣称的真实的文档还是伪造？是谁在何时或何地书写？一旦这些问题有了答案就可继续分析内部内容，而只要没有解决上述问题，即使有也无法得知与之相关的是什么样的分析内容。因此对文档本身的分析是首要的。

但是对于处理口头传说的历史学家而言情况就有所不同。一些历史学家真正面对的是一篇所谓记录着口头传说的文字，同样也要问一些常规问题，但是只涉及记录而不是口头传说本身。然而大部分情况下，历史学家与文档记录的关系完全不同。他或她并不是发现了这一篇文档，而是创建了它，即他或她记录了一个现有的口头传说。现在的问题是：文本与特定的相关口头传说的表演之间是什么关系？以及表演方式与作为整体的口头传说之间是什么关系？只有明白文本如何体现表演方式以及表演方式如何体现口头传说，才能开始分析信息内容。这意味着在每个阶段都要解决作品的真实性、创造力、作者身份以及创作时间和地点问题。关键环节是表演形式，只有表演形式才能使口头传说被感知，同时，只有表演形式才是之后出现的文本的来源。文本的独特性源自其与一个或多个表演形式的关系。因此我采用的顺序是首先调查表演形式，然后是表演形式与源自它的口头传说之间的关系，接着是记录过程，最后才是最终的文本。

一、表演形式

（一）表演

最为人熟知的表演形式是讲故事。[1] 通常在夜晚，被听众包围的表演者坐着细说故事。这不仅仅是一种背诵，声调的上升或下降都是一种戏剧化的方式。当然故事讲述者也不只是坐在那里，即使他坐在那里，也会用肢体语言表达故事。有时候他或她会站起来四处走动，并表演出讲述的部分情节。在多数情况下，公众也不只是观看。公众是主动的，会与讲述者互动，而讲述者通过提问、夸张的欢迎或者在恰当的情节之处让所有人一起歌唱等形式激起这种互动。讲述者与公众一起创造故事。讲述者引导整个过程，但是随时回应公众并引导他或她的听众一起感受故事。他或她试图一会儿吓唬听众，一会儿让听众兴高采烈，一会儿让其焦虑不安，使听众提心吊胆，反过来又以最让观众触动的部分为基础，技巧性地扩大令人激动的部分以及压缩或改变使听众注意力分散的部分。

毫不奇怪，与演员一样，一些故事讲述者比同行更加优秀或更为出名。他们更有创造力，有更多利用声音、视觉以及公众的参与使故事更加活灵活现的技巧，且与演员一样他们有自己的保留节目。一些人更擅长戏剧化效果；而另一些更擅长喜剧效果。一些人性格鲜明，特别能吸引听众；而一些人更擅长鼓动公众参与。有些人就像智者，他们的故事在表演结束后让许多人思考；而另一些

作为历史的口头传说

人就像巫师，让观众进入到远离现实的幻境。当然，即使情节、场景、人物个性以及情节顺序都保持一致，同样的故事由不同的讲述者来讲述以及讲述给不同的观众，其效果都是不同的。[2] 表演要想取得成功还必须保证观众对故事的熟悉度，这样观众不必为了享受故事而不得不煞费苦心跟上故事讲述的进度。他们必须已经知道故事内容，这样才能享受不同情节的表演，欣赏各种创新，并期待仍然会有的刺激。因此每一场表演都是新的，但是每一场表演总是以一些老东西为基础，即故事本身。[3]

这种情况是民俗学者所描述的典型范式，然而不是唯一的范式。基于表演的内容，会出现表演的不同情况。非洲大湖区在跳战争舞时由一个战士出列到舞蹈区前面大声吼出赞美诗，语速、音高以及战争的态度都是其表演的一部分。（南非）祖鲁人对国王的赞美诗则是在公众聚会时由一位诗人以一种不同的姿态在国王面前吟诵。[4] 布隆迪的历史故事讲述特别短，因为一群抿着啤酒的人围坐着来讲述，每个人或多或少地用谚语、笑话、小故事或叙述轮流着参与进来，这样就没有太多时间进行很长的表演。相反，卢旺达的历史故事讲述（ibitéekerezo）可以很长，因为表演者要为某个贵族和他的客人表演一整个晚上。他轻声讲述，制造一种平缓的声音，与克制、庄严的氛围相符合。他以语言或语音的抑扬而不是动作来描述风景、人物、行动以及情感。（扎伊尔）[①] 库巴人的历史故事是在一群坐在议会室里的人面前进行讲述，不会被轻易打断，实际上国王永远不会被打断。[5] 这其实是以一种慎重的语调和精确的语言讲述实质上的证据。两名叙事诗歌手相对而坐歌唱（芬兰）《英雄国》（*Kalevala*）[②] 的诗句，两人握住同一根棍子的两端，跟着叙事诗节奏来回摇摆。（波斯尼亚）南斯拉夫的叙事诗歌手常使用

---

① 译者注：扎伊尔，刚果民主共和国的旧称，非洲中部国家，首都为金沙萨。
② 译者注：又译为《凯莱维拉》，芬兰民族史诗，由芬兰民间文学家伊莱亚斯朗罗特根据古代诗歌、神话、英雄事迹等汇集而成，1835 年初版。

一种单弦乐器古斯莱（gusle）。[6]（加蓬）恩泽比（Nzebi）智者在宫廷里进行的智慧之争，箴言就像标枪一样被掷向对手。我们还必须提一提化装剧（masquerade），一种变成了戏剧的故事，爪哇皮影戏"哇扬"（wayang）只是其中一种。化装剧模拟表演发生在（美国）那切兹人、汤加人和（尼日利亚）比尼人身上的历史故事。[7]

　　表演形式的真正技巧和规则各异，它们会对被表演的口头传说的真实度和稳定性产生影响。因此任何人出版与口头传说有关的文本都需要告知读者相关表演的背景。我们不能假设只有故事和虚构资料才能以"表演"形式被表现出来而历史叙述只能在有节奏的华彩乐章和宗教静默中表演。所有口头传说是否都是如此值得怀疑。

　　还应告知读者表演的日期、地点和创作人，在解读文本时这些信息非常重要。1906 年 L. 弗罗贝尼乌斯（L. Frobenius）匆匆记下一个有关牧羊人杀死一头矮羚羊的故事。故事是库巴国卢卢阿（Lulua）的一个奴隶讲述的。没有这个信息，没人能发现故事中（两者之一）的反常现象是一种反抗的表现。矮羚羊在库巴传说里是神奇英雄的化身，而该奴隶让这样一个英雄在故事里被杀。在这种情况下，"谁"很重要，因此也成为弗罗贝尼乌斯的作品集中极少数给予了解释的故事。[8]

（二）表演者

　　在这些问题中，需要对表演者或创作者详细描述。表演者可能是或者也可能不是专职人员。实际上，一些表演者专门负责某一种口头传说，如故事，或者有时候在一些故事中只专注他们的保留节目。在他们所处的社会中他们并不被认为是"专职人员"，因为他们并不以此为生。马奇塔图·泽纳米（Mazitatu Zenami）就是这样的人。她是科萨地区《恩聪米》（*Ntsomi*）的讲述者，由于她与 H. 朔伊卜（H. Scheub）的合作而出名。由于她的表演主要针对妇

作为历史的口头传说

女和儿童而在邻近地区闻名,但是大部分男性对她并不熟悉,因为他们不听这个故事,而在她居住地区之外也无人得知她的大名。[9]

至于历史叙述、诗歌或史诗,一些专职人员却被社群里的每个人所熟知。在许多西非国家,格里奥(griots)就是专门的、权威的赞美诗吟唱人和历史叙述讲述者。[10] 在波利尼西亚,这样的专职人员非常普遍,例如属于汤加的哈图丰加(Ha'atufunga)部落的哈阿·恩构塔莫图斯(Ha'a NgotāMotū's)就是专门讲述宫廷仪式口头传说,就像他们在卢旺达的同行阿比留(abiiru)。[11] 而在提科皮亚(Tikopia)专职人员却是受训过并被授权的专业讲述者。[12] 这与了解许多口头传说而没有在社会上被指定为专业讲述者的知识渊博的人不同。他们享受着作为智者的崇高地位,例如库巴的布兰姆(bulaam)或者汤加的费凡伊洛(fefine'ilo)和坦加塔伊洛(tangata'ilo)。盎格鲁-撒克逊的吟游诗人(凯尔特吟游诗人或宗教祭师德鲁伊 druid)和南斯拉夫史诗歌手都是不同意义上的专职人员,与格里奥的地位很接近,但是没有任何类似的阶级地位和极高的威望。像阿拉伯的讲述者拉维(rawi)一样,所有这些人都不是全职的专职人员,而只是为庆典雇佣的兼职表演者,然而却是很专业的表演者。

在一些国家经常有在公共庆典上专门负责讲述该国官方历史的官员。[13] 正如(贝宁共和国)某一约鲁巴人城市克图(Ketu)的巴巴阿莱贡(baba elegun)必须要知道该城市的历史。奥耶德(Oyede)家族世袭该职位,信息由父传子,在每一次登基典礼上讲述口头传说。如果巴巴阿莱贡在该场合毫无差错地成功讲述口头传说就能得到奖赏。如果无法做到,他被视为受到超自然裁决的惩罚。[14] 这样的人是一个活动的参考图书馆,当国家层面需要时就可使用。实际上人们可以怀疑这些人的主要功能是否仅仅是活动的档案保管员。卡加梅(Kagame)明显过度概述卢旺达这类人。[15] 这些人中有系谱记录者(abacurabwenge)、回忆录作者

(abateekerezi)、赞颂国王的诗人(abasizi)和王朝秘密仪式法典保存者(abiiru)。除了最后一类人，卢旺达的术语并不是权威的分类，它仅仅是表明这些人可以做什么。因此那些咏唱国王赞美诗的人被称为"abasizi"。反之，"abiiru"是特殊的群体，他们的主要职责不是记忆而是执行王权仪式。记住这些仪式只是他们主要职责中的一个附属部分。[16]与之关联的是一种所有权意识，因为并不是人人都可以公开表演或叙述所知的任何事情。从这个意义上说，必须要明白信息提供者给卡加梅的回答。信息提供者认为如果他不知道所问问题的答案并不是他的错，因为他并不负责保存某一特定的口头传说。[17]

关于加纳阿肯国，E. 迈耶罗维茨(E. Meyerowitz)提到以下是专职人员：吟游诗人、仪式司仪、王室鼓手、王室号手、国王发言人、王陵祭师、国王座椅官、已故王太后的女性"灵魂承受者"、国家祭神仪式的司仪、宫廷官员以及首都行政官——每个人都必须记住该国历史的特定部分并传给他或她的下任继任者。[18]确实，这里的每个人都是专职人员，但是担任宫廷某一职位者所知的历史内容仅包括与该职位相关的过去的历史部分。例如对王室鼓手而言就意味着知道该国鼓语创作的历史作品，而这是历史的重要来源。反之，女性灵魂承受者只需要知道一些与她相关的王太后的历史背景知识。

虽然没有文字的地区很容易过分强调历史的专业化程度，不能忽略的是专业化知识是由那些需要它的宫廷专职人员所保存。因此通常在阿肯国找不到王室档案保管员。而 E. 托尔迪(E. Torday)提到的库巴的姆瓦迪(mwaaddy)，实际上仅局限于王室继承问题，因此他必须要知道先例。一般而言，口头传说的专业化程度与特定社会普遍的专业化水平相一致。每个专职人员都知道与之职能相关的历史。

除了这类人外，研究者还发现许多情况下表演者是真正的百科全书式的信息提供者,熟知当地历史的方方面面。在许多社会里有专门负责记忆的人,是尽可能收集所有信息并重组成属于自己的知识库的当地史学家。有时他们的态度像古文物研究者,但是有时候他们又更像是构建庞大信息库的历史学家。在库巴博普·路易斯(Bope Louis)属于古文物研究者,尤其是研究历史口号的行家,而谢普·马赛厄斯(Shep Mathias)更关注历史的宏伟设计和意义。围绕这类百科全书式信息提供者的证词是否可靠的争论愈演愈烈。[19] 不管在辩论中站在哪一边,有一样东西是很明确的:收集者必须表明这样的表现形式是否属于这样一个特别感兴趣和有天赋的人。

二、表演和口头传说

表演是对一整个口头传说的常规表达,而重现口头传说的条件却在于口头传说本身。关于表演的场合和频率,我首先讨论重现口头传说的意图是否尽可能真实,以及他或她表演时是否牢记口头传说。除此之外,在一个特定的口头传说里还需要处理其变异性以及作者身份和日期的真实性。

(一)表演的再现

1. 频率、时间和地点

表演并不是在任意时间进行。[20] 表演的场合是有限制的,并可以进行实地观察。在大部分情况下,相关的规则与保持信息真实度的愿望无关,它们更多的是被口头传说的实际使用所激发。因此,对王权正式复述皇家继承者名单或皇家系谱适合在皇家加冕礼上进行,以及在部落首领一年一次的首都聚会时适合对系谱的重述。许多仪式包含历史信息,例如蒂科皮亚(以及波利尼西亚的其他岛屿)在适当的场合就会表演《卡瓦》(Kava)。蒂科皮亚的

《众神之作》(Work of the Gods)一年只表演两次,而普通的《卡瓦》表演次数就多得多。[21] 在诉讼中经常引用法律先例和谚语,在葬礼上引用部落口号(箴言),或者正如在库巴人的颂文中赞美舞蹈明星。

在非洲以及其他许多地区,白天不讲述故事。[22] 无法很好地解释这一原因,而且与前面的例子不同,我们找不到证据解释这一规则与使用、目的或条件之间的明显关联。经济因素通常被认为是导致这一限制的原因。该规则的制定并没有考虑时间的经济利用,但可能由于观察到人们不在白天讲故事是因为他们忙于其他事情且经常不在家。

表演场所要与其使用和目的相适应。表演场所通常是事先规定好的看起来不重要的地方。因此在贝宁城,在伊图(itun)或者房子的中心位置而不是其他地方讲述故事。在村子里,村广场是合适的场所,[23] 而在库巴人的村子里,广场不是合适的地方,故事要在房子或他们的院子里,或许只要在他们面前讲述就行,但是一定不能在院子中间!

每种口头传说都有其合适的表演场所,而这也决定了该种表演的频率。在(马里)多贡,据说西吉(Sigui)的仪式每60年才举行一次。[24] 人们可能会好奇:在中断这么长时间后谁还能记得这些复杂仪式的细节和顺序呢? 实际中在没有日历的情况下如何推算表演的确切时间呢?

频繁的重复能帮助抵抗遗忘,但是频繁的重复本身并不能保证重复的忠实度。比起没那么频繁的讲述,一个月中在许多个夜晚讲述的故事或许实际上对故事的改变更快。因此,了解表演的场地和频率本身不足以评判重复表演的忠实度。[25]

2. 表演的目的

表演的目的非常重要。以故事为例,在一个稳定的节目单上如果创新异常珍贵,那么变化的脉动就跳得更快。相反,如果表演者试图尽可能忠实于相关的信息以避免记忆中断或失真,改变的步伐几乎就停止了。在某些情况下还会通过对表演者实行惩罚或奖赏以控制表演的忠实度。库巴人只使用惩罚的消除形式。理论上,在冠冕礼仪式上如果国王不能大致描述库巴历史就意味着他不能继任,[26] 而如果姆班(mbaan)女官的候选人不能列出该职位的前辈们就不能被委任。当然这样的制裁是不可能实现的。谁敢在这样的场合去纠正国王呢?难道不会让那些熟悉信息的人把姆班名单简化吗?库巴没有设置督察员,而是由公众的舆论进行控制。尽管是虚假的,但是非常明确的要求似乎能鼓励王位继承者或姆班去学习所需的口头传说,以便能流利地进行讲述。

在波利尼西亚的仪式上,如果不能达到语言上的完美就会进行制裁。当旁观者察觉到某个错误,整个仪式就要取消。在新西兰则相信表演中只要有一个错误就足以击毙表演者。类似的惩罚在夏威夷也有发现。这就暗示着如果不想被击毙,表演者必须全部正确。这样的信念有明显的效果。在夏威夷一首被记录下来的有618行的赞美诗与邻近欧胡(Oahu)岛上收集的版本完全一致。[27] 当然至少要注意的是我们是否确定其中的表演者之一没有事先接触过另一个书面版本。有时会任命监控员去检查重要的表演。在卢旺达,对深奥的礼拜仪式文本《乌布维鲁》(*Ubwiiru*)的监控员是被授权可以背诵它的表演者。这种情况下会出现两种困难。首先,由于没有书面文本,因此没有绝对的标准来衡量一场表演,唯一被接受的标准就是表演者的老师所记住的表演内容。如果他说表演有偏离就会实施惩罚,即死亡。其次,很明显,这样的专职人员都是属于一个或密切相关的家庭,他们并没有打算指出会导致如此激烈后果的失败。不记得有出现过这样的失败。

奖赏系统看起来运行得要好许多。在卢旺达,王朝诗歌表演者被免除徭役劳动,在叙述时被赠予小礼物。[28] 这与重述的准确性无关,而只与它令人愉悦的特点相关。当然,由于在不同的诗人之间存在竞争,或许对竞争的担忧促使表演者尽可能真实再现诗歌。实际上,在不同的表演之间我们几乎找不到差异。[29]

在每一个不同的情况下必须调查与表演所包含信息的真实度相关的表演目的,不管是提倡创新或相反要求逐字逐句都保持一致,都要在特定文化下研究每种口头传说。更甚者,在不同表演中收集的不同版本中,都会出现是否能成功实现其保持真实的意图,或者在多大程度上保持真实度的问题。

3. 记忆:提示和搜索

在表演中记忆的作用令人吃惊。劳德(Lord)给予了很好的解释:"如果我们充分意识到当歌手在歌唱时也在创作,表演本身最令人吃惊的因素就是他进行的速度。一个南斯拉夫吟游诗人以每分钟 10 到 20 个的音节诗行进行吟唱并不罕见。"[30] 洛德还揭露了使创作成为可能的技巧以及固定化的材料,这些不仅能留出换气空间,还能让脑子熟练记住。

对记忆的研究强调记忆是行为,实际上是创造。[31] 它的技巧就是提示和搜索。作为主要技巧的提示包括给要记住的每一项添加一个提示,这就像是给图书馆里的书添上标签以便之后检索。提示与单个主代码相关,即助记码。为了有效回忆,通常项目被二重编码:一个是作为主编码的声觉,一个是视觉。另一个回忆的辅助技巧是根据添加的顺序搜索项目。[32] 当项目以时间顺序或局部顺序排列,该技巧就很有效,例如:当英雄登上舞台前,他必须先诞生。

H. 朔伊卜解释了提示对故事的重要性。[33] 故事围绕着一个核心图像或者一套图像构建而成,对每个图像的提示就是一个核心的俗语(cliché):短歌、赞美诗或谚语。带着提示,表演者回忆起图像,伴随着对一个主题的回忆她就能讲述出她的故事。熟练的表演者能搜索其他储存的核心图像(核心模式之外)来寻找帮助扩大他们所使用图像的细节或属性。这并不是助记意义上的搜索,而是一种符号法。符号法使用的助记码并不是直接回忆,而是用相似的属性把不相关的材料组织起来。[34] 当要回忆几个核心图像时,在他们之间就会出现固有表达的篇章来争取时间。正如在史诗中,为了产生下一个提示,在许多情况下真正的助记搜索发生了:紧跟着第一个提示后,随着时间过去,表演者回忆起内容,因为她已经把它们放在了记忆里,尽管她只是牢记而已。

对于诗歌,记忆必须更精确。诗歌的结构特点起到帮助,但是没有完全了解回忆在此处如何操作。至于叙述,如果要求记忆的精确度,许多人都求助助记工具这一点并不惊奇。实际上,书写是最完美的工具。

4. 助记工具

大部分助记工具都是帮助回忆的线索,因此与书写不同,会产生新的信息。这些工具是物体、场地和音乐。

(1)物体

物体作为某类特定事件的证据或对过去发生的联想物非常普遍。在上文里提到过的霍皮人(Hopi)案例中,我们看到霍皮人在1938年建造了一个羽毛神殿(tiponi)作为纳瓦霍人和霍皮人之间早期达成的边界协议的证据。[35] 美国东部以同样的方式使用贝壳念珠(wampum)作为条约的证据和记忆的线索。[36] 类似的(象牙海岸)安伊(Anyi)家族保留的火把证明了他们古老的皇室身份。[37]

象征性物体或物体的象征意义具有更大作用。同样的安伊家族拥有象征意义的金砝码。在某个统治者的财政部发现一个鸡笼形状的砝码,帮助回忆起安伊得到伟大的勇士之王阿诺·阿塞玛(Ano Asema)之子博弗·恩达(Boafo Nda)的保护。[38] 卢巴人首次加入某种祭拜会收到一个卢卡素(Lukasu)或"长手",一个画满了各种符号的徽章,帮助他们记住首次祭拜的教导。[39] 苏族(Sioux)的"冬季记事"是为特定的冬季准备的一张水牛皮,主人可以画上各种图形作为这个冬天里发生的重要事件的提示。[40] 这能让我们接近象形文字以及最终的书写系统。保存在"贾"（dja）盒里的一套象征性的金砝码对尼恩古兰·布阿（Niangouran Bouah）而言就是证明（象牙海岸加纳）阿肯族有一套类似于书写的系统，[41] 而且无论是在哪里发现的一系列象形文字，特别是标准化的象形文字，就会出现类似的断言。复活节岛、贝宁和玛雅经书都是这种发展的实例，最终发展就是使用一段文字作为其他信息的提示。因此，对通信的整个记忆与（马里）马西纳（Masina）保存的一封信联系在一起，[42] 人们知道与这封信对应的通信是什么以及这封信得出的结果是什么。这样的案例并不少。

　　通过给绳子增加绳结，在棍子上打上多个桩子，或在已有的大堆东西上添加例如枝条或石头等物品而记住重复性的信息，这似乎是全世界的常见做法。一个极好的例子就是（美国）易洛魁人一根手杖上有象形文字和 50 个桩子。这是作为首领名单、议会名册和赞美诗的提示，在讨论过程中产生了其他由玉米粒、念珠串和图画制成的可交替使用的助记工具。[43] 许多物体本身并不重要，只是作为计数使用，但是有些例如像阿肯王座那样作为祭拜已故酋长的坟墓或祭坛的物体，只有在偶尔的情况下才作为助记工具。[44] 过去统治者的圣髑，头骨、下颚骨和脐带也只有在一两种情况下偶尔作为助记工具。[45] 比较奇怪的是作为前统治者们遗物的（尼日利亚）伊加拉（Igala）的雕刻手杖，但是这个手杖的数目不能超过 9 根，因此无论何时添加一根新的，最古老的那根就被摧毁。[46]

　　还有一个案例是在秘鲁使用的结绳记事（quipu）。它由一系列不同颜色和长度的结绳绑在一起作为头饰的流苏或者作为档案被保存。绳子的颜色、绳结和长度与它们的次序一样重要。印加帝国的官员利用这个过程来量化，包括年代顺序、数据以及明显的定性信息。莫鲁亚（Morua）神父惊讶于这些打了绳结的绳子所代表的过去事情的广度：每个国王统治的时间长度，他是好是坏，是勇敢还是懦弱。总而言之结绳语可以作为一本书来阅读。他补充说,一个僧侣可以对一个印第安老人进行确定性实验。老人对绳结语的理解就像阅读一本书。在他们交流之后,告解的印第安忏悔者通过为此目的建构的绳结记事告解罪行。[47]

（2）场地

无论是否被人类改变过,场地通常是很有用的助记工具。一个形象的例子就是新几内亚梅恩加(Mae Enga)的三通地形(tee)。这样的场地是领导者为了竞相送猪以展示财富的舞台。在此类战场上会种上树来纪念每头猪的长度。这种场地就成为助记手段来回忆三通制度的历史,即所有交换的历史,因此也是该地区的整个政治史。[48]

被遗弃的城镇、战场和王室墓地都可以作为助记提示。L. 弗罗贝尼乌斯(L. Frobenius)把上沃尔特的王陵描述成为"刻在地表上的历史记录",[49] 这也适用于许多被建立或保存的王室陵墓。[50]实际上,"雕刻的历史记录"达到这样的程度以至于(苏丹)的希卢克(Shiluk)君主为了证实口头传说历史而建立一座假墓! 除了墓地,唤起口头传说的最普通的历史遗址有战场、王国的首都、王室产业(Pfalz)或历代统治者的不动产。[51] 场地如此重要以至于在(赞比亚)卢阿普拉(Luapula)人中许多口头传说只有在经过口头传说中提到的场地时才被叙述,[52] 而且在收集布隆迪传说时,我不得不利用这样的特点作为收集空间分布样本的主要元素。[53] 例如波利尼西亚的"卡瓦"(Kava)地址或"毛利会堂"(marae)这样的仪式场地,很少会被当做助记场地,尽管这些经常是讲述口头传说的场地。这类场地有时候会由于其壮观的自然特性而与某个渊源故事相关。历史学家要意识到这种象征情况。

（3）音乐

助记手段除了物体或场地外,还必须提一下旋律与节奏,众所周知这些也帮助记忆,许多人通过旋律来回忆歌词。在卢旺达,王朝诗人首先学会旋律,然后才是他们想记住的诗歌的内容。某个诗人确实解释过旋律是作为记住词汇的一种手段。在撒哈拉以南非洲的许多地区和新几内亚,语言是一种音调,可以用鼓的节奏来传递信息。在一些西非王国,鼓号和鼓诗用以记录历史信息。[54] 在用鼓进行远距离交流的其他一些地方,鼓名和鼓号通常被用来保存历史信息。[55] 音调语言还可以使用某个句子的旋律作为某种助记手段。这在声调谜语中就很明显。[56]

5. 学习

大部分口头传说的学习方式与其他技能相同,即通过模仿。因此(南非)科萨人的儿童模仿他们母亲表演传说故事《恩聪米》(Ntsomi)。[57] 参加表演一直是一种重要的学习方式。(尼日利亚)约鲁巴人的赞美诗《伊威·伊贡贡》(Iwi Egúngún)只能通过这种方式学会。[58] 根据 J. 古迪的观点,这是(加纳)表演者学会长篇幅《巴格雷》(Bagre)叙述的主要方式。古迪最初提到靠死记硬背学习,但是后来他驳斥又否认这种传递类型。[59] 毫无疑问参加表演总是非常重要,而且在某些情况下成为信息传递的唯一方式。正如为了成为一名合格的法官,只有那些勤勉旁听法庭审判的人才能掌握所需的专业技能。通过观察表演才能学会辨别线索和规则以及如何创造性地使用它们。但是通常这还不够,当复述要求高保真时,就必须要熟背。当诗人在创作的时候,阿拉伯诗人的(官方表演者)拉威(rawi)通过死记硬背记住诗歌。

还有许多例子是通过被认可的教师在恰当的地点进行教授,不管是否通过死记硬背的方式记住口头传说。R. 弗思(R. Firth)在卡瓦人仪式的中间休息时间学了许多提科皮亚(Tikopia)的口头传说,而且他发现当有资格的人在给他教授口头传说的时候,通常边上会陪伴一个或多个也在学习的人,或者担任监督职责以确保不会遗漏任何信息。[60] 在卢旺达、夏威夷、马克萨斯群岛、新西兰、印加人和一些特定的阿肯族群里有正式的学校教育。[61] 这种情况一般发生在有高度集中的国家机器的社群中。在马克萨斯群岛一个想给他孩子特殊教导的父亲会建一座房子,聘请一位吟游诗人,聚集一群大约三十人的男男女女。所有人都住在校舍里,在教导期间学生是有禁忌的。教导持续一个月,紧随其后的是两周的休息,随后又开始下一期的教导。如果学生没学好,吟游诗人就会关闭学校。任何与学校有关的都是禁忌,因为所教授的内容是神圣的。[62] 这种情况让人类学家想起非集中化社会中男孩子的启蒙时期或新成员加入某组织的时刻。在全世界都可以发现这种情况。通过谈话、教授歌曲和谜语,使用图像,通过表演出所要学习的内容,或者其他一些手段进行教导,通常不需要系统的记忆,也不存在测试所学的知识,但是教导确实给学生传授大量的信息,包括口头传说的叙述。

(二) 口头传说的内部变化

尽管通过研究表演可以学到很多,但是历史学家还是需要知道更多其所表达的口头传说。首先必须了解某个特定表演所代表的信息与整个口头传说的关系,因此必须对比同一口头传说的不同表演方式以评估信息的变化。

1. 诗及其同属

卢旺达诗歌是一个比较极端的例子。尽管涉及不同的表演者在不同的表演中叙述王朝诗歌《乌奎比亚拉》(*Ukwibyara*),但是该诗大体上仍然保持未变,变体极少,且被认为是极小的变化。[63] 但是五个完整版本的诗的长度从 396 节到 441 节不等,而第六个版本只有 277 节的片段。诗节与诗节之间的变化非常小。第 3 节有"Buhanzi"一词,除了有个版本中有一个无意义的而且肯定是错误的"buhanza"。同一个表演者的第 4 节是"Nyamuhanza"而不是"Nyamuhanzi",尽管这个变体合乎情理,但它看起来像模仿第 3 节变化后的创新。这些变化有力地证明了这首诗是通过死记硬背掌握的。如果对任何六场表演进行统计,就会发现这种变体每隔几

行就会发生,包括那些几乎可以忽略不计的差异。因此第62节中
"abagusigiranye"(那些传递给你的),有一个表演者出现一个变体
"abagusigira"(那些留给你的)。另外一种变化——"遗漏",则更加
严重,因此所谓的片段遗漏了18—52节,但是其他版本也会在这
里或那里遗漏掉一两节。更严重的是在220节及紧跟着的内容以
及280—294节,有个表演者前后颠倒了诗句。这几节是有关两个
都叫米班巴韦(Mibambwe)的国王,都在第一和第二段,表演者把
它们混淆了。

　　这里实际的信息和对口头传说的措辞是毫无疑问的,而且最
初的版本由一个人在某个时期创作出来也没有疑问。对变化的比
较不仅能搞清楚哪些篇章一直没有变,而且在许多情况下能推断
出发生变化的地方肯定是另一个版本的错误之处。个人或群体按
某些顺序会有不同的做法;也就是说,这些人可以重建诗歌的变化
系谱,并且推断出他们互相借鉴以及最终是从创作者那里学习来
的顺序,因为六个表演者之间的关系是众所周知的。

　　这就是通过死记硬背得来,且受制于应用在诗歌里的特殊语
言规则的信息的一个范例。这里存在一个原型且可以重构,但是
这个例子是一个关于忠实传递信息的特殊案例。

　　更常见的情况是像库巴部落的口号(箴言),我们面临的是没
有特殊语言形式的事先准备好的演说。如果我们挑选最大的库巴
部落恩东(Ndoong),我们面对的是一些记录下来的表演。其中一
些小样本就足以说明我们的观点。一些例子如下:

(1) Makum a Labaam amiin mel aNdoong.

章节的不同版本有:

(2)与(1)相似＋Mbul aNdoong yashyaam bwiiky。

(3)与(1)相似＋Ibul yashyaam bwiiky;C 只有一个语素与 B
不同。

(4)与(1)相似＋Ibul inyaamk imitetl;D 与 C 最接近,但是比 C

和 B 之间的差异更大。

Mbul 的意思是"雨"，Mbul aNdoong 指的是"恩东的雨"。B 和 C 中的第二句的意思是"（恩东的）雨量超过其他地区"。这就引导我们调查有关雨的口号（箴言）：

（5） Yooncdy inyaacdy mateem ikaangl byeenc yaan adik dimaan. Makum aLabaam amiin mel aNdoong. Kweemy acik Mimbyeem bwil abwil.

显然第二个句子对应的是简单的恩东口号（箴言）。进一步分析表明第一个句子来自比恩（Bieng）人的口号（箴言），第三个句子是来自奎米（Kweemy）部落的口号（箴言）。这些语素之间的联系是由于比恩人的酋长地位而导致奎米和恩东部落之间的紧密关系。

显然，首先进一步比较和分析文本发现恩东部落口号（箴言）的稳定语素是 Makum aLabaam amiin mel a Ndoong（在恩东的名字中 Makum 是拉班姆［Labaam］孩子的名字）；其次，其他作为短句的语素与其他语群或概念有关。从一个又一个的研究中就会发现自己陷入一个显然没有尽头的口号（箴言）网中。

可以对不同的版本进行比较，然后把它们进行分类、排序，这样就会发现"作品的系谱"（stmma condicum）。这样就必定能意识到许多口号（箴言）是从其他口号（箴言）中"篡改"而来，例如 E 就有可能来自奎米部落和比恩人的谚语。在恩东部落的例子中，大量的不同版本使整个过程非常繁琐，这也是事实。相互影响如此巨大，因此完整语料库的作品谱系实际上指的是数以百计的其他口号（箴言），更不用说要实践证明相互影响的真正顺序所面临的困难。

正如作品谱系方法所暗示的那样，进一步思考能明确，通过比较书面文本类比程序能辨别事实真伪。这里的各种版本并不是由于抄写而导致的错误，而是对同一思想稍微改变措辞（例如 B、C、

D 的例子)或论述中出现的主要差异(例如 E)。实际上 E 中的雨与比恩的首领地位、恩东部落和奎米部落相关。这是与 A 不同的论述。B 和 C 也是不同的论述:第二个句子把恩东与雨联系在一起。而 D 尽管在意图上与 B 和 C 相近,但实际上叙述的是与雨有关的不同的东西。事实上这些版本要么呈现一种新奇的论述,要么是用不同的词汇表述同一种内容,像 ibul 相对 mbul(C＋D/B),或我们可以用 E 的一部分与比恩的口号(箴言)的开端进行比较:

(1)他的牲口很高

(2)他的朋友很高

没有抄写员会犯最后这种错误。

第一种版本不能看作"错误",而是论述的一种选择。第二种就与错误的概念有关。我们可以证明 ibul 应该是 mbul,byeenc 比起 bakidy 更有意义。对第二种错误类型我们可以详细推断出不同版本的时间顺序,但是第一种类型却无法做到这一点。在这种情况下对不同版本的比较分析,得出很短的已经被牢记的演说模式。在大多数情况下这样的模式非常稳定,包含了口头传说的信息,也是曾经由个体创作的部分。因此库巴口号(箴言)就是由连续的惯用语构成的话语。

2. 史诗

惯用语以及承载信息的特殊语言模式也是史诗的稳定语素。"原著"的概念在这里毫无意义。[64] 洛德认为,严格说来即使史诗的篇章相互关联,没有原著就不存在变体。重建理想模式只是建立与所研究表演的信息相同的一系列元素,这总是但也仅是占了一代人实际表演的一部分。然而这样的比较至少按照情节、场景、角色、主题、固定的情节和惯用语句在特定的史诗中建立起叙述的总体范围,因为史诗也会有惯用语。通过对比不同的版本就能凸显它们的普遍性,正如在 1935 年表演的歌曲《阿里捷卡·斯托切维克》(*Alijaga Stočević*)以及 1950 年由哈利勒·巴伊格瑞克(Halil

Bajgoric)表演此曲所体现的那样。[65]

1935	1950
Razbolje se Stočević Alija	Razbole se Stočević Alija
Usred Stoca grada kamenoga	Usred Stoca grada bijeloga
Pa boluje za punu godinu	缺（原文如此，译者注）
Vazda misle age Stolačani,	缺（原文如此，译者注）
Da j'Alija svijet mijenijo	缺（原文如此，译者注）
Pa boluje za dvije godine，	Te boluje za dvij'godine dana
Pa boluje i trecu godinu.	缺（原文如此，译者注）

Stocevic Alija 生病了	Stocevic Alija 生病了
在石头城 Stolac 中	在白色城 Stolac 中
他病了一年	
甚至是 Stolac 的将军认为	
Alija 改变了世界。	
他病了两年，	而且他病了两年
并且第三年他还病着	的时光

在之后，有时候是 1935 年的版本更详细，有时候是 1950 年的版本更详细，其差异是由于叙述的不同所导致，但是也有一些是有极小变化的相同的句子，就像库巴部落的口号（箴言）的例子。

史诗是有主要和次要情节的叙述，也会有很大差异。洛德就对南斯拉夫口头传说的保守和稳定感到震惊。故事的基本情节被保留下来，改变要么发生在修饰部分或者发生在细节的描述部分，存在或多或少的削减，"借用"其他史诗材料，甚至是用一个主题代替另一个主题。这样的变化也在其他史诗中有所发现，例如中非的《姆温多》(Mwindo)。[66]

对历史学家而言，这里的问题与库巴部落口号（箴言）中的问题一样，甚至更甚。现在必须小心确定哪些是属于一般的史诗口头传说语料库(所谓的借用),哪些属于特定的史诗口头传说,这取决于稳定的故事线索,即它的情节。或许有第一个版本,我们在当代的表演中发现的变化是由于长时段以来由诸多表演者引起的,我们甚至不能确定所有的基本语言都属于第一场表演,这种情况比部落口号(箴言)要多得多。

3. 叙述

当我们对比不同的故事,这些结论也同样适用,甚至由于情节从一个故事渐变到另一个故事而增加了难度,几乎只能人为的区分这些故事。此外我们在第一章知道从来不存在某个人在某一个时刻创造了一个新故事的情况。[67] 历史学家在这里面临的原始资料由于其易变性严重限制了从有关过去的表演中得出任何结论。另一方面,表演与其他一样也是一种很好的资料。只有在涉及不复存在的古老的情景,也只能是在它们存在的最近的过去时,才能在这样的故事中使用此类资料。

然而在这方面,历史叙述与故事或史诗不同。它的变化往往不明显,在情节、场景、人物甚至是情节的连续性上存在大量的共性,尽管在某种程度上也具有史诗的变化特性。因此,存在描述的扩展或削减、细节的遗漏或添加也很常见。(卢旺达)加卡尼沙(Gakaniisha)分别在 1952 年和 1957 年讲述的两个版本的历史故事,它们的差异比上述提到的《阿里捷卡·斯托切维克》叙事诗的不同版本之间的差异要少。[68] 从这些例子中我们可以总结出历史信息与史诗以及不是靠死记硬背掌握的事先准备好的演说一样,有其固有的稳定性,甚至更强。我们仍然不认为这里存在一个原版,或者我们不能理所当然地认为所有版本中一样的部分存在于一个所谓的原版中。

在这方面一个口头传说的时间跨度很重要。如果时间跨度小,把亲见的叙述和传闻相结合,我们就可以接近同时期的人讲述的信息。通常在稳定了一世代后我们比较接近信息。这里要详细举例太过繁琐,因此读者可以借鉴马库科(Macoonco)的例子,其多个版本让我们能够掌握在与它们相关的事件发生后不久就形成的两个叙述之间的差异。[69]

如果时间跨度很长,我们必须知道口头传说改变信息的过程,记住这一点然后再去试图解读时至今日的信息,探究其中哪些是来自第一代的叙述,哪些是由于时间跨度而导致的变化。

(三)真实性、历史性和作者身份

真实性、作者身份、地点和时间等问题是对书面文献外部批判的核心,因为基于这些元素才能建立起对内容进行批判的背景。与口头传说一样,这些问题得到的答案很不一样。我们有的只是表演。正如我们所知,在口头传说的几种类型中并不存在原创作品,由此引起的真实性问题也很不同。我们能问的只是某个所谓的属于口头传说一部分的特定表演是否真的是口头传说的一部分。奥西恩(Ossian)的诗歌据称是对爱尔兰某种古老口头传说的记录,然而却是麦克弗森(MacPherson)创造了它们,它们并不以任何表演为基础。[70](美国)特拉华州或德拉瓦族印第安人的《瓦拉姆·奥卢姆》(Walam olum)是一个以象形文字作为助记手段的非常复杂的口头传说的集合,多年来它们被认为是来自美国东部的美洲印第安人口头传说最重要的部分。[71]第一个研究这些材料的学者康斯坦丁·S.拉菲尼斯克(Constantine S. Raffinesque)宣称在1820年从印第安纳州的沃德博士(Dr. Ward)那里得到了大量的棍棒和图形字符,在1822年从一个未知的来源获得了与此有关的歌曲,即口头传说本身。拉菲尼斯克于1825年搬到费城,解读出了该口头传说并于1833年出版,但该口头传说可能是伪造。是拉菲尼斯克本人伪造了这些物体并创造了这个口头传说,还是特拉华州相关的印第安人在某个复兴运动中的成果呢?[72]我们不得而知。但是我们知道《瓦拉姆·奥卢姆》作为一种口头传说是要彻底打折扣的。

口头传说的大部分类别没有作者,不是靠逐字逐句背诵的那些类别,每个表演者就是作者。我们只知道那些被记录下来的表演的作者。我们只能评价那些通常表演某个特定口头传说的表演者的年龄、性别和地位,并得知他们是否为专职人员。[73] 这并不意味着这些特点总是属于过去的表演者,也不存在有一个原创作品使口头传说的原创作者与当代的表演者共享所有这些特点——例如故事。

然而这些被记录下来的版本的作者是谁很重要。如果他是一个专职人员,那么他的表演是属于专职人员特有的类别吗?他有表演的资格吗?[74] 他是不是一个"记忆存储者"呢?也就是说他或她对那个社群的过去的历史特别感兴趣以至于掌握许多口头传说并产生他或她自己对过去的观点呢?这类人被称为百科全书式的信息员或记忆存储者。[75] 显然,在所有这些情况下,作者的身份和所处环境会影响表演的信息内容。

在大多数情况下,尽管没有出现非常明确的信息,了解作者从谁那里学会口头传说也非常有用,这是因为我们发现许多人主要从仍然活着的其他人那里学会口头传说,通过这些人我们可以获得其他版本。因此在库巴,米克韦皮·阿纳克莱(Mikwepy Anaclet)给我的国王名字非常少,后来他又补充了许多,而这些是他刚刚从叔叔姆博普·路易斯(Mbop Louis)那里学来,从他叔叔那里我可以找到一个更加完整的版本,而且姆博普·路易斯被证实是一个拥有许多渊博的口头传说知识的记忆存储者。在记下来的作品中有时我们也可以得知原创者是谁,正如前面提到过的例子《乌奎比亚拉》(Ukwibyara)是恩亚卡拥加(Nyakayonga)大约在19世纪中期创作。这些信息来自另外一个口头传说,也解释了为什么恩亚卡拥加创作了特定的篇章。[76]20世纪40年代和20世纪50年代由于A.卡加梅(A. Kagame)的记录得知了他的后代谱系,才有可能使之与卡加梅记录下来的不同版本产生联系。实际上这种有对应的书写来源的例子是非常罕见的。

唯一有关某个口头传说的地点和日期的信息就是对该口头传说的某个表演的记录,除此之外我们通常对口头传说创作的时间不得而知,无论该口头传说的记录是发生在事件或情境被讨论之时还是在此之后。上文提到过的恩东部落口号(箴言)的不同变体可以追溯到 1953 年的表演,但是我们不知道这个口号(箴言)的起源。它或许与部落一样古老,或者要年轻许多。事件本身可以处于一个相对的时间体系里,通过当地的度量单位来表达。即使在这里涉及的年代问题也有困难。我们在第六章讨论年代学和其他年代问题,但是这里我们可以强调的是年代的缺陷是所有口头传说最大的局限。

三、口头传说的记录

当研究者评估基于口头传说的结论,或者研究很久以前记录下来的口头传说,他或她处理的不是表演本身,而是通常以书面形式记录下来的表演。这里出现两个问题:书面或录音的记录在多大程度上对应表演?假如记录通常并不是在正常的"现场"表演而是在一个录音场次记录下来,两者情况差异很大,那么这个表演有多大的代表性呢?此外,书面记录可以是完整的文字记录,或者仅仅是概要,或者甚至仅是提到口头传说中所知的一两个物件,又或者假装是"口头传说所述"。我把对口头传说的偶尔提到的或偶然的记录与基于系统研究的完整的记录进行区分。

(一)偶然和意外的记录

对口头传说的偶然记录主要发生在较古老的作品上。中世纪欧洲不时有对口头传说纯粹意外的保存,当抄写员测试他的书写笔时会抄下一首诗或歌曲作为书写样本。[77] 这一定要与偶然的记录进行区分。因此我们发现,大约在 830 年艾因哈德(Einhard)写的《查理曼大帝的生活》(*Life of Charlemagne*)中提到了某个中世纪的口头传说《罗兰之歌》中的英雄罗兰,比《罗兰之歌》中 778 年发生的事件晚 50 年。现存最著名的手稿可以追溯到 1125 年—1150 年间。艾因哈德在这里提到的一场伏击在《皇家编年史——至 829 年》(*Royal Annals to 829*)中也有提及。其他的官方历史以及艾因哈德的《生活》的大部分手稿中都没有提到罗兰。或许因为伏击的描述感觉上与罗兰的故事相同,因此这个名字是在文本创作很久后被插入的。在这种情况下,随意提及这个名字并非意外。其他证据表明到 11 世纪就已经知道这首歌,那么提到过他的艾因哈德手稿可以追溯到那个世纪。来自该世纪的一个手稿上有一个编辑评论认为艾因哈德"对国王的这些真相留下了空白,而歌曲是用通俗的语言进行庆祝"。[78]

有意提及历史中概括的口头传说曾经非常普遍。作者通常会说"根据口头传说……"或者使用类似那样效果的语言,然后进行概括。[79] 即使标准情况下作者没有从一个或多个口头传说合并推测以及合并口头传说的数据,表演和表演的记录之间的差距仍然非常巨大,因此相应地对这种数据的使用需要非常谨慎,它们很难成为历史论证的主要篇章。

(二)系统的研究

一些口头传说的记录,即使是发生在古老的年代,也是以系统的研究和许多表演为基础。巴姆穆(Bamum)王国作为国王恩乔耶(Njoya)的历史就是这样一个例子。[80] 另外一个例子是日本政治口头传说最古老的记录《古事记》(*Ko-jiki*,追溯至约公元 712 年)。文武天皇(Mommu)命令系统地研究并整理伟大家庭的口头传说,从中建立官方资料,并由稗田阿礼(Hieda-no-Are)进行口头

作为历史的口头传说

学习。下一任统治者元明天皇（Gemmyo）之后命令一个中国学者从稗田阿礼那里记录下这个版本。[81] 日本例子的不同寻常之处在于它明确了资料选择的细节,在删除"虚假"信息后被官方正式批准,然后合并许多其他材料构成一个叙述。毫无疑问这也发生在喀麦隆以及当局命令从口头传说创建官方历史的其他地方。

我们这个世纪研究口头传说然后发表成果的学者,通常也是有系统地进行研究。他们应该发布或提供所有他们记录的版本以及相关的其他材料,包括所有的现场笔记。[82] 这点他们很少做到。作者应该清楚地描述他们是如何进行的,并且列出整体中不同信息提供者给予的内容。这种情况经常发生。它允许读者对研究设计(如果有的话)的使用,表演者必须合作的动机,谁最终控制数据的获取等形成自己的概念。

的黎波里的利比亚研究所对意大利—利比亚战争（1911—1932 年）的研究这一具体案例表明了为什么所有这些信息是必要的。研究目标是采访全国范围内这场战争中所有的幸存老兵。首先必须要找到他们,而最终最可靠的方法是在全国每个村庄进行调查。公众很合作的众多原因之一就是如果被认定为是一名老兵就意味着有资格享受各种老兵福利项目。这确实导致一些没有参加战争的人摆出一副老兵的姿态。同时也很难找到为意大利方作战的利比亚老兵。在一些地方由于相邻定居点之间有敌意,只能在其他村庄录制叙述。所有的录音都是由受过训练的利比亚人使用标准的信息指南来完成,因此很少出现语言问题。然而图阿雷格人（Tuareg）和图布人（Tubu）信息提供者使用自己的语言而不是阿拉伯语就会出现一些问题。训练有素的询问者通常在自己的家乡做得很好,但有时也会出现困难,最显著的案例是一个年轻男子负责收集他所在地区的一个著名人物的口头传说。对他如何寻找信息提供者的研究表明他实际上被该地区的一些领导者远程控制了。信息提供者把他介绍给其他的信息提供者,但人都是在同

54

一个圈子里。因此他只听到了这个名人的狂暴一面,直到这些指引的系统的特征变得清晰才采取了纠正措施。

在所有的研究中,调查的抽样、研究设计、语言困难、询问者的社会地位等都会出现问题,当口头传说被出版或用在出版物中时必须要进行解决。不幸的是,这种情况很少发生,除了收集资料的人外其他任何人都很难批判性地使用这些口头传说。尽管如此,任何打算使用被出版的口头传说作为证据的历史学家都应该努力地充分阐明研究的情况。

(三)记录情况

为记录而进行的表演通常与正常情况下的口头传说的表演不同。最好的情况是记录人参与正常的表演并设法在不干扰正常表演过程的情况下用录音或纸张记录下信息。然而即使是在这样有利的情况下,记录也只是部分地反映了整个程序。除非使用录像,否则视觉元素和观众反应就会缺失。当使用赞成、拒绝、绝望或喜悦的姿态,如果不对这种行为进行描述,即使是录像带也给不出线索。在某种程度上,录像带会纠正这个问题,但即使是录像带也只是从一个角度发挥作用。此外,大多数记录下来的表演最终以书面形式出版,这不仅失去了图像,甚至也没有声音。尽管这是一个普遍的遗憾,但找不到妥善解决这个问题的办法。[83] 在处理叙事,尤其是传说故事时,这个问题最为尖锐。对记忆类信息,尤其是诗歌,这个问题最小化。即使如此,也还是存在着不可否认的巨大的缺失。

第二个难题是处理表演和记录内容之间的差异。通常情况下,一个记录场次是一个或多或少由采访者构建的一种采访情境。最好的情况是表演者为了记录而上演特殊的场次。1953年库巴国王在宫廷里背诵了官方的库巴口头传说,即使通常情况下他只在自己的加冕礼上这么做。[84] 没有进行提问,文本被录音,这与"真正的"表演之间可能只有极小的差别。

尽管对正常的事件过程,尤其是为了解释历史叙述,甚至是故事,都会进行采访,这会导致两种类型的变化。首先,表演者把采访者当作观众与之对话。他对自己的内容进行建构使之与这种情况相关。因此当 L. 哈林(L. Haring)在 1971 年 6 月在(肯尼亚)基西(Kisii)收集故事时,给他提供信息的人强调了他们对欧洲人的积极情感,试图把采访者当做仲裁者,让他们赞同基西比邻近地区优越。[85] 同样的叙述很难以这样的方式在另一个观众面前阐述。即使是在"正常的"时间里在"正常的"观众面前的表演也会根据当时的情况和兴趣点而有不同的侧重。

应提供此类记录情况的信息,然而这样的信息也几乎没有。研究者通常意识不到这些问题,除非他或她进行了大量的采访,并在其他场合出席了许多表演。然而,任何使用此类记录的人必须敏锐地意识到环境对此类记录的形式和内容的影响。

由于经常讨论采访技巧,因此我们给自己限制在特定规则下。[86] 任何采访都有两个作者:表演者和研究者。后者的投入应该限制在最小范围,即使他永远不会缺席,因为他至少是观众的一部分。当他提问时他的投入是最大的。实际上,如果提的都是这样一些引导性问题,如"……不是真的",表演者的输入趋向于零。[87] 理想的情况是信息提供者应该单独述说,但实际上只有在一种情况下,如需要某个著名的表演的内容,例如一个故事或一首诗的时候才有可能。即使在这种情况下,研究人员也需要获得表演中有关暗示的更多信息或者澄清一些模糊或有争议的观点。在其他情况下,采访必须至少由研究人员组织,由他们决定应该讨论什么,并保持信息提供者不偏离讨论的主题。这一点要做得不显眼,不能打断信息提供者,即使他们似乎明显偏离了主题,毕竟可能会出现与所讨论主题无关的内容,而大多数没有被询问的信息就会来自这些偏离。

采访总是有点紧张，尤其是刚开始的时候。采访者不能使用问卷，但必须确保所有相关的主题都会被讨论。被采访者想知道采访者想要什么，如何取悦采访者，以及从这种情况中或许能得到什么好处。因此如果可能的话，最好重复采访，这样双方就能更好地了解对方并建立彼此的信任。当然这能做到什么程度不仅受制于时间和手段的物质因素，也取决于研究人员与人相处的自然天赋。

团体采访虽然原则上不可取，但往往是不可避免的，在某些情况下也是合适的。在这样的采访过程中，信息提供者很少能说出他们所知道的一切，而仅仅是提供他们所有人都能达成一致的信息。这样的信息量最小。但是团体证词也可以是通用惯例以及对真相的保证。与库巴团体有关的口头传说的吟诵是公开的。官员们在会谈前召开秘密会议（kuum），任命发言人以及排练所要讲述的内容，讲述就具有了官方叙述的特征。在这样的会议后，研究人员可以单独与每个参会者交谈以进一步获得所讨论问题的观点和更详细的阐述。只要做到这一点，就能以这样的方式紧接着进行团体采访。在团体采访不是惯例的情况下，尽管信息提供者会反复重复别人已经做过的陈述，也不能为了方便而采取团体采访。

采访应该被视为保密的信息。不能告诉B说A对这个事情有不同的叙述，然后问B对此有什么要说的。这样的行为容易导致一个社群里的紧张和不和。然而有时候不同信息提供者之间会发生对抗和争执，在这种情况下就会出现类似法庭上的气氛。对峙以妥协告终，要么坚定立场，要么一方采纳另一方的观点。库巴的博基拉（Bokila）就是一个妥协的例子。博基拉的酋长声称他们是这个地区的第一批居民，但是该地区的另一群人也这么宣称。最终他们同意后者是第一批居民，但是在他们到达之前，博基拉已经在此建立了一个象牙交易站，所以他们也是第一批居民。就像这个例子所展示的那样,这种妥协几乎没有任何价值,因为他们是当场达成的。在其他情况下,很少会发生以前不为人知的事情。即使是在撤回自己立场而采纳对手立场的情况下,历史学家也面临着当事人是否先撒谎,后来才说了真话还是刚好相反的情况。对抗双方很少会进行妥协。

研究人员也应意识到,他们所做的和所问的往往事关他们研究的整个社群或社会的巨大利益。人们会谈论他们,形成意见,形成关于他们的谣言,有时甚至会讨论如果被问到这个或那个问题时该怎么回答。即使访谈是私密的,但在很多文化中是不可能做到的,被采访者当然会被急切地询问这个会谈到底是怎么回事,就像研究人员会向其他学者报告的那样,被采访者也会向他们的朋友报告。因此历史研究的探索也涉及采访者在社群中的所有社会关系。一段时间后他或她会被接纳或被保持一定距离,这在一定程度上解释了为什么在许多个月后信息提供者会突然主动提供信息。这种常见情况的其他原因是采访者终于适应新的文化习俗,知道要问些什么。

总而言之,采访是发生信息传递的相互适应的社会过程。如果不能建立社会关系,例如实施问卷调查,那么信息获得量非常小,且经常不准确,通常像是一种强迫逼供,而不是建立信任和坦率交流关系的有利情况。

四、口证和文本

当一个表演被记录下来后,无论这些信息是否被广泛知晓,所获得的信息就固定成为一种证据,并不总是能把证词清楚定义为个人陈述还是单个团体的陈述,无论它是一个人还是几个人讲述。这是第一部分讨论的主题,之后再讨论文字材料。

（一）口证

口证是指任何一方对某一主题所作的陈述总和,只要所有的陈述都与同一所指相关。一个所指是一个设定的叙述。话题可以是一系列事件,也可以是证人,即目击者亲眼所见的某个情况。分析者的话题可能不是目击者的话题,例如在口头传说中很少有单个的证词是关于整体的女性权利。然而分析者可以将此视为一个话题,并大量使用一个目击者的不同陈述作为不同的证词。

在这个定义中,证人是至关重要的。因为口证是不固定的,可以被重复或者之后证明其是合格的,所以能把目击者的每一句话都当作单独的证词。它由信息提供者在同一条件下对同一主题的所有陈述构成。同样的条件意味着在他提供信息的时间间隔内他没有获得进一步的新信息。举个例子可以说明这一点。一个布松(Bushong,库巴执政者)第一次背诵给我听的国王名单只包含了三个名字。然后通过从叔叔那里获得信息,他增加了自己的知识储备。很明显,这里有两份证词:三个名字的列表和后来的列表。两者的差异是知识条件的差异。

以正式的观点来看,显然任何通过记忆记住的演说中出现的口头传说所包括的每个词都应当作证词。而把措辞留给表演者的口头传说只包含了要表达的思想,因此证词也只包含了这些思想。人们无法从措辞本身得出任何有关过去的结论。

信息提供者并不一定重温整个证据针对所指对象做出的添加,以及在证词中没有指出对所指对象的特定陈述中出现的遗漏,即使我们知道这些遗漏(也就是说,它们存在于其他人对同一口头传说的证词中),这些都证明口头证词的本质确实依赖于信息提供者。或许信息提供者不知道这些遗漏,也许他压制了这些观点因为他想保留某些利益,或者他只是忘记了或者他认为他人已经知道了这些内容。同样的,一个信息提供者很可能因为各种原因而

作为历史的口头传说

撒谎,从而他的证词也包含了谎言。因此证词是一种通过信息提供者的人格来解读并受制于这种人格的口头资料。把"一个口头传说"作为证据是不可能的,它必须是通过某个人来实行的口头传说,并且每个人都以不同的方式实行。

在理想的情况下,一个证词可以被认为是对单个口头传说的描述,但在实践中却无法确定。信息提供者可能把好几个他听过的口头传说合并一起并形成一个单独的证词。概括并解释了诸多口头传说的百科全书式的信息提供者是极其特殊的例子,因此无论他是否是作为历史学家这样的重要人物,作为证据其价值较低。[88] 除了比较其他证词,没有其他现成的方法可以推断一个证词是来自一个还是多个口头传说。因此证词和口头传说之间的联系是间接的,它根本不是一对一。

鉴于上述原因,最好是将不同目击者的陈述视为不同证词,即使他们有相同的所指且似乎从相同的口头传说中获得信息。我们只能通过信息提供者的人格棱镜来了解口头传说。同样的,集体证词的证人是整个团体,我们必须把他们的所有陈述作为一个证词,但要把这些陈述与其他成员的单独陈述区分开来。这里他们具有相同人格,但是作为集体,他们的证词各具特色。

同一批人对同一系列事件可能会出现两个不同的、甚至互相矛盾的故事。1958—1960 年卢旺达的两个信息提供者解释两个不同的种族图西族(Tutsi)和胡图族(Hutu)的形成就属于这种情况。在其中一个故事里坎亚旺达(Kanyarwanda)有几个儿子,包括加图西(Gatutsi)和加胡图(Gahutu),他们成为图西族和胡图族的祖先,因此他们是兄弟。而另一个故事里,第一个图西人基格瓦(Kigwa),从天空降临到居住着胡图人的地区。同时知道这两个故事的信息提供者从不把两个故事结合在一起;他们总是择其一为真,另一个为假。不管这些故事是否是当时内战中双方为了自己的合法化而编造的,它还是解释了这一情况。[89] 关于这同一主题的两个陈述不能被认为是一个证词,也不是信息提供者提供,因为这里有两个指称对象。上述可能是非常特殊的案例,但是肯定不是唯一的。在争论中,双方清楚知道他们的对手会使用哪个历史论据。"指称的相似性"证明在口头传说和证词之间至少存在一定的关联,无论其在论述的何处变得明确。

(二)文本

"文本"的概念意味着独立于所有解读它的人之外的稳定事物,这是一个书写项目。文本是用来证明某样事物,但不是证词。这里的问题在于由于可以口头上多次做证词,因此对同一指称对象可能会出现好几个书面版本。那我们就会有好几个文本吗?不。我们应该在诸多版本中选出一个文本。当我们处理演说的时候不存在太多问题。不同版本之间细微的措辞差别时有发生,如果还能联系到证人,他通常会告诉我们什么是正确的,什么是错误的,或者最终两种解读都是正确的。在所有其他情况下,条件是必须估计不同版本之间是否足够接近而对应同一个指称对象。在许多情况下确实如此。我们可以把(卢旺达)的加坎尼沙(Gakaniisha)作为一个例子。他在 1954 年和 1957 年分别对同一事件做了两次叙述。第一次叙述被出版,第二次以档案形式留存。[90] 这里只有一个文本,因为在第二次表演中他似乎没有获得任何新的信息。因为他之前已经讲述过了,他认为研究者已经知道这个故事,因此第二次比第一次短。任何试图将两个版本融合成一个或者重建一个所谓的原始文本的行为都犯了严重的错误。不管看起来多么奇怪,这里只有一个文本,其中一个版本是出版的,而另一个不是。

说到出版,困难就出现了,加坎尼沙的例子就证明了这一点。第一个版本是在编辑们不知道第二本版本的情况下出版的。手稿也会发生这种情况。一个文本可能会在所有现存的版本被发现之前就出版了。然而即使由一个人处理两个叙述,他可能必须选择其中一种形式进行出版,因为两个叙述之间的差异不会太小,因为措辞是自由的。对于被背诵下来的演说,这个问题就简单地多,其措辞是固定的,因此属于文字材料。在注解中应该标明差异。对于史诗的处理是分别出版不同的版本。

至此我已经完成了关于表演方式、口头传说和文本的讨论。现在可以转而对记录下来的消息内容进行分析。这里的问题是:信息的含义是什么?下一章的任务是必须讨论哪些内容才能给出一个满意的答案。

第三章
信息的获取

　　证词一旦被记录下来就可以进行仔细研究。由于记录是稳定的,因此实际上比口头社会中的任何人都可以做得更仔细,但凡需要,可随时查阅使用。学者不能仅凭记录下来的信息资料就开始研究,其首要任务是如何恰当地去理解。首先,需要考察证言的形式与结构,因为这些影响内容的表达。继而从两个层面分析含义:字面含义和深层含义。深层含义在产生口头传说的团体成员间显而易见,但是对外人没那么明显。然后再是信息的目的(人们想要表达的东西)。在实际操作过程中,尚需一个完整的或者至少包含大量记录下来的口头传说的语料库以备调查,否则难以获取所给证词的形式或结构,也无法判断它们的特点与其他资料的关系。

一、形式与内容

　　没有任何信息能完全脱离结构而存在,如果脱离了,交流就无法发生。语言规则是其首个正式要求。语言形式有时会要求更严——通过诗歌甚至口述叙事的形式传达的信息有规则上的特殊要求。由于这样的规则限制了信息表达的措辞选择,如果想完全解读信息内容,就必须熟知这些规则。此外,每个信息有其内在结构,正是通过这些字词的巧妙排列,从而使得交流更为有效。最后,所有信息都属于某种文体,形式和内容的结合产生了各种文学体裁,被所研究的社会很好地辨识和操作,因此没有任何表达不属于某种文学体裁。反之,公众对类别的预期影响所有信息。

形式的语言问题与内容问题要严格区分,形式是语言规范和重复的问题,因为它产生足够多的冗余使信息被理解。但是即使是语言学家也要在一定程度后把内容和形式联系起来,否则无法通过研究文体或内部结构进行跟踪。这些问题通常留给研究口头艺术或民俗的学者,因为艺术是由形式和含义之间的关系形成。因此历史学家在这个领域里找到主题的大量文献,在这个节点上与他所关注的内容相关,即使这些领域所强调的通常与他自己的不同。[1]

(一)语言形式

这里的主要差别在于"正式"与"非正式"的文本,意味着就要遵循第一批在普通语法之上的规则,在一定程度上限制措辞的自由选择。越是存在特殊的规则,越会限制个人随心所欲的表述。同时,形式还要求有更高层次的情感诉求。

此前,M. 儒斯(M. Jousse)先生的一篇文章引发了大量的兴趣,认为整个口头文献受限于正式的规则,主要是在句法层面,正是这一点使口头文献明显区别于书面文献。无论口头信息是什么、来自哪里,它一定会遵循这样的正式规则。不过儒斯这篇主要以圣经文本进行分析的论文,却没有多少说服力。经证实在口头和书面话语之间唯一明显的区别就是口头交流中有更为频繁的重复率。[2] 这不足为奇。事实上,口头资料不断被讲述,需要更多的重复来传递信息,而书面文档是一个人工制品,可以脱离时间的束缚,如若需要,可用之后的语句重新提及更早的语句。

口头艺术中确实存在正式文本,但是到目前为止没有进行充分研究。这是一种可以根据字数、音节数、短音节数(mores)、音长、音高（语调）、重读和头韵来确定诗律的规则。[3]内部或外部押韵、音调押韵以及其他特征皆可成为正式规则的一部分。此类文体的一个很好的案例就是索马里的《加贝》（Gabay）的诗歌，很好地解释了此规则的影响：I/la ah. ba a. dab/ko o di yo. san/da hay. -danab ba/do i di i ye（上帝熄灭了他们的战火，抑制了他们的英勇）。

每个音位单独成节，五个音节形成一个音步，四个音步即可成一韵文。韵脚用"/"间隔表示。在第三音步的第二音节之后，第五音节（dab）和一个格律停顿（如"—"所示）中存在着一个短元音。分布在每一音步中的长音节可以分为八个韵型。首音节（这里的"I"）是诗句开头的非重读音节（anacrouse），并不计数。此外，这里有个基于"d"的头韵规则。尽管索马里诗人没有意识到他们遵守的诗体规则，但是他们却意识到了头韵。[4]该例子明确表明了选词的限制性。不过，这也表明，团体成员本身也不一定总是了然他们实际上在遵循的规则。这很正常。我们表达的每一句都会无意识地遵从大量的语法规则。这意味着研究者不能完全依靠信息提供者所言。对探索诗歌规则而言，语言学上的分析是必不可少的。无怀疑之心的欧洲人永远不能发现这些音韵或排比，只有语言学的分析才能做到。[5]

除上所述，类韵和叠字，即使用相同词根但不同词类，是相当普遍的，有时会或者不会与诗歌结构结合。例如在"Baantumye kubaz umuhiigw abahiigi b'Imuhiiganyana"（他们派我来询问有关狩猎的事情，狩猎小牛的猎人）中词根"hiig"（狩猎）的使用。[6]

很明显，口述者有时会添加一些无用的词来满足结构形式的苛求。特别是一些口述者在讲述过程中不得不创造诗句，这种填充词颇为常见。例如在塞尔维亚的《在普里利普小憩》中，"在普里利普（Prilip），那座白色的小城……"，这里的填充词是"那座白色的小城"。吟诵者并非特别想强调它的洁白，只是绕着韵律多了些说辞。因此，只要韵律需要，我们会发现同样的填充词可以用在各种城市名。这即是劳德(Lord)所谓的公式型表达。[7] 这种公式型的重复使史诗的结构特点更为鲜明,也让分析者清楚了解在探索史诗的整体含义时可以忽略这些填充词。

这需要研究者对一门语言极为精通方能明白缘何一个想用不同形式表达一个给定思想的人会从词汇库中选此非彼的原因——当然这也为整体增添了含义。即使研究者没有这种能力至少也能发现哪些表述是严格受正式规则约束而不能被包括在含义中。

正式研究亦能帮助我们理解一首诗或诗歌中措辞的稳定性。譬如,隆迪人的诗歌"Remeera ryaaNini, intaaho yabaami"(Remeera 毗邻 Nini,列王进入之地)就希望通过保持重复不变的措辞,来赋予其一定的含义和形式(每半句诗几乎都结构相同),实际上我从未发现其他版本。但是,如果我们细察充斥大量变体的塞尔维亚——克罗地亚语(Serbocroat)诗歌,其规则形式则可以轻易改变。通过比较不同版本有助于核查正式结构的影响,以此利于厘清表述的字面含义和深层含义。

(二)内在结构

任何表述方式都有内在的结构排列,即便是超出了单个句子的句法规则,当中仍然存在着结构排列,这点尤其体现在最为自由的表达方式——口述叙事中。利用情节、场景、动机、背景和主题的概念,很容易在叙述中体现出一种内在结构(即 V. 普罗普[V. Propp]称之的形态论)。[8] 在进一步阐述此概念前,我想先分析一篇关于(马里/上沃尔特①)库鲁巴(Kurumba)的口述叙事。[9]

加亚梅(Ganame)酋长之位起源②

1.(1)曾经有位猎人住在灌木丛中。(酋长)阿约(a-yo)的女

---

① 译者注:即布基纳法索。
② 标题是正文第一行。

儿走进了灌木丛。她看到了灌木丛中的猎人,猎人也看到了该妇人。妇人问,"你住在这吗?"他答道,"是的,我住这。"她接着问他:"那你吃些什么?"——"吃肉啊,我在灌木丛中打猎。"——"你会有吃的。"她返回了村寨,在那里准备食物。

(2)她折返回来找猎人,给了他食物。猎人告诉她,他有个角,角里面装着肥肉。她不能去碰这肥肉,也不能去吃。妇人很想去吃肥肉,就吃了。她的肚子鼓了起来,里面怀了个孩子。

(3)家人看到了女孩大着肚子。他们说,"这女孩怀孕了。"她生下了孩子,她有了个儿子。他们问她:"你在哪怀的孩子?"她说她在灌木丛一个猎人的帮助下怀的。这个猎人让她怀孕。家人们说这不是真的。孩子留在了女方家。他母亲名叫纳缇姆贝(Natimbe)。她家人说"这娃没有父亲。"

2.(4)因为这小孩没有父亲,他做了傻事就被打,因此他哭着跑进了灌木丛。

(5)他跑去寻找他的猎人父亲。他告诉父亲村民们打他并且说他没爹。他父亲告诉(他):"别哭。你会得到一些东西。"他父亲给他做了个小鼓。他给了他(儿子)一个盒子和一些箭矢。他告诉小孩,"当他们在池塘打你取乐时,慢慢离开那池塘,拿着我给你的小鼓,面向东方,击下鼓;面向西方,击下鼓;面向你正前方,击下鼓;面向一侧,击下鼓。拿起你的弓箭朝池塘方向射。仔细看看那些在池塘的孩子,他们会变瞎。然后你不要拿他们给你的任何东西,告诉他们除非给你酋长的帽子(还有徽章)作为补偿。"

(6)小孩按照父亲说的那样做了,欺负他的孩子们就变瞎了。他们希望补偿他,他拒绝了。村民们问小孩:"那你想要什么?"他朝着酋长的帽子比划了一下。村民们说:"我们该怎么做才能为你拿到酋长的帽子?"小孩说:"我不要其他的回报。"村民们回答说,他们不能给小孩这顶帽子,因为这样好运会抛弃他们。男孩取走了这顶帽子,他把帽子戴在了头上。村民们想要把帽子从小孩这

作为历史的口头传说

拿走,男孩哭着跑走了。村民们想尽一切办法去重新获得这顶帽子,但是都无功而返。

3.（7）小孩跑进了灌木丛见到了他的父亲。他告诉父亲,他带来了这顶帽子。

（8）父亲和儿子跑到了奥莫（Omo）。他们在那留了下来。男孩结了婚。他们大批地返回了村寨。[①]

一个场景是行动的一个片段,可以被看成是口述叙事中的一个功能单位,每个场景为情节提供了新的发展。如果口述叙事好比棋局,那么情节就是下棋的全部过程,而每一个场景将会是单独的一步棋。我将例文中的场景进行了编号,他们按如下顺序发生:

1. 一位酋长的女儿遇见一名猎人。

2. 他使她怀孕。

3. 小孩被认为没有父亲。

4. 受虐的小孩找到他父亲。

5. 父亲教给他报复的方法(一些内在的重复)。

6. 小孩为自己雪耻,并获得了酋长地位(一些重复)。

7. 他与父亲重聚。

8. 他们去了奥莫,后来作为重要人物返回村寨。

我们可以在这些例子中看到,情节在口述叙事过程中有序地展开:

1 是开端:（1）描述情形。

　　　　　　（2）、（3）怀孕以及生育小孩。

2 是主线:（4）、（5）和（6）小孩受虐待、求援父亲、挫败村民。

　　　　　　（5）和（6）有内在重复

3 是结局:英雄和他的父亲逃亡奥莫,最后返回村寨掌权。

为了分析这一叙述,我用了如下概念:场景、情节和背景。这些概念对发现各类叙事的内在结构至关重要。其中核心意象、动

---

① 由于约罗(Yoro)和其他村子的酋长发现了那里。

机及主题的观念也非常有用(见下文)。

可以用叙事的概念表述来绘制叙事的内在结构图。场景处于被讲述的顺序轴上,通过其他轴线上的场景来展现口述叙事的张弛度(情节)。叙事艺术的首要要求是应紧扣听众的兴趣,并使他们屏息等待结局,因此叙述的结构就是围绕着这一目标努力。抓住听众注意力的能力取决于每个场景,而这点又主要取决于听众预见后续发展的程度。一个场景以特定情境收尾,这就可以通过许多不同方式衍生出若干新的可能的情境。在下一个场景里,讲述者会在这些新的可能的情景中做出选择,又将一系列其他的发展可能再次放到听众面前。可预见的是最不能让听众保持兴趣的那种场景类型往往只有一种结果,而听众意识到这点,并且预知即将发生什么。意外被排除了,同时让听众完全丧失了兴奋感。排名第二的紧张度低的场景是为大量的甚至是无限可能的结局敞开大门。听众无法做出任何预测,因此尽管有兴趣,却无法激发任何兴奋感。随着结果从无数可能下降到两个,口述叙事的紧张度也随之增加,至此听众可预见到两种结局,并且非常渴望知道到底会发生哪种。要么听众可能发觉只有一种结局注定会发生,尽管感到这种结局与情节不符,听众同时也很好奇是否存在其他方法。在英雄传说中,最受人欢迎的场景莫过于英雄本应战无不胜却发现身处绝境,听众能感知却无法破解这种战无不胜却深处绝境的悖论。虽然从理论上来说紧张度是可测的,而事实上只能做一个非常粗略的估算,如下图所示:

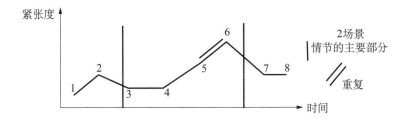

作为历史的口头传说

读者将会注意到,这种叙事并非依照在结局前达到高潮的模式而构建。结局部分被延长,而此处大抵有两种而非一种叙述,并且这两种叙述都各有高潮,恰好处在第二次高潮前的重复增加了紧张度,这在构建口述叙事的紧张度上很常见。一个整合良好的艺术故事,通过缩短故事开端以及简短的决定性结局,例如"男孩保留了帽子并成了酋长"而避免以上这点。该结构尚存缺憾,一方面这是一个叙述而非传说故事;再者,叙事的紧张度上升,并不仅仅出于调动听众好奇心所需,还出于根据意象结构所需的情感需求。

这篇叙事中有两幅核心图景:[10]因食而孕和池塘旁的武力炫耀。池塘乃是每个缺水村落的核心。第二幅图景展示了在村落里不可思议的冲突。重复或扩展图景的现象在这两者中均有出现。第一幅图景里包含了猎人和女子的进食与女子吃肥肉这两个部分。在第二幅图景中,为了得到帽子(村庄最高统治者地位),鼓和箭矢被提到了两次,而击鼓图景本身则有一种内在的进一步重复。许多类似的案例中,在这会出现一首能被听众反复吟唱的歌。通过这两幅核心图景,一个特别的男孩(因他的观念而特别)如何接管约罗(Yoro)地区的统治权这一整体情节被展示出来。叙述中的情感结构正是源自于此。在所有的演出中,因为大多数听众知道这则传说,专注于图景、它们的发展和描述,所以大体而言,基于叙事的情感结构比基于结局的形式结构更重要。

此案例明显源自于另一个有着相同连续性场景的第二个故事版本,而最终衍生出的场景又与加亚梅统治下的其他村落有关。不过,其他叙事对核心图景的处理存在差别。在不同地方,猎人似乎发展成为灌木丛林神灵。这在第一幅图景开始处比较弱,因为并没有着重强调食物,而是发展出"号角"的意象本身,猎人把它当做女阴,这里与约罗村猎人祖先们的一个著名的神龛有关。对第二幅图景的发展演变少得多。相比第一个版本,这一版丰富了村民纯粹的行为举止部分,即村民为何以及如何做事,但是却冲淡了核心图景:村民们的奇妙冲突。这一版本中的猎人被赋予四只眼睛,这与瞎了的孩子们形成强烈对比。

另外,此版本给我们展示了核心图景是如何扩展的。在第一部分,进食发生在因食而孕之前;在第二部分,依序发生的击鼓、射箭和讨价还价只不过是种重复。此处实际上有两种主要的方法来延展核心图景。

故事的艺术性通过单独的核心图景构建,随着行为的发展以及对意义的构建,图景在相同或者变化的背景中重复,旨在引导听众去探索图景的深层意义。使用构成一个场景的数幅核心图景能达到类似的目的。理想的场景拥有从一幅图景到其他图景的图景映射——这在我们的例子中表现为怀孕的方式和战胜村民的方式之间的映射。在我们的叙述的例子中却并没有看到此类关联,这是一种艺术缺陷。[11] 表演者将图景交织成一体的技巧,比他将各场景按照结局一步步推向高潮的能力,更能成为其艺术造诣的评判标准。在传说故事中,为了达到其预期效果,表演者肯定毫不犹豫改变所需部分,而在叙述中,这种自由就相当有限。在我们的例子中,怀孕的意义都是通过其后发生的一切发展而来。男孩的作用在于——得到酋长地位——这和池边冲突的意象是一样的。尽管在艺术上有缺陷,本版也没有采用猎人脑袋前后各有两只眼睛的充满鼓舞的评述,而只有当男孩跑来向猎人寻求帮助时有所提及。这可以看成是猎人拥有法力的预兆,也是后来男孩们盲眼的强烈的反转图景。正是看得见的魔法使得亵渎的男孩们变瞎。

除了功能要素、情节和图景,还要考虑叙述的其他方面,这些方面有包含叙述发生的时间和地点的背景,出现的有名字或没名字的人物。对听众来说,这里只提母亲的姓名就足够了,因为其他姓名皆源于此。叙事的主题由标题或者情节的一般主体来决定,而本例叙述的第一句话即加亚梅酋长之起源是主题。主题与情节并不完全是同一回事,在有些例子中,同一主题可能引发不同情节,尽管在这个例子中我们知道只有一个情节。

V. 普罗普(V. Propp)和 P. 戈西奥(P. Gossiaux)已经明确指出,相同或不同的表演者在不同版本间会改动背景和人物。[12] 其改变之由,与讲述者对该故事基本图景的构建相关。一位体毛发达、粗鄙的国王"恩塔尔(Ntare)"在森林迷路,然后被村民们发现,也许比仅仅是"一位国王"在田野里遇见村民要更好。这符合"自然"与"文化"的共鸣。

如果这种动态变化是普遍的,那么我们不能把叙述当做史实,幸运的是并非如此。这点全得仰赖文体之功。对发生在过去某个时间的真实事件的叙述被明确禁止改变,毕竟这也是叙事区别于神话传说之处。

按一般经验法则,任何叙事越艺术化,也就越不可能真实反映一系列事件或准确呈现历史情境。这条规则也并非绝对。任何此类结论都应该与大量收集来的不同版本相互比较验证。以历史叙述为例,例如我们就不能从辉煌的结局中理所当然断定这种结局永远不可能出现。虽然伏诛是对待反派的典型境遇,但是赦免他的人也可能存在。如果对历史上比较近的口头传说的表演都是这种结果,就认为这些都归功于最近的一些艺术天才,这是不明智的。当然,如果在所有的版本都出现此类结局,但却是一个古老的口头传说,结局历经岁月演变,其可信度自然随之降低。就传说故事本身而言,或许大量的艺术技巧比直接描述更能抓住情况的本质,时至今日能做到这一点是由于文化产生的影响。因此,对多种版本进行内部结构分析,能够有效帮助分析者理解所研究材料发生的特殊变化。就叙述而言,情节和场景顺序的稳定与否,能明确区分不同的叙述口头传说。例如,在某一故事中,人物与背景的变化导致与其他故事十分类似,而场景顺序的变化导致完全变成另外一个情节,叙述针对的口头传说本身就不清晰。这些版本更可能指向更普遍的、更大的口头传说,或者借用其他叙述口头传说。

另一方面,在各种已知版本的故事中,若背景、情节、场景以及人物等均未发生变化,那么这些版本无疑构成了一种有别于其他故事的口头传说。在这种情况下,所有这些结构因素"属于"该口头传说,且至少有了一定的年月。对于叙述这是常见情况,这些情况也成为了评估其可信度的一个主要元素。叙述本身不能建立起可信度,但是结合具有时间深度的口头传说,为时较短的叙述则可以建立起可信度。

(三) 文体

对正规及非正规的结构进行分析,并不能彻底完成形式与内容的分析,必须进一步对其深入分析来判断这些信息属于何种文体。文体是一种包括形式观念和内容规范的概念。当一则信息被置于一种既定形式和内在结构中,且其主题对应规定的原则时,它便通过这一既定文体表达出来。每种文化都有各种文体,且都有称呼。

因此,例如在卢旺达有种文体被称之为艾比西戈(Ibisigo)或"王朝诗歌"。艾比西戈受制于包含特殊语言规范的形式规则以及内容规则。在某一层次上要求有特定的隐喻类别,在更普遍的层次上对内容有特殊要求。所有的艾比西戈均由引言(interuro)、主干与结尾(umusaayuuko)三部分组成,是由创作诗歌的诗人给国王所作的演说。其主干中存在着三种子文体。第一种子文体是由叠句分隔的诗节(strophes)组成的因帕卡尼奇(impakanizi),每一诗节都必须以国王的统治顺序来讴歌王治;[13] 第二种子文体伊班祖(ibyanzu)与因帕卡尼奇类似,但只讴歌部分国王;而第三种子文体因科约(ikobyo)并不是分节歌,仅赞美该诗歌所题献的国王。

用当地语言对某种文体进行命名,解释了特定文化对该文体的观念。库巴(Kuba)文化中名为术诗(Shoosh)的文体正是如此。

作为历史的口头传说

术诗由简短表述的一组演说组成,但对形式没有特殊规定,其内容被描述为所指项目的"定义",我们可以称之为口号(箴言)。术诗既可以是为个人、群体和政府机关所作,也可以是为动物、植物或物体所作,实际上是为任何想去"定义"的项目所作。外人可能永远不能根据这些口号(箴言)的诸多内容进行分类,因为内容包罗对地方美景的描述,部落忌食的罗列以及政务描述等等。此外外人也会对其形式倍感困惑,术诗与奈姆(Ncyeem,歌谣)之间,即使不是完全相同,也是十分相似。这主要是因为术诗亦可以通过演唱来表达。从形式上来看,术诗也和密克旺(Mikwoon)相似,我们可以粗浅地将其翻译成"谚语"。研究者必定受到当地命名的文体及文体的规范要求所引导,即使在外人来看这些作品似乎属于完全不同的文体,研究者也必须遵照这一指导原则。[14] 例如在布隆迪,乌鲁加尼(umugani)同指传说故事与谚语,因此对看起来像传说或谚语的文本进行研究时,显然实际上他们属于同一文类。然而这并不意味着我们永远不能超出已有的文体,或无法通过形式和内容标准去发现实际上已经轮廓分明但是当地人并未发觉的子文体。这种情况可能很罕见,但还是会发生。P. 史密斯(P. Smith)向我们展现了卢旺达的乌鲁加尼或"大众故事"就是由三种子文体组成。其中一种子文体由于其非常明显的标准形式而特别突出。它必须包含一首歌,这点其他两种都没有要求。由此点出发,史密斯确立了三种子范畴("致歉""传奇"和"寓言"),这也被大量语料库的研究资料证明是有效的。[15]

在大多数情况下,用每一个相关的形式和内容标准可以并确实建立了一系列指向文体的命名,包含了该语言的所有表达。[16] 这使得每种文体与其他区分开来,并使其特点突出。也许我们因此可以更进一步对所有的文体进行民间分类。G. 戈森(G. Gossen)就发表了针对(墨西哥)察姆拉(Chamula)玛雅人的分类。[17] 因此,所谓"真实的古代叙述"其实是"古代话语"的一种子文体,又沿着

"近代话语"的分支发展,形成"纯粹话语"或"口头传说"。这类超文体是包括"会话语言"以及"豪言壮语"的三种类别之一。这些文体加在一起,形成了最高等级的文体:科普(k'op)"话语"或"语言"。戈森能得出这种分类法,主要是集中对六位信息提供者提供的文本进行了研究。为了能引出相关有效信息,他抛出的问题类型为"这里可能有多少种____?"并连同更为间接的信息进行提问。所以很有可能这些信息提供者随着与戈森的合作形成了这种分类法。这可能并不是"真实的"更古老的察姆拉文化的一部分。然而,这种分类法的功效在于告诉我们不同文化之间是如何让文体发生联系,并因此让每种文体的特征更详细。从这种意义来看,在其他地方使用这类方法将会是一种有益的尝试。

因此文体始终是受文化束缚的概念。书写历史方法论的作者需要牢记这些文体分类,当他们强调历史学家在分析信息必须遵循的规则时,历史学家们必须要考虑文体分类。[18] 个中缘由,不言自明。文体的要求塑造了信息表述。通过熟悉文体,历史学家将会意识到,哪些是表述惯例,哪些不是。换句话说,就是哪些是他们需要强调的,哪些只是普通的装饰。当一个项目不属于特定类别,但是确实发生了,该信息就获得了不同寻常的意义。如果在一首赞美诗中不用寻常的固有模式赞美国王或甚至实为讥讽,那这首诗歌将会比那些常规诗歌更具价值。

口头艺术的专家往往试图去建构一种适用于整个大陆或甚至通用的文体。进行比较研究的学者们当然认为这是一种必需。如果大家都只使用正式的标准,那么一种普遍的文体模式或许可行,但实际上必须要使用内容。[19] R. 芬妮根(R. Finnegan)近期对非洲的文体进行了尝试分析。她将信息划分为"诗歌""散文"和"特殊形式"(如鼓语与戏剧)。诗歌又分为七种子类别,"赞美诗"即是其中之一,而散文由四种子类别组成("故事""谜语""谚语"与"演说")。[20] 此番尝试刚开始似乎合理,但很快就沦陷了。因为这样一来，"赞美诗"便同时囊括了库巴的术诗和卢旺达的艾比西戈，以及至少两种其他卢旺达文体。有人可能认为对芬妮根的分类进行进一步细分，或许会使情况好转，但这并不可能实现。她所划分的"故事"和"谚语"并不适用于布隆迪，因为这两者在布隆迪均属于同一种文体。

无论此种分类法多么纷繁复杂，都无法获得一种通用的跨文化的分类方法，[21] 而且这对历史学家而言没多少用处，因为历史学家在乎的是在特定文化中形成信息的限制、模式和方向，而这是在文体的文化规则中形成的。除此之外，历史学家无需其他。获取普遍分类的目标之所以不切实际，主要是由于其标准受单个文化所限。它属于一个单一可对信息现象进行分类的世界观。从定义上看，每种文化在世界观和基础分类上都有所不同。就文体而言，其分类也完全不同。一个通用的框架必须要将当地的分类单位拆分开来，再与其他粘合一起。例如，如果我们使用西欧的分类方法，那我们如何对（加拿大）舒斯瓦普（Shuswap）印第安人的故事——《蚂蚁和蚱蜢》进行分类呢？这则故事解释了为什么蚱蜢善于跳跃或习于食草，但是这故事源自于德·拉封丹（de la Fontaine）的传说。[22] 德·拉封丹的故事为"道德式寓言"，然而印第安人的故事属于"溯源型故事"。因此，相同的材料可能分属不同的两类，这对比较文献的学者也毫无益处。

在特定文体所需的种种规范中，历史学家最在意的是这种特定文体是否为"真"（也就是说，不可擅加篡改）。因此在俄罗斯，童话（skazki）可以随心创作，而史诗（bylyny）却被要求谱写那些在古代真实发生的事情。所以 V. 普罗普的形态学分析法只能有效分析童话，而不能用于史诗。形态分析法也不应该被过度泛化到所有地方的文体分析。[23] 当然在每个案例中，历史学家首先要确定根据分类划分的文体的"真"或"假"；其次，要分清是否属于文体定义的范畴。在卢旺达一种叫伊比蒂克雷佐（ibiteekerezo）的叙事就是不同于同属叙事的乌鲁加尼，因为前者被视为在叙述古代的"事实"，而后者则在"虚构"。在后面我们就会明白，其实"真实"（Truth）概念本身有文化局限，与学者熟知的"历史真实"并不对应。该问题属于另一分析层面。

二、含义

在使用之前我们首先要厘清消息的"含义"（Meaning），这类的言论属于老生常谈，我都不好意思写它，但是这点通常不像它看起来的那么简单。首先，学者处理的是文本而非表演，在他眼前所铺陈的是被破坏的信息。不少相关冗余信息是通过表演者的语调变化和肢体语言表述出来的，在文本中都已失去。观众对表演的影响也没有体现在文本中。即便是录音而非抄写，问题仍然存在。所以在许多情况下，学者所分析的只能是残缺的数据。

此外还存在文本的表层含义和深层含义（Intended Meaning）问题，这属于文化问题。假设历史学家能熟练掌握相关语言，能理解表面意思，但他不能理所当然认为这就是实际的含义。文本中会出现有迂回表述和禁忌词汇，共鸣无法感知，该文化中培养的能抵达每个人心灵的联系也不复存在，与信息含义相关的各种文化线索也未能被察觉。尽管有些文化比其他培养了更含糊其辞的艺术，但在大多数文化中，本意与表意还是不尽相同。因此，我必须对表面意思和实际含义进行分别讨论。即使实际含义还尚未全面影响我们对信息的解读，笔者还是不得不通过第五章来专门讨论这些方面，相关分析甚至会超过分析实际含义本身。

（一）表层含义

当在口述社会中研究口头传说时，我们时常会发现没有对语言本身的描述，即便有，也不足为凭，时至今日仍是如此。更常见的是除了语法框架和词汇,没有很严谨的字典。在这种情况下,来自国外的研究者在着手收集材料前必须先学习相关的语言。历史学家必须经过相当全面的相关语言训练,或是其研究对象局限于其语言已经经过有能力的语言学家的研究。即便历史学家学习了相关的语言,也不能指望他在一两年内能察觉到口述表演者措辞选择的用意。他只能拿到所给予的,却并不能明白他原本可以从中得到什么。

因此强烈建议让当地的学者收集他们本社群的口头传说,但是即使是他们也会由于缺乏语言材料而受阻。因此尼日尔三角洲一位研究他自己民族伊乔人(Ijo)的专业历史学家发现,最终明智的做法是与一位常年研究该语言及方言的语言学家共同合作,然后再出版他收集的资料。这并不是该历史学家不懂伊乔语,只不过他想以最为精准的方式来展现他的研究成果。[24]

当许多研究者必须依靠翻译人员,或让口述表演者用外语讲述时,研究者该怎么办,每个案例必须单独评判。搜集者知道了多少?是否已经足够跟上翻译人员用他自己的语言讲述(很好地被动掌握,不是足够主动掌握该语言)?或者他知之更少?翻译人员有足够的兴趣、学识和可信度吗?是一位翻译还是更多?如果将口述表演录音下来,那么又由何人、何时来翻译?研究者在接受任何对口述证言的翻译之前,都必须对上述问题做到心中有数。至于表演者,无论如何他们的表演势必受外语所限。表演者们也不会以这种方式思考口头传说。如果口述表演者经常使用这门外语,那么情况会比他们很少使用此外语,并且一用起来就磕磕绊绊的好一些。

无论是谁在使用翻译出来的文本时,都必须意识到这些问题,就好比必须认识到翻译本身存在的普遍问题一样。[25]不幸的是,当有手稿或印刷文本可供使用时,我们很少能找到评估这些收集到的文本的可信度的参照指标。

当处理陌生文化中的文本时,弄清楚证言中用词的确切含义并不是一件简单的事情。任何词语的意思只有放在其使用的上下文中才能明了。[26] 弄清大多数词语的意思并不难,但是有些词语是关键词;除非研究者熟知该词源的社会和文化,否则他们不会明白这些词的确切含义。波利尼西亚语中的禁忌(Tabu)一词与印第安语中的图腾(Totem)一词,就是两个因为欧洲语系由于缺乏相应词汇而被引入采用的例子。另一个例子是刚果语中的"Nkisi","一件物体,一个神殿,一种神圣的精神,一种力量……"都无法准确翻译它。[27] 该词在刚果人的世界观中如此重要,被认为需要通过一整本书来描绘它,正如确实有一本书是用来描述卢巴的开赛语中"buloji"(巫术)一词所传达的思想。[28] 类似的概念并不局限在宗教范畴。关键词还包括与社会和文化生活领域相关的技术术语。马达加斯加语中,"Hasina"一词即包含了王权的全部意识形态。[29]

任何文本中的这些术语问题事关表演者和公众思想中强有力的共鸣。每一次表演提及这些关键词都会引发应用这些词的语义域的回忆,赋予这些关键词特殊的情感渲染,就好比葡萄牙语中的"憧憬"(Saudade),或德语中的"家园"(Heimat)所带来的感觉一样。恰恰因为情感色彩的影响,并不存在对这些关键词的字面直译。只有真正了解整个文化或社会才能找到或是感觉到这些文本中关键词的确切含义。

口述证言中的部分语言可能是古语。当库巴人高呼"nce boolo!"他们其实并不知道这话的意思,但在蒙古语(Mongo)中倒是有着确切意思,只不过库巴人并不知道。因此,这些词在库巴语中的意思是不同的。对公众喊出这些话的情景进行观察,可以发现这是一种互相叫喊交流,仅仅意味着对说话者传达"我们跟着你"之意。确实存在使用外语词汇的情况。譬如一种外语被用于某些仪式上,好比罗马天主教用拉丁语做弥撒时夹杂一些希腊语,只通晓拉丁语的人是不能理解希腊语"Kyrie eleison"的确切含义。

当然,用拉丁文做弥撒,大多数礼拜者都不甚了解。这样的例子也存在于其他地方。加蓬地区的芳人(Fang)就借用加蓬南部索戈人(Tsogo)的歌谣、惯用表达及表演形成一种新的仪式。[30]此外,还存在使用秘密语言的情况。卢旺达秘传仪式和口头传说的继承守护人阿庇鲁(Abiiru)就掌握这样一种语言。深入调查我们可以发现,借用外来语、古体词汇、迂回表述,组成该语言的词汇意义已经改变,还有一些词汇的起源和意义都已无从考证。[31]

这种词汇的含义通常无从考证,因此即便是表面意思很明确,我们也很难理解某个证词的含义。

(二) 隐性含义

表面意思和隐含意思通常有差异。爪哇文化中的马来班顿诗体(Pantun)或许是最好的例证。这种文体基于一种无伤大雅的、连贯的表面含义原则,却常常隐藏特定含义——通常带有性暗示。[32]日本的俳句(Haiku)则是剖析表意和本意间区别的另一个众所周知的样本。创作俳句时会系统性地用到如蜻蜓等于孩童之类的隐喻。为了理解表述的实际意义,就必须处理好隐喻写法、固有表述及复杂的固有表述或惯用表述的问题。

1. 隐喻与转喻

隐喻在任何语言中都很常见,但是在诗歌写作时特别突出。典故也是如此。在荷兰语中,"挂带裹心"象征着鼓舞,对应的图景则是一位佩剑挂带上挂着剑的男子形象。现代荷兰人却不再能理解这幅图景,而把它改成"心藏挂带"以表示鼓舞。英语中的"法国式溜走"和法语中的"英国式溜走"都指的是落荒而逃。熟练掌握所使用的语言,将有助于轻松地从词句的表意中看到本意。想从诗歌表意中寻求本意可能相对困难得多,因为诗歌的本意可能是不确定的,当然这恰恰也是诗歌之所以是诗歌的原因。

下面我们通过分析埃塞俄比亚奥罗莫人诗歌中"duuri"和

"xuuri"的半谐音，来了解隐含之意。[33]

Silaa arbi bineensa	一头大象将会成为一只野兽，
Duuri qabaaf malee	如果它没有毛发。
Silaa walgayiin Dhidheesa	会面的地方在迪迪萨，
Xuuri qabaaf malee	如果它没有污染。

"Duuri"指的是长在耳朵上的毛发。这是人和大象都具有的常见体征。"Xuuri"意味着污染。此段隐含意的关键句在第三句和第四句。据说这首诗歌被一位名叫约特（Jote）的奥罗莫领袖吟唱过，为了解释缘何他不反对东边的邻居——因为那邻居是他姊夫或妹夫。与自己姊夫或妹夫为敌，是一种堕落的表现。头两句是最后一句的对应，以大象来比喻姊夫或妹夫。这种诗歌形式（silaa、duuri/xuuri，以及同韵 bineensa，Dhidheesa）表明，此文中最后两句诗节决定整首诗的正式模式并启动了类比。

要熟悉各种文体的规则。卢旺达的王朝诗歌就有三种常见情况：近义词、同音词和转喻的使用。诗人可能会用"桨手"来指一个人名字或头衔，字面上指"穿越一条河流"（同义词）。他把布隆迪的国王称为"斑马猎人"，暗喻的是国王如雄狮；在卢旺达语中，狮子叫"恩塔雷"（Ntare），但在布隆迪，"恩塔雷"则是指国王。因此，隐含意指的是国王。诗人使用"多胫之国"含蓄地指较小的胫骨，联系上下文，暗示卢旺达语中的该词应该是指某个国家的名字。这个王国只可能是布隆迪，因为布隆迪这一名称跟"小胫骨"一词的意思十分相近。[34]

类似这般的表述，对相关语言一知半解的外国听众来说时常是不知所云，从而无法建立必要的友好关系，而了解文体的母语者几乎没有困难。当添加隐喻来代替前面提及的类型时，他们也需要帮助才能准确理解隐含意思。隐含意义有且只有一个。

典故也是如此，除非有人给予解释，否则即使再多的推理猜测也无法理解。在卢旺达的王朝诗歌中，国王的名讳通常不会被提及,会以首都之名代替对他的称呼,就好比在英国国会,会用议员来自的某区域称呼他,而非他本人名字。我们必须把握之间的关联才能理解具体语句。有时叙述中不会直接提及历史事件,而是仅仅提及历史事件发生的地名。"这是他的滑铁卢"就是这样的例子。在卢旺达诗歌中,如果提到甘达(Kiganda),暗指的是纳西罗(Ndahiro)国王之死。环地中海区域许多类似的暗喻则是指著名历史事件发生的日期:9月1日、7月14日等等。事实上,"3月15日"正是暗指尤利乌斯·恺撒遭刺杀一事。通过上述例子我们不难发现这些隐喻在口头传说中的关联性。也可能所解释的口头传说既没有相似特点,也没有相同的历史价值,所以历史学家必须明确区分两者。

2. 固有模式

在我们日常的语言中,固有模式使用之普遍,我们甚至都没有察觉到我们正在使用。所有的习惯用语都属于固有模式。所以,日常对话中用到的短语(如"我知道""我说""真的"),常常只会增添冗余信息。图景的固有模式也很常见。这只需要举出欧洲语言中常常使用到的隐喻词"心",那么"感情、慷慨、勇气……"等图景就会浮现。如果图景总体模糊,那么我们甚至很难掌握这一固有模式。在欧洲语言中频繁地以不同的方式表示3、7、9这些作为完美数字所体现的象征意义,但必须具体问题具体分析。在一些信息中,"3"指的是"3";在其他信息中,"3"则仅仅意味着"完美"。这在许多语言中都有出现。在西非,"4"即完美;在库巴,完美则是"9";在玛雅,则是"4"。对(尼日利亚)约鲁巴人(Yoruba)来说,"144"意味着无穷。

除了这些,诗歌中的常备用语或填充词是不存在隐含意义的。在史诗《贝奥伍尔夫》(Beowulf)中,有这么一行诗"扭转船头航行在鲸鱼的路上"(表面意义),或"船航行在远洋"(实际意义),实际上可能在上下文中毫无意义,因为这句并没有为文本增添什么。

这句只是一种口头传说的比喻辞[35]，就好比荷马（Homer）的许多修饰语仅仅是常规用法。他的"酒暗色的海洋"这句，从来就不是要告诉我们这海到底是什么颜色。

固有模式有时还是会给出一个隐藏意思。在下述卢巴—开赛语（Luba Kasai）的例子里，"黑人即陌生人"的图景是一个固有表达，但是在不同情况下这首诗实际上真正想强调的是这些人不是黑人：

（1）贝纳·恩通巴（Bena Ntumba），上帝的选民们，

无草长之其身，

无人黑肤；若见黑人，

必为生人。

（2）利塔·恩戈伊（Lita Ngoyi）的西亚戈（Ciyago），

生下浅肤色儿童，

无黑肤；若见黑人，

异乡之人，来照看儿童之人，

送他来之人乃卡邦戈（Kabongo）。[36]

从固有规则更进一步，则会变成复杂的 cliché，通常是为了使听众能接受表演者所讲述的一段或更多情节。在欧洲口头传说和书面文本中同时有此类完整的口述叙事，名为《旅行传说》（"Wandersagen"），因为在许多社群的文献中都发现有相同的情节或故事。[37]

在非洲和其他口述社会中，此类复杂的固有模式也很常见。它们现在常被称为俗语。下面一个简单的例子表明了我们所处理的内容：

　　　　一位酋长邀请他的部属或死敌坐在在他面前的垫子
上。要么垫子下挖有深坑陷阱，坑里矗有尖木桩，要么是
其他致人死地的手段。那个部属或死敌跳着舞接近该

地,要么掉进坑里被杀死,要么事先用长矛探查地面而避免陷阱。

这个故事在中非流传,从安哥拉宽果(Kwango)地区的亚卡(Yaka)一直延伸到西边,东边越过扎伊尔①边境到赞比亚的卢阿普拉人(Luapula),北至扎伊尔腹地的库巴人。[38] 这则故事实际上属于固有表述,因为它在不同的口头传说中多次出现,不过每次其表面意思都被认为是其隐含意思。我们承认此故事在亚卡、卡尼奥克(Kaniok)、卢巴、库巴和卡塞姆贝人(Kazembe)及其他人的口头传说中都有出现。

俗语的存在让我们能清晰认识到,建立信息的隐含意思并不是去诠释它。我们的分析若是就停留在此,那我们就会按照字面意思理解隐含意思。当然,我们不能这么做。这是为何呢?因为每种文化的成员都有一些共同的表达方式,俗语即是其中一种。在某种意义上,这些俗语属于他们世界观的一部分。解读这些口头传说,也意味着去理解和解释这些世界观。怎么解读是第五章的主题。

目前,我们建构两类固有模式。首先我们通过语料库里反复出现的项目来判定其属于固有模式。在这类模式中几乎表面意思没有任何隐含之意:固有模式仅仅是种工具,一种形态元素,而另一类的固有模式则是字面意思就是隐含意思。这类固有模式可以适用在,如"黑人即陌生人"的单个图景里,亦可适用于纯粹的整个俗语(一种复杂的口述叙事)中,其隐含意义显然就是其显性意义。我们后面将会谈到下一步即最后一步:隐含意义,即显性信息之外的一种信息含义。

---

① 译者注:即今刚果民主共和国,也称刚果(金)。

三、信息目的

在确立了信息的深层含义之后,我们现在应该转向信息和隐含的证词(信息的主要目的)之间的关系。隐含意义仅仅是指与该文化中的其他人一样对信息含义的理解程度,或者尽可能地接近这个理想状态。隐含的证言或目标指的是表演者意图传达给听众的内容,两者并不相同。[39] 所有信息生产者都有交流的目的,但是他们的目的并不一定必然是为了向我们传递历史知识。当一位库巴人讲述关于法师图姆·拉圭(Tooml Lakwey),他可能仅仅是想取悦他的听众。当我们获悉,过去奴隶可以使用自己的账目交易,并且可以通过买卖红衫木以积累足够的资金来赎买自己的自由时,这却是故事附带的信息。这种信息的传递,并非有意为之。对19世纪的每个人来说,这只是常识。这些信息无非是那时的人带入了故事之中。虽然如此,它还是传递了下来,而且这些无意的信息格外珍贵。[40] 在这样的信息中,无需担心对真实性的有意扭曲。

确定哪些信息是专门设计来告诉我们过去历史的,而哪些不是,这是非常重要的。正如我们在第一章中所述,这也是叙事中故事和叙述之间的区别,随着时间推移,这两种类型的传播过程会发生很大的变化。除了叙述,其他类别如史诗或一些诗歌,也可能意在传递历史信息。然而,即便是这些证词也不是专门用来记录过去的。有此目的的信息仅仅是传递关于过去事件的信息,目的是为了丰富我们对过去的知识。除非有专业的历史学家,否则这种信息传递在任何社会都不会出现。所有这些信息多少都与现今相关,否则它们今天也不可能被人传述,口头传说也将荡然无存。因此除了可能存在的传递历史的目的外,所有信息还有另一层目的。当背诵王室祖先的列表时,主要目的是为了证明当今国王是王位的合法继承人,以及王权统治是该社会中合法正常的政治秩序。

去除其表象,背诵列表的历史目的是次要的,表演发生的自然环境也证明了这一点。当在君主制成为焦点的场合,它们是庄严、公开的。在对于王权统治具有政治和仪式意义的加冕礼,重要的下级酋长的授权仪式、葬礼和年度庆典等场合表演时,此类表演算是标准常态。

是否会存在历史目标是首要的,而现在的关注点是次要的情况?我不再相信有此情况存在。有些明显的例子,例如库巴国王或长老会背诵他们的祖先的安息之地,时至今日这在今天的社会里已然不再重要,对于当前的统治者来说,这些曾经的地方过于遥远,无法成为宣称土地所有的物体,并且也不会影响其今日统治的合法性。历史性似乎是它们存在的唯一主要目的。然而事实并非如此。它们强调群体意识(Wirbewusstsein),更重要的是,能借此来凝聚群体内部的整体世界观。在精神世界的地图里,这些地方仍占有特殊的地位,且被排序填充这样的地图,就像中世纪基督徒绘制精神世界地图,因此其中心看起来就像一个十字架。[41]

我们所说的具有历史意图的信息,指的是表演者打算用历史作为某种论据、证明及合法性。当他想要讲述、传授或讨论历史时,他的意图就是历史性的。当没有这样的目的时,例如许多诗歌吟唱或故事讲述时,任何与历史有关的信息都是偶然的、无意的。同样,正常的环境和表演的使用也会告知我们信息。故事通常是围着火堆在晚上讲述,作为一种表演来取悦听众和让听众放松;歌曲通常是为了舞蹈而唱;在神殿中诵读祈祷词以感谢、抚慰或更新精神上的联系。在所有的这一切中,并没有历史演绎的空间,但任何收集到的历史信息片段都是宝贵的,因为他们都是无意的信息。

在实践中,许多口述社会的历史学家都把注意力集中在收集刻意传达历史信息的材料上。这是可以理解的,因为他们可以在较短的时间内积累最连贯的数据。但是许多人把口头传说的明确的或隐含的定义局限在这些材料,而且通常是历史叙述上,这一点令人遗憾,因为往往不是有意为之的材料最令人值得信赖。当然在实践中,人们会无意中发现这些信息。收集这些系统性的数据需要收集特定文化中的所有口头艺术这一巨大任务,因此许多这种无意的材料只会被那些长期研究某个群体的口头艺术者所发现,而这些人通常是社群的成员。即使如此,历史学家仍应密切注意所有这些系统收集的或出版的口述材料。

在建构了隐含意义和信息目的后,现在学者们可以准备转而批判这些信息。他想知道这些信息中什么是可信的,什么不可信。可以从两个层面来分析该问题。第一种也是最容易的一种,即分析当前或过去的哪些社会因素可能或已经导致历史内容的修改。在这个层面,这些修改通常是被人蓄意为之。在更深层面的分析中,我们必须详查共同的社会文化遗产对口头传说及其对我们正在研究的信息的塑造和影响方式。这些通常是潜意识的力量,特别难确定它们的内容以及它们对所研究材料的影响方式。接下来的两章将重点讨论这些问题。

第四章
信息是一种社会产物

　　社会本身与所有信息都是社会产物，这是交流得以存在的先决条件。因此，口头传说中的信息都有一层"社会表面"。[1] 这点对讲述这些口头传说的社群成员来说意义非凡，否则它们压根就不会被用来交流。社会压力是否会改变口述信息的内容呢？无疑是会的。由于所有的口头传说都是在当时发生，当它们被记录下来时，它们会受到社会现实的强烈影响。因此，我们需要评估这些影响的程度、识别它们的方式。对任何信息的解释都必须考虑到这些影响方式。一些社会学家进一步认为，口头传说的全部内容仅仅是当时的社会产物，口头传说是在当时为社会所创建，当评估当时对它的影响，会发现不会有任何真正来自于过去的信息。[2] 这就言过其实了。社会想象力的材料来自哪里呢？我们又该如何解释文化的连续性？

　　社会学立场强调了学者有责任探究信息如何与其所在的社会地位产生关联。因此，首先我将描述来自口头传说的信息所产生的社会环境，继而讨论给口述表演者们以及各族群带来好处的社会作用——从探讨单一信息和特定的社会影响，一直到语料库及更广泛的社会影响。最终，我将确立口头传说与特定的社会结构相一致的事实，并讨论这一现象。

一、信息的社会用途

（一）习俗框架

1. 表演与习俗

演出不是偶然发生的。他们在适当的时候出现在制度化的社会行动中,其文体以及内容都与该场合有关,法庭案件中会引用先例,葬礼上使用部族口号和哀歌。在适当的场合也会使用驱雨的公式化表述,[3] 而关于一个氏族历史的讨论可能会出现在某个婚姻的缔结协谈中等等。显然,收集者应该指出这种或那种文体的表演的常规场合,实际上对于任何记录下来的消息类型都该如此。

但这并非都能做到,因此人们往往会误判口头传说。正如其他许多人一样,库巴人并不是在任何时候都会详尽讲述他们的王朝历史。更确切地说,他们在各种不同的情况下讲述关于这个或那个国王的轶事,并且只有在国王加冕时才会叙述一个正式的继承框架。一些当地的智者(bulaam)告诉我一个关于王国历史的连贯的叙述,但那既不是常规形式,也不是常规的表演。因此,我长期误判了所谓的皇家"编年史"的连贯性。[4] 在许多社会中,系谱从未作为一个整体被表演。每个人都知道一点点,聚集在各种小规模范围内,通常是在家族范围。在(乌干达/肯尼亚)卢奥族(Luo)中,大规模家谱的构建是长者之间协商的结果,而不是精确的记忆,至少在一定程度上是如此,历史学家必须找出这种"程度"。[5] 同样的情况似乎也适用于多哥(Togo)的埃维人(Ewe)。[6]

所有的这些口述表演,并未如此狭隘地与各种惯例相关联,即使我们承认,口述故事讲述总是出现在夜晚。这本身就是一种惯例,就好像人们在满月会伴歌起舞一样,因此就认为其受到了旨在娱乐大众和教授他人的所谓的惯例的限制。其他许多口头传说事实上在不同时刻会更随意地发生在各种类型的对话中就显得更加随意偶然。因此在和孩子路过历史遗迹的时候就可能是告诉他这个口头传说的场合;在谈及诸如"某人从何而来"的问题时就会引发一番评论;而关于某人又做了什么事的新闻时又会引发对此人所在村落或部落的轶事。这并不是说这些情况下给出的信息决定了给定信息的数据类型。譬如,在谈及一位女邻居的愚蠢行为时将会回忆起她所在村落祖先们的愚蠢轶事。恰如科恩(Cohen)展示的(乌干达)布索加人(Busoga)一样,人们日常的交流渠道里包含着可能是有关近两代人的大量信息。[7] 许多古老的口头传说曾经就是通过这样的渠道而今被确定下来。偶然传播的一个特别重要的情况是对关于世界观的观点或众所周知的口头传说的模糊性的思索性讨论。其重要性源于这样一个事实:这种思索往往成为它们自己的口头传说,就像评论与原始信息的融合一样,或者"它可能是"变成了"它曾经是"。

也存在正式教授的情况。口头传说的信息不是在普通的场合讲述,而是在仪式场所的启蒙学校或者在正式的教学过程中被传授。这还不足以让我们知晓信息何时会为人所知,不过我们知道了信息一般会在何种环境出现。有些信息只在启蒙仪式上讲述,因此其他的如歌谣、谚语,以及也许是有关起源的口头传说都只在这里教授。另一方面,非正式的教学则会在家庭日常生活中长期存在。年长的妇女与帮助她们的女孩聊天;男人教育小男孩;同时,每个人都会教导小孩子。正是在这种体系下,不仅仅是通过例子,而且也通过口口相传,技艺及所有相关的内容被传承下来。通常会以一些在其他一些固定场合中表演的信息来帮助说明"做这些"和"别做那些"。历史学家也必须知晓这点,因为信息内容可能会受最初的习惯场合所制约。

2. 信息的社会管控

我们毫不意外地发现,在许多社会并不是每个人都有资格听到或表演某些来自过去特定的信息。首先我们需要处理秘传的知识，其次则是版权问题，通常后者又与口头传说的官方或民间的特性相关。

对许多人而言秘传知识是常态。譬如草药医生或铁匠的知识就通常秘不外传。有些口头传说也是秘传，这并不奇怪。如印加帝国这般存在明显社会分层的中央集权的国家就是如此。一些国家供养的专家在学校里教授秘密通史，而只有精英才能进入这些学校。历史类的诗歌会进行公开表演，但是国家控制它们的内容。随着每个印加帝国的消亡，各高层官员及秘史专家就会会面，然后决定官方历史，选择可以公开的主题。保存包括有编年资料在内的包含相当多数据的结绳记事（quipus）的保管者，当然也可以获得一些不对外公开的信息。并不禁止获得信息，但实际上这些知识是秘传的，需要他人的教授，而不是每个人都会被准许得到相应教导。

据说在印加王国，有意传递历史的所有信息形式都被国家控制。有些资料的散播普及是出于宣传的目的，另外一些资料虽然秘而不宣，不过还是保留了下来，而一些被当作是有害的先例而被口头传说剔除在外。难怪罗威（Rowe）会认为，所有记录印加的口述资料，都可以追溯到其首都的官方来源。我认为这些资料的筛选即是为了证明当时统治的合法性，以及强化这种统治。[8]

印加可能是一个极端的例子，但是秘密口头传说在其他地方也是常见的。在阿肯人（Akan）的国家，统治王朝被认为来自本土，但有关他们起源的一些秘密版本显示他们是移民。[9] 而《奈姆·因格什》（ncyeem ingesh）① 则是另一种不同情况，通过传唱布松（Bushong）歌曲来讴歌统治的库巴国王。歌曲是由一位女专家舒恩（shoong）传授给国王的妻子们。歌曲被划分成两种：大众可

---

① 译者注：库巴文化中一种王室歌谣。

91

以聆听的"公众歌谣",以及可能仅有王后知晓、永远不会向外界公众表演的"灵歌"(spirit song)。后者即便有他人知晓,也会保持缄默。

版权问题只是针对表演而言。口头传说可能会被众人听闻,但因为版权问题,并不能随意进行表演。在新几内亚许多地方,歌谣可以像仪式一样被人购买。例如,在特罗布里恩群岛(Trobraind Islands),歌颂托马坎姆(Tomakam)英雄事迹的歌谣众所周知,但只有特定的一群人可以表演。[10] 所有权的概念如此深入人心,以至于在不少案例中,口述的表演权成为一种销售主体,文献记载很好地证明了口述叙事所有权的存在。[11] 有关历史的口传记录,通常情况下关注的是各族群的后裔、村落、各龄级,或者是酋长权力。尽管每个人可能都知道相关内容,但只有口述表演的成员通常可以在适当的场合进行讲述。这么做不仅仅是像他们声称的那样,是为了保持和掌控信息传递的准确性,同时也为了控制信息的散布。

3. 官方传说与民间传说

所有的口头传说可以划分为官方与民间两种。大部分官方记录都是有关族群保存的共同的历史叙述。这些口头传说会被公开表演,其表演的场合对该群体有重要意义,且有该群体的领导者在场,其官方特色对任何人都显而易见。他们讲述的是以族群来担保的"真相"。因此,任何无益于维护习俗或族群传播的事实通常都会被略去或者修改,尽管明显不是事实。(库巴)布松的官方口头传说仍号称其现在的统治王朝是布松史上第一个王朝,尽管事实并非如此。[12] 在阿肯国,尽管官方历史声称王朝统治者是本土人,王室家族的成员却足够清楚事实并非如此。[13] 民间口头传说仅是为了捍卫个人的利益,所以并不要求与更普遍的官方口头传说保持一致。通过民间口头传说而不是由传递该口头传说的群体所传播的该族群的信息是可以信赖的。比如,名为奎米(Kweemy)的库巴一族,称他们是毕恩(Bieng)酋长国一位女族长的后裔。这对他们来说是官方的,但是可能被修改了。毕恩是被当前的布松王朝消灭的、曾经统治整个库巴的一个较早的王朝,而布松王朝却坚称他们是库巴第一个且是唯一一个王朝。当奎米一族在谈及相关情况时,无疑其版本会优于布松的官方版本。最起码,奎米一族的叙述说明在这件事上没有达成一致。

上述例子还告诉我们,"官方"与"民间"的概念是相对的。奎米人叙述的奎米历史是属于官方的,而当他们述说毕恩或布松的酋长国,以及库巴王国的历史时,则属于民间。从这层意义来说,大部分有关历史的叙述即刻可以分成官方和民间两类。但还是会出现有一定复杂性的情况。布隆迪王国就并不存在官方历史叙述。其中最为官方的资料不过是在国王就职仪式上表演的一首或两首短歌,甚至这些歌曲的解读都是随意的。因此有关王国的创立,以及开国国王恩塔雷(Ntare)的相关历史叙述是民间的。但并非都是如此,也不一定总是如此。这些民间的叙述不少都与王国每年的更新仪式相关,同时当地一些特定群体经过特许也会参与到此仪式中,所以这些群体就都会有他们的"官方"口头传说。因此这些口头传说从较低层面看是官方的,从更广泛的层面看是民间的,正像奎米族的情况一样。不同的是,这里压根就没有普遍意义上的官方口头传说。

然而我们必须明白,无论如何不能因为其是官方口头传说而质疑它们的真实性,并不是在每个点上都必然会有事实歪曲,特别是在比较复杂的体系里,官方口头传说有它的优势。官方口头传说在研究大范围地区及更具时间深度的情况时更具优势,它所提供的区域历史框架是民间口头传说所不具备的。库巴的官方历史涉及到了长达几个世纪的整个王国区域,而大多数与部落部分相关的口传,只涉及两代人以及有限的区域。同样的,库巴村落间的口头传说却只关注了相当有限的空间框架,并且时间深度上通常也少于一个世纪。我们也不应忘记,民间口头传说也会受到官方

作为历史的口头传说

口头传说的影响,并因此也会被修改。在阿肯国,与官方版本相矛盾的口述历史信息的传递被明令禁止。[14] 当我们发现民间口传在每一细节都顺应官方的相关口传时,我们需要考虑到其中的忌惮因素。官方的历史记录往往管控更严,其信息的传递也更为谨慎。与之相反,民间的叙述则更具个人表演的创造力。我们还可以断言,官方口传的修改之处也更容易被发现,因为它产生于非常明显的压力之下。然而,民间口传的歪曲之处就相对要隐蔽得多,也更为特殊,与特定的社会需要联系在一起也更少。不过,我们不应该夸大两者的差别。或许在更大更复杂的社会体系中,官方历史最大的不足之处在于仅仅代表了精英阶层的观点。当库巴国王说"我们来自……",这里的"我们"指的是国王的祖先以及他们的高级官员。即使是在小规模的社会中,这些偏差仍然存在。这里的村庄历史,可能实际上讲述的都是"大人物"的故事,而所谓氏族和宗族的历史,通常也就是首领与其同盟之间的利益构建。(新几内亚高地)梅恩加(Mae Enga)的主要历史来源就是有关交换"三通"(Tee)的记录,也就是对"大人物"(Kamongo)之间某种赠礼仪式(Potlatch)的记录,记录了他们的社群在不同时段的不同优势。[15] 可是,他们只记录了梅恩加最为成功的人士。民间资料的吸引力并不比任何优先(priori)的官方版本少,当然反之亦然。对历史学家而言,每种类型的资料来源都有其自身的价值,其中最具价值的应该是那些无意的历史资料,因为既非官方也非民间。评估社会对任何特定口头传说造成的影响,尽管二分法也非常重要,但必须跳出官方/民间这种二分法去研究每种情况口头传说是如何被使用的。

(二)作为工具的信息

1. 功能

每一则口头传说的信息都带有特定的目的,并满足特定的功能,否则将无法留存下来。这些整体上对应社群或社会的信息内容的意义就是我称之为的功能。但是我们无法观察到这些功能。它们是社会分析的基础,是分析者头脑中产生的对社会状况的解释。我们只有通过观察信息在现在或过去实际上是如何使用的,或者谁能受益,以此来推断出它们的作用。一份王室的宗谱表明君主政体在这里实行了很长一段时间,某个特定的家族有权占有君主地位、享有特定特权以及担任特定职责,而现任国王是合法继承人。这种王室宗谱使政府形式合法化,确定了王权竞争、王位继承以及在位者的合法性。大体来说,所有这些都是"功能",因为此处口头传说的信息整体上有益于君主政体、统治家族和当前统治者。如果我们可以证明,宗谱在继位时被背诵,例如在登基时,那么这会是巩固我们相关功能分析的一个积极信号。而如若我们发现在长老会或法庭上发生争执时以宗谱为论据,那么将进一步证明我们的论断。

当我们判定过去信息的社会影响时,以上还不足以来推定信息的功能。只有当信息的使用证明对甲或乙有利时,信息的功能才真正令人信服。明示的或明显的功能同样有用。在这种情况下,查核不同版本的对立的历史叙述将会使情况清晰起来。因此,当库巴村落曼邦布什比(Mboong Bushepy)的居民声称,恩山克(Nshaanc)温泉的铁矿曾经属于他们时,正如口头传说显示的那样,收集铁矿石作为贡品的人会来到他们的村庄而不是去邻近的其他村庄,那么有关铁矿收集者的口头传说信息就使得他们的说法合法化。事实上,被记住的目的就是这个声明。在同样的收集贡品者一事上,他们邻村的人却持有相反的叙述。两个版本均清晰地表明了他们想传递的信息重点。

我们不可能列出所有可能的目的或所有可能与某一口头传说相关的可能用途。它们涉及面甚广,而且如谚语一样,常常具有多重的目的和用途。为了发现其目的而不是功能,我们不应该依赖

作为历史的口头传说

信息中的明确陈述。不管怎样,仅依赖信息中明确的陈述就能有相关发现是相当罕见的,历史学家们必须完全熟知所面对的族群。如果历史学家亲自收集数据,他对相应社会和族群的分析必须做得跟社会学家或者社会人类学家一样出色,如若做不到,那么他就必须跟社会学家或者社会人类学家进行合作。如果历史学家用到的资料是他人收集的,他应该针对研究的地点和时间段进行系统的社会学研究,并且如果有必要,可以补充相关的个人研究。譬如,如果有人想使用卡莱神父(Father Callet)收集的大量有关马达加斯加的口头传说资料,就必须首先对此时间段以及更早时段的马达加斯加的社会历史了如指掌,这样才能从恰当的社会视角来合理使用盖莱给出的叙述。[16]

2. 作为武器的口头传说

在发生冲突的局面下,使用信息作为工具的用途也许是最为引人注目的。人们通过口头传说进行对战。在(加蓬/刚果)恩泽比(Nzebi),就有一种名为姆博姆(Mboomo)的交锋,两位智者会彼此对整个社会秩序以及部落间关系进行辩战。这样的智者或穆松迪(mutsundi)在当地是非常罕见的。当进行对战时,他们会通过巫术和学识进行对决准备。激辩围绕部落历史进行,并且会采用果断的公式化表述来强调重点。倘使一方说"密特森巴(Mitsimba,部落创建者)通过竖琴获得了众人的拥护",这就意指密特森巴的部落最初由奴隶组成。历史知识在这里通过意识观念起到了构建部落关系和社会结构的作用。在恩泽比穆松迪就是权力的化身,而知识是权力唯一永恒的基础。[17]

在其他地方,法庭案件中历史论据的使用很常见,审理时可以用到相关先例,特别是用在支持职位、土地、财产或后代的所有权上。在这种情况下历史学家很容易整理出相互冲突的声明,并评定出其中潜在的歪曲事实。不过有时可能也会无法找出哪些叙述是可信的。我就曾经不经意地经历过这种情况。在库巴的次级族群布琅(Bulaang),就有几个小团体为了一份证明谁才是职位的合法继承人的宗谱发生了交锋,对手都是一些新贵。在记录下所有的情况后,我仍然无法知晓是谁伪造了哪些内容。[18] 交锋出现在很久以前,各方已经为此争执了两代人甚至更久,也没人真正弄清哪些是真、哪些是假。最终,这些有争议的数据完全无法放心使用。

在同一族群内也曾使用口头传说试图保持或建立对他人的控制,其中在 20 世纪刚果(Kongo)的一次调解中,长者们通过操纵宗谱,宣布他人是旁系亲属(联姻群体但不是土地的所有者)或甚至是奴隶的后代,来使得他们可以分配或取消他人的土地权。[19] 由于这些族谱不是所有人都能掌握的通用知识,因此这些被所有人承认的专家实际上控制了整个族群。相对世界各地对宗谱的使用来说,这只不过是一个十分常见的例子。他们通过否定他人(我们都是兄弟)来证明现有的分层,同时通过区分"长者"和"青年",为不平等提供详细的指南。他们还通过把联姻群体放到普通的谱系来记录联姻。[20]

3. 意识形态的功能

不那么具体但同样重要的是,普遍使用口头传说作为对现有情况的合理证明。奥斯曼一个早期的传说讲述了埃尔图鲁尔(Ertoghrul)如何率领四百骑兵穿越小亚细亚进行迁徙,偶遇一场正在进行中的激战,然后选择加入明显失利的一方,继而扭转战局并帮助他们取得胜利。作为报答,反败为胜的塞尔柱王朝苏丹阿拉丁(Ala-ad-Din)赏赐了埃尔图鲁尔一块封地,之后随着埃尔图鲁尔在反击拜占庭战争中的功绩,其封地又进一步扩大。最终,苏丹授予了埃尔图鲁尔儿子标志主权的旗帜与战鼓,使其得以建立奥斯曼王朝。[21] 在现实中,奥斯曼的开国君主所拥有的封邑,只不过是十个加齐(Ghazi)公国之一,并没有与先前塞尔柱的统治者有着什么特殊关联。此"传说"确立了王朝的合法继承权,从那时起就为它的统治辩护。

作为历史的口头传说

　　圣西迪·穆罕默德（Saint Sidi Mhammad）的故事就不那么明显。该故事告诉我们他如何为西迪·斯利马（Sidi Slima）放牧。他把牛群带到山上放牧，然后进行冥想，恰在此时，奇迹发生了，最为显著的是一群松鸡停在他的身上抓掉他身上的虱子。斯利马得知此事后就意识到圣西迪·穆罕默德是一位比他更为伟大的圣人。于是，斯利马就把圣西迪·穆罕默德冥想时的山丘给予了他。这座山丘成为圣西迪·穆罕默德作为圣人生活的地方，并且也埋葬于此，他主要的圣祠亦伫立在此。这是突尼斯西北高地流传的，有关圣人间传承接纳关系的众多故事中的一则。这些圣人们的圣所尚存，并且当地口头传说也讲述他们的先前事迹。这种情况所带来的结果是，口头传说使阿尔法瓦（Arfawa）高于乌拉德·本·赛义德（Ulad ben Sayyid）的地位得以合法化。大约 1800 年前，赛义德人曾殷勤地款待了移民该地的阿尔法瓦人。西迪·穆罕默德是阿尔法瓦的圣人，而西迪·斯利马是该地主人的圣人。[22] 这些故事的作用与宗谱的作用一样，证明了两个群体之间的层级化关系。该信息的价值似乎只能通过分析其他口头传说来确立，然而社会群体和圣祠之间的关联使阿尔法瓦人的说法得以证明。这一点以及口述叙述的使用已经足以使我们对其中的不实产生怀疑。

　　国王的名单列表常常会出于各种原由被篡改。[23] D. 韦斯特曼（D. Westermann）就举了一些非洲统治者因为曾使他们的国家蒙羞而未被纳入国王列表的例子。[24] 在卢旺达，统治者瑞瓦卡（Rwaaka）自从被他的哥哥战胜取得王位后，就再未纳入官方的国王列表之内了。此后，瑞瓦卡仅被认为是"摄政者"。[25]（安哥拉）因班加拉（Imbangala）的国王列表非常短，因为只有被正式授位的国王才能被纳入列表之中，然而仅有极为少数的统治者曾被正式授位。事实上相同的此类要求，使得我们几乎不可能得到一份（刚果）洛安哥的统治者列表，而且这似乎甚至也影响到了人们对最近的（刚果）蒂奥统治者的记忆。[26] 此类机制唤起在有文字社会中，如埃及法老对皇室牌匾的毁灭或罗马的"除名毁忆"（Damnatio Memoriae）的相似例子。以上各种情况的目的普遍均是为了维护作为典范的统治者们的一脉相承。

此类为证明合法的信息与那些通常但不一定都是无意的口头传说的另一种用途很不同。历史信息的口头传说建立了群体意识（Wirbewusstsein）。马拉维恩戈尼人（Ngoni）的历史叙述的典型特征是反复强调各类型信息的特点（从对人物装束到世袭统治的描述），使得他们与其邻居们区分开来。当恩戈尼人在现实中面临着被他们的邻居完全同化的巨大危机时，口头传说适时支撑起了恩戈尼人的"民族意识"。口头传说不仅通过强调差异证明存在彼此独立的行政结构，同时也维护了他们各自所拥有的身份认同。[27] 这样的事例颇多，我所知的最为极端的一例要数北卡罗来纳州的卢姆比人（Lumbee）。卢姆比人声称他们是印第安人，与某个与罗阿诺克（Roanoke）分离然后失去联系的最早的白人殖民移居者通婚。卢姆比人用这一说法，首先确定了他们的族群身份，继而至少从 19 世纪 80 年代以来，他们借此谋求一种独立状态——既不属于白人，也不属于黑人。按照他们的说法，他们是第一批发现这片土地，并事实上成为第一批定居者的族群。然而卢姆比人完全没有与该地区的其他"白"种人有任何区别，他们也没有任何明显的印第安口头传说。只有声称他们的起源区别于其他人，并建立起自己的族群，这样他们才能被承认属于印第安人，否则，他们只能属于黑人与白人的种族识别与区分。[28] 卢姆比人是印第安人，仅仅因为他们相信他们自己是，并且他们对起源的叙述让统治的白人也相信这一点。这类历史意识服务于所有通过口头传说来知晓起源的社会。在正常情况下，历史意识的感觉可能相当微弱，但是当口述叙事成为某一事物起源的仅存的唯一证据，或是当一族群感受到被完全同化的威胁压力时，口述叙事则可以凸显出来，正如恩戈尼人或卢姆比人的例子那样。

4. 理想化

每个社会的每一角色或身份都是每个人必须遵守的一种理想化的模式化的产物,这种典范对整个族群来说很常见,并且也会经常保存在族群的口头传说中。历史扮演一种示范性作用,而口头传说往往倾向于通过若干的表演来反映理想化的各类型。在传说故事或其他艺术化体裁里能很快揭露其过程,但在历史叙述中,这一过程则恐怕会慢得多。不过,除去最近的例如回忆录之类的历史叙述,它们也以"典范"的模式呈现历史教训。因此当一位库巴国王逝去五十年后,他已被奉为典型的暴君。"然而神明最终还是杀了他",这是我听到的一个历史叙述对他的论断。英雄或者恶人常常会在教育孩童时被提及,以作为榜样或警示。(新几内亚)本迪(Bundi)的村民们在称赞某人具有勇士行为的口头传说时,会说"好样的,这才是诺布瓦拉(Norbriwana)",而诺布瓦拉曾是一位伟大的勇士,其姓名也化为了当地的传奇。[29]

因理想化而带来的事实歪曲十分常见,有时甚至颇为惊人。一些理想人物会由此成为法师、勇士、智者和律师的原型。一些最初属于其他并不是理想化的人物身上的轶事,会套用到那些理想人物身上,这点在文化英雄或开国英雄的原型身上显得最为极端。[30] 这里不再仅仅是一名国王(如在库巴)是法师而其他人是战士,因此军队的伟业归功于战士,而奇迹归功于国王。[31] 或者所有布隆迪反叛者反叛的是国王姆维奇(Mwezi,许多国王都是这个称呼),但是全部的战功归于国王恩塔尔,[32] 而文化英雄则被认为是创造了整个社会体系或文化。例如在易洛魁人(Iroquois)当中,德卡纳维达(Dekanawidah)成为他们特殊生活行为准则的原由,包括易洛魁联盟和他们国家的形成。[33] 这一切信息的重构与典型化都并非有意而为,但它仍然会这么发生。表演者的艺术加工以及稍后我们将看到的记忆本身的动态变化都导致此类发展,其结果就是在任何特定社会里,口头传说的整体语料库会提供一个社会应该如何运转的理想化模型,尽管这似乎永远不是一直保持口头传说的目的。事实上,口述历史就像书面历史一样,通常都是我们的人生导师(Magistra vitae)。

5. 历史是谁之过往?

社会结构以另一种方式影响口头传说。在许多非洲或波利尼西亚王国,王朝历史被认为是唯一真正的通史。王权代表整个国家,同时皇室的过往也成为了国家的历史。(赞比亚)卡曾贝王国(Kazembe)的民众对此就有着明确的阐述。[34] 同时我们也不难发现,除了王室起源与王朝建立的故事,有关血统和当地族群的历史叙述中都是把国王与受质疑的族群的祖先联系在一起。因此,现存政治结构形成了整个历史视角。

这种情况显然来自社会分层的动态流动。任何与皇室的联系都反映在其后裔或当地族群的地位上,尤其是当这段轶事让人回想起对王朝的服务时,或者宣布国王的后裔时更是如此。这样的秘史轶事比那些明显为了谄媚王室而留下来的记忆更有价值。甚至由库巴国王为了安置其反对者创建的村落,或部分受到国王惩罚而被迫居住在奴隶村落的库巴部落也有回忆与讲述。对社会所有人而言,王室和王朝都是令人瞩目的焦点,王室作为参考的标准衡量着各种事物的社会意义。在规模较小的社会中也存在这种现象,但并不显著。首领或"大人物"成为其村落的标志,并会抑制除家族回忆之外的任何历史记忆。

历史学家必须始终留心防备无意的信息扭曲,以及那些可能为了消遣、利益或自尊而发生的明显的信息变更。一旦某角色符合典型化的类型,我们就应该有所怀疑。在任何一个给定的语料库中,去发现是否存在信息失真的最佳方法是对相关故事、诗歌和历史叙述进行比较。在典型化的情况下,有一点可以断定的是,我们既不能确定也无法反驳信息的真实性。鉴于人的天性,这样的信息十之八九不值得相信。但是当奇闻轶事或人物特征与典型化类型相背离时,我们应该视其为可靠依据,因为这些资料抵挡住了典型化的趋向。例如,当官方的王朝历史叙述讲述关于国王被敌人杀害,或者神圣的国家象征落入敌人之手时(卢旺达),我们应该接受这样的资料,因为它们与国家整体的光鲜叙述背道而驰。取得胜利是因为国王是"法师"而不是"征服者",这一点也值得我们注意。因此,那些与信息使用、目的或趋势背道而驰的要素应被视为是有价值的,尽管其价值仍然比不上无意的历史信息。

占绝大多数的其他的资料,我们在使用时必须慎之又慎。一场胜利的记录可能经过了更改,但其仍然可能是真实的。一位文化英雄可能是想象中的人物,但是他或她仍可能是一个真实的人。[35] 通常我们并不能担保某一信息绝对真实。碰到这种情况,我们应该对相关证据探讨一番,既不轻易接受也不轻率否定该资料。最后,我们永远要牢记口头传说坚守"伟人"的历史流派。这种流派从根本上扭曲了历史进程的本质,但在某种程度上反映所有源于过去的直接痕迹的证据,其中人类人格在过去历史中没有发挥任何作用。从这点来看,即使呈现的某个特殊人物被典型化,它们提醒我们历史进程的改变不能仅仅归因于不知名的力量,而是出于人类的梦想和行动的结果。

(三)口述表演者

口头传说通过表演来延续,表演者也有他们自己的利益。他们可能想愉悦他人、赚钱、提高声望等等。然而实际上,只要表演牵涉到观众,表演者的利益差不多全部受制于其所在的群体的利益。有关地位、角色、职业、目标、社会领域和涉及的族群的概念都明确了一个人与其所在的群体内其他人之间的关系。如果一位讲述者想要提高声望,这意味着在该社会里表演可以影响声望,通过成就可以赢得更高的声望,并且也意味着人们可以通过做某些特定的事情来赢得声望。人们很快就会意识到,无论一个人的个人社会利益是什么，都会受制于社会，并且在分析信息的社会用途和目的时，也会将这些表演者的利益考虑在内。很显然，除非在特殊情况下，我们可以不用再研究距今已久的表演者的利益。一首卢旺达的王朝诗歌（在一个独立的口头传说中）据说是某一恩戈加恩（Ngogane）在他家族一成员犯下谋杀罪之际谱写而成，凶手逃到了他们一个家族友人比格约（Bigeyo）的家中。比格约阴谋酝酿欲在法庭上诋毁恩戈加恩的家族，并且把凶手交给了受害者的家族。恩戈加恩担心整个家族会因此受到牵连，就谱写了这首诗歌，并像往常一样，将此诗歌献给了国王。在这首诗歌里，恩戈加恩指责了比格约的虚伪，并且警告国王应该防备这样的口蜜腹剑。[36]这则独立的口头传说被牢记下来，实际上是因为一则对该诗至关重要的评论。所以跟其他一些极少数的例子一样，此处我们知晓了关于诗歌第一作者（如果存在的话）的一些事情，因为该作品告诉了我们相关情况。不过这样的情况非常罕见，而且除了一些笼统的概述，我们至今仍对缘何所有的口述表演者会表演这首诗歌毫无头绪。由此，我们不会对任何过去的口头传说的表演者之间进行区分，而仅仅简单讨论我们可以从近期的表演中观察到什么。

1. 常见的表演情况

一般情况下，相比口述表演者的日常生活情况，他们并没有额外的压力。口述表演者们扮演着一个常规社会角色，具有自身的社会地位，他们也积极追求一个"常规"的职业目标。口述表演者的社会身份可高、可低、也可模糊，同时也可以选择是否将成为口述表演者作为他们的实际社会角色。西非的许多格里奥（Griots）是专业口述表演者，社会地位规定了他们的职业，并且他们以此为生。如果他们表演得好，他们将更受欢迎。不过他们的社会地位仍是模棱两可。所有的口述表演专家、所有的格里奥都被视为是他人的一种危险，好比寄生虫，但是他们也被视为是配给声望和名声的工具。[37]在任何特殊表演中，不同的格里奥可能会追求不同的特定目标。可能是为了赢得新主顾的青睐，或者捍卫老雇主的家族不被外人攻击，或者是为了从顾主那里获得些许具体的恩惠，表演显然会因此受到影响，但这些影响与其所在社会口头传说各类型的目的和社会用途的总体方向一致。因此尽管我们永远不能知晓种种动机对人的影响，其效果仍可察觉，因为表演者无非是众多曼丁人（Manding）格里奥中的一支。恩戈加恩有他的特殊动机，除了只是向国王警告了危险，并没有影响他颂扬国王。即使没有其他的口述内容，还是很容易看出诗歌的作者对比格约有某种怨恨。

对大多数口述表演者出于各种动机导致的歪曲信息进行评估并不是特别困难，不过我们需要知晓占主导地位的社会情况。在（波利尼西亚）汤加对口头传说知之最多的是其首领。任何人知晓其他人不知道的过去的种种就能获得威望，并被视为是专家——男性专家（tangata'ilo）或者女性专家（fefine'ilo）。人们对被当作专家引以为傲，因此会小心翼翼地守护好他们的知识，这就导致很难让他们开口讲述。[38] 在库巴这样的人被称为布拉姆（Bulaam，"智者"）。不过，布拉姆需要通过讲述口头传说来证明他的地位，因此，这些人有时会给所知内容添加一些信息。布拉姆喜欢添油加醋，并且传递对所拥有知识的思考。库巴的社会结构是清晰的，这意味着一些信息提供者可能不会告知他所知道的全部，因为他们害怕这样会盖过他们上级的风头。这就是为什么曾经有位口述表演者在多次拒绝告知我信息以后，他恳请我前往，继而告知我他所知道的全部。他听说另一位专家已经讲述了全部所知的口头传说，而现在他必须捍卫自己作为布拉姆的名誉。

2. 新的记录情况

当一则口传被记录在了磁带或纸上，这就创建了一种不寻常的情况，即将口述表演转为了证言。表演者现在在不同的舞台进行表演，将他所在的群体或封闭社会与更广阔的世界连接起来，并且通常与民族国家连接。口述表演者也就成了信息提供者。信息提供者必须考虑到他们的同胞对此可能产生的反应,同时他们也知道后者可能对他们的行为作出何种批评,因此信息提供者好奇他们的证言被用在何处。口述表演者们发现他们自己在一种新的情况之中,他们的角色变成了"信息提供者",他们也完全不确定该做什么。这是一种令人局促不安的处境。信息提供者也必须考虑到证言记录人的可能反应。后者可以察觉,或者可以试着察觉什么样的动机会让信息提供者改变他或她的证言。相比正常情况下的口述表演,在这种情况下信息的扭曲是意料之中的。

个人动机超出了平常的预期。在更为广泛的领域里,与之相应的新情况也随之突然出现。用货币进行报酬、讨好远远超出了"惯常的"权威的权威,即相信采访者有更优越的知识,所有这些都与一个更为广泛的领域相联系。学校的影响也应该被考虑在内。一直到 20 世纪 50 年代,扎伊尔的卢卢阿(Lulua)一直都在讲述他们起源于名叫恩桑古·卢邦乌(Nsangu Lubangu)的地方,尽管这并不是他们的口头传说所讲述的内容。知道旧口头传说的老人认为是自己弄错了,因为有关恩桑古·卢邦乌的说法是在学校里教授的,而他们认为学校的教导者们肯定是正确的。[39] 因此当一位被认为有学识的采访者问了一个问题,而信息提供者察觉后者可能觉得答案是如此这般,他或她就可能会赞同,这并非出于取悦的目的,而是出于新发现的信念。

信息提供者的行为很大程度上取决于他们对研究者所构建的印象。该研究者是当地著名人物,并且可以在当地而非外部更广泛的范围对待他或她吗?该研究者是外国人吗?该研究者在这片区域已经待了很长时间吗?该研究者的社会地位如何?该研究者的动机是什么?该研究者值得信任吗?通过提供证明,信息提供者能获得什么?信息提供者的证明是在某种恐吓,甚至强迫下进行的吗?田野工作者必须知晓上述问题的答案,才能判断何种情况可能导致信息提供者歪曲证言,田野工作者也必须因此去了解

作为历史的口头传说

当地人是如何看待他的。20世纪50年代,库巴人熟悉欧洲的政府官员、传教士、商人和铁路员工。因此,掌权的相关欧洲政府官员对库巴人来说总是一种威胁。可以想见当他们想知道一个政治本质的所有口头传说时,每个政治群体呈现口头传说的时候会尽一切努力以各种方式让掌权的官员们相信他们族群的重要性,并且他们族群应该拥有最多的权利。欧洲的传教士们则想改变当地居民的宗教信仰,并将基督教的习俗引入这个国家。可以预料到传教士们也对当地的口头传说感兴趣,但是他们并不会被告知那些与传教士教义主旨相违背的口头传说,因为害怕他们会批评信息提供者,而因此使信息提供者失去声誉。正如他们所做的,他们甚至可能会挑起事端,例如传教士们对当地男孩启蒙仪式的竭力阻拦。商人和铁路员工估计对当地口头传说并不感兴趣,如果他们感兴趣,当地人则会担心这些采访者们动机不纯。我作为一名专业的田野工作者,我单属一类,因为我的活动并不属于任何现有类别。事实上有那么一段时间,我的调查研究被怀疑是巫术。我花费了很长一段时间才使得当地人接受我收集当地口头传说的行为是因为对该国过去的历史感兴趣,同时也因为这是我的工作,尽管他们很难想象为何有人会发明出这样一份工作。不过历史对库巴人而言是非常重要的,并且他们有自己的历史学家典范:他们自己的布拉姆。后来在布隆迪就并不存在这么一种当地典范,因此我始终被当地人认为是没有恶意的、友好的并可以从我身上得到一些意外之财的愚蠢之人。再到后来的蒂奥人(Tio)也开始知道研究者。刚开始他们认为我收集这些资料只是为了做些笔记,写本书,然后变得富有,或者是有人出钱让我做记录,继而可能在我一离开就会把笔记扔出机窗外。[40]

对一名异邦田野工作者而言,需要花费相当长的时间方能使自己被当地人所接受,并增进自身与族群及其信息提供者之间相互尊重的关系。此后,既可以通过对信息提供者的反复访谈或与当事人之间的社会融合,也可能是研究者在某地逗留长达数月的时间后所拥有的总体声誉,使信息记录固有的紧张局面缓减,甚至最后会消失。因此对研究者来说,采访的最初几周要格外的小心谨慎。研究者应该是友好的、兴致盎然的以及全神贯注的,但又不能对证言表现出外在反应,这样信息提供者才不会根据采访者的喜恶来歪曲他们的资料。研究者应该用当地习惯的方法或直接用货币酬谢信息提供者,这与世界其他地方一样。不过,报酬的价格不要依证言的内容而改变,同该区域的通常价格一样即可。研究者亦不应该以任何方式被视为是他们的信息提供者的"保护人",信息提供者常常会希望如此,这样就可以从研究者那里得到法律、政治乃至医疗方面的帮助。原则上,田野工作者应该彻底远离当地的争端,对当地每个人(无论其是否是信息提供者)都要保持友好,并且对每个人都提供同样的帮助。实践中要做到上述这些并不容易,不过,研究者至少应该意识到社会关系对证言和历史叙述的影响。

至于本土的田野工作者,情况虽有所不同,但同样复杂。该研究者应被划为甲派系还是乙部落呢?当地的派系可以利用该研究者向国家官僚机构呈现他们的情况吗?如果有的话,他们可以指望获得哪些支持?或者这些当地研究者会被视同外国研究者吗?毕竟他们在当地和外部世界间的社会身份比较模糊。本土研究者应该同样意识到他们在人们心中形象的变化,并且同样应该对信息的篡改保持警惕。

对那些研究已经书写下来的记录的学者而言,对记录情况所导致的事实歪曲的评估显然更加困难,尤其是在采访者并没有留下相关迹象的情况下。学者必须处理在该情况下那些普遍了解的问题。譬如有这么一则记录是贝宁王国的高级酋长所做,他对该国历史非常感兴趣,并得到国王的支持。信息提供者在首都的口述表演差不多都是按要求执行,而许多信息提供者都知道该酋长的兴趣在于维护国家的意识形态，证明国家的古老历史，以及明确国家的领土。实际上，这则记录并不能让我们轻易地辨别出哪些是酋长所作，哪些是信息提供者的贡献，但其中一般性偏见的影响还是清晰可见的。[41]

二、反映社会的口头传说

尽管都要批判性地关注每一个证据，但通常没人意识到口头传说在多大程度上与他们所属的社会保持一致。因此我们在确立两者的一致性这一现实基础上开始这个讨论。

（一）口头传说与社会生活的一致性

对比布隆迪和卢旺达两地的口头传说表明，口头传说和社会结构之间的一致性方式更引人注目，因为这两个前王国和周边国家有很多共同之处，包括他们的文化，同时他们的语言也紧密相关。[42] 以下仅对布隆迪的文体与卢旺达当前存在的文体进行对比。

布隆迪	卢旺达
imigani：所有的叙述 　　　　所有的箴言	imigani：所有的传说故事 　　　　所有的箴言
	ibitéekerezo：所有的叙述除了
	amakuru：个人回忆
Indirimbo：所有的歌曲（具体 　　　　的王室曲目未知）	indirimbo：宫廷歌曲
	imbyino：民谣
amazina：诗歌（多半与战 　　　　争有关）	amazina y'inka：与牛有关的战歌
	ibisigo：王朝诗歌（在布隆迪未知）
ivyiugo：amazina 的同义词	ivyiugo：勇士诗歌
	ubwiiru：王朝的仪式规则 　　　　（在布隆迪未知）

ubucurabwenge：王室族谱（在
布隆迪未知）

　　源于布隆迪的三个主要文体的名称在卢旺达重现（-gani，
-rimbo，-zina），但在卢旺达的文体分化很明显多于布隆迪。为什
么会这样呢？显然，在卢旺达其他的文体与其本国的政治体系联
系在一起，但在布隆迪并不是以同样的形式存在。布隆迪人的政
治体制不热衷自己的历史记忆。在王室家族（abaganwa）中，国王
仅仅是在王室贵族中处于首位，而国家则是由王室共同管理。王
室家族中的大部分人都持有管理土地的权力，他们各自扩充土地，
但这也因此会损害相邻的其他王室家族的利益。基于这种竞争，
所有的王室贵族都会在两到三块土地的范围基础上团结在一起以
获得权力均衡。当王室贵族中的一人死去，他的土地便成为争夺
之物。死者的儿子如果在父亲死之前获得部分权利，就能成功继
承一些或大部分土地。王国的部分地方是由酋长统治，与王室几
乎没有联系，不过酋长在当地有许多追随者。每一位酋长在他的
领地上任命多个副酋长，但在现任酋长死后，下一任酋长便把前任
酋长所指定的副酋长全部解散，然后再任命自己的人。此外，各省
的边界不断变化，整个政治体系的易变性令人吃惊，因此没有什么
可以支持详细的口头传说：由于各省都不稳定，因此没有省级历
史；由于除了王室家族之外也没有重要的家族，因此没有关于其他
重要家族的历史；由于没有中央政府，因此也没有官方史学家。如
果史学家存在于宫廷，他们便会支持国王的权力，但这并不被其他
的王室贵族们所欢迎。王室贵族中无论是谁接管了土地，或是副
酋长被解散，或是国王自己依赖这个或改成依赖那个派别，忘记过
去符合所有人的利益。该国的前高级摄政者告诉我，王室对于历
史并不感兴趣，因此实际上并没有历史叙述，政治体制就能说明
原因。

　　这与卢旺达相比差别很大。在卢旺达，国王拥有全部权力。

他通过杰出的贵族家族对国家进行管理,并给他们分配有固定边界的土地,而这些贵族家族并不一定是前国王们的后代。这种土地都是半世袭的。政府通过地方官僚机构对国家进行管理,而地方官僚机构得到为扩展王国而设置的常备军的支持。政府还由于"保护人——受保护人"这种尤其是与牲口所有者之间发生关系的网络,得到进一步间接的支持。在布隆迪,"保护人——受保护人"这种契约方式也是存在的,但他们持续的时间较短,且在政府方面也没有发挥很重要的作用。由于稳固的中央政府及其机构对其合法性的需求和对历史的兴趣,因此历史叙述、王室歌曲、王朝诗歌、战士诗歌,甚至涉及牲口的军事诗歌、王朝制度以及皇室家谱都得到了发展。所以实际上即使历史叙述得到所有人喜欢,一种是只能在宫廷或者领地进行的严格的历史叙述,还有一种是深受传说故事影响的为广大人民群众表演的叙述(流行的历史叙述)。

卢旺达和布隆迪在社会政治体系之间的差异解释了文体、对待历史的态度、发生地点的差异以及口头传说储备库和实际内容的差别。卢旺达和布隆迪两国的口头传说的内容,尤其是与社会实践和文化价值紧密相连的内容,在大体的概述上可能是相似的,但在实际上并不完全相同。

(二) 如何获得一致性?

1. 社会的局限性和口头传说的局限性

每种表演形式在体系中的特定地位以及参加人员对口头传说信息的影响是对社会和口头传说之间一致性的首要说明。这种一致性产生的主要影响并不能因历史批判的判断性应用而被抵消,因为社会组织对表演的内容设置空间和时间的限制。空间限制是显而易见的。在大规模的社会里,最能被记住的是涉及整个国土领域的通史,经常是一大片区域或者更多。但小规模的社会,它的通史往往只是涉及一个村庄的范围或者只是一个族群。至少在定居社会,他们的历史通常都是很小的范围,但是对于狩猎部落的历史有时候却涉及一个很大的区域,就像位于加拿大西北部的多格里布人(Dog-rib)部落,虽然部族的人数还不足二百人,但他们的活动范围却绵延数百公里之多。[43]

历史学家在处理小的区域单元时都会面临需要理解的问题是影响较大区域和诸多族群的趋势是什么,他必须结合很多小部落的历史,但这绝非易事。这必须要找到各个小单元之间同步的历史时期,以及考虑到口头传说的年代都是好几代人之前,其普遍的弱点是不确定性。所有研究肯尼亚中部、乌干达北部或者苏丹南部大部分地区的历史学家都会遇到这一问题,这也导致历史重建多少会受到这种情况的影响。[44]

同时,尽管没那么明显,社会结构给口头传说设置了时间深度,不仅是因为口头传说涉及的体系只有一种特定的时间深度,而且还因为它表达时间深度的可能性。对于更长的时段来说,时间的测量与表达部分的建立在结构重现上。社群结构需要使用长时段的宗谱,就如加蓬和喀麦隆的芳人(Fang),在时间深度上他们仍能回忆起 30 代以前的一些事情,几个世纪以前的事件也仍然能够在时间轴上找到位置。[45]大多数国家的结构性时间深度可以追溯到他们的建立时期,然而我们可以用一个王国作为例子说明有些国家的过去缩短为一个很浅的时间深度,因为他们没办法表现更长的时间深度。刚果的蒂奥(Tio)通过一个成年埃戈(Ego)所获得的信息仅限于两个世代,就如第三代的叙述可以追溯到前一代(父辈),而第四代的叙述则可以追溯到前两代(祖父辈)。所以,即使蒂奥建立了一个王国,他们也没办法使任何人可以追溯到两代之前更往前的一个时期。有些结果是令人吃惊的,在 1963 年有人告诉我,在一位名为恩格贝拉(Ngobila)的酋长祖父任期内发生了某次部落的迁移,而 80 年前,斯坦利也听说了可以追溯到恩格贝拉的祖父的相同故事,在 17 世纪的一份书面资料中已有提及具有同样时间深度的同一个口头传说。[46] 在中非的隆达(Lunda)帝国也有相似的情况存在,其结构性时间深度最多为四代,在对这些口头传说的第一份书面记录之前确实能找到四代人以前的历史深度,如果更往前,就只能是创始叙述与神秘的创始人了。[47]

比结构性时间深度更早以及处于结构性空间之外的任何东西都被忽视掉了,或者时间深度被缩小在一定框架内,这样时间和空间与社会达到一致。

与某个社会相关的整个语料库的真实性同样适用于与其社会地位相对应的每个口头传说。普通家族口头传说持续的时间就是这个家族持续的时间,村落历史的持续时间也就是村落持续的时间(作为一个社会单位),而且不会超出其空间范围。虽然对于像诗歌、史诗、故事和歌曲这些艺术口头传说可以传播到更大的区域,但内容也很少涉及具体事件;如果涉及到事件,他们通常只是暗示,而且事件也仅仅涉及口述内容形成(诗歌)和表演(故事)的地方。

2. 重要性

只有当人们认为事件是重要的或者是有深远意义的,关于"事件"的口头传说才被保留下来。从目击者或当时的报道就开始了一个选择的过程,随着时间的推移以及重要性或意义的标准发生变化,选择的进程就会继续。因此奇怪的是在经过多年的争论以后,R. 罗伊(R. Lowie)反对将口头传说作为历史的主要原因是他认为这些口头传说通常只是涉及一些无关紧要的内容,而对于非常重要的事件并没有什么记录。[48] 他以加拿大平原的阿西尼博因(Assiniboine)印第安人为例。阿西尼博因人在 18 世纪引入了马匹,结果马匹改变了他们的整个生活方式,但是在他们的口头传说中对于马匹的引入并没有记录。在他们的创始故事中,马从一开始就存在了。然而在这个例子中,罗伊并没有意识到,之所以阿西尼博因人没有将第一匹马的出现归为重大事件,是因为人们在那个时候也许并不知道马的出现将会如何改变他们的生活。马匹在阿西尼博因成为重要的事物大概是在三代以后。人们无法想象没有这样一个重要的东西该会怎么样，就像无法再想象现在的生活与以前的生活有什么根本上的不同，所以马匹的重大意义成了它"一直在那里"，因此成为创世神话一部分。然而，（美国）内兹佩尔塞人（Nez Perce）确实有马匹引入的口头传说，但是口头传说并没有显示出马匹对他们之后发展的重要性。对于内兹佩尔塞人而言，马匹不如对阿西尼博因人那么重要，而且由于重要性不那么高，他们把马匹引入的口头传说在历史中的延续反而被接受了。阿西尼博因人出现目前的情况是因为他们高估了过去发生事情的重要性，并不是因为他们没有重要性的意识。

对于事件重要性的赋予与部落中达成的普遍共识有关，它与事件对社会产生的影响紧密联系在一起。由于团体和体制随着时间不断改变，"意义"和"利益"的概念也各不相同，这最终可能会导致信息的丢失。出现这种丢失也可能是由于对事件的记忆在它最初发生的时候没有成为口头传说的一部分，因为在那时看来并没有对社会造成很大的影响。库巴人记得来到他们国家的第一个欧洲人，但并不记得第二个，因为这已经不再是新事物了。然而，第一个只是个商人，第二个则代表刚果独立国接管了他们的国家，那时库巴人并不知道这一点。作为这种选择进程的结果，口头传说中有意的历史内容与过去和现在的社会关注点紧密保持一致。

3. 口述资料库

在口口相传的口头传说中，想要建立一个描述所有主题的完整资料库几乎是不可能的，因为这样的一个语料库涉及面太广了，反映了当时社会生活的各个方面，而且表现出所有的文化。[49] 我们发现，有意的历史叙述的语料库只产生一小部分主题，可能涉及起源、迁徙、家谱、战争（包括对土地、妇女、其他财富的战争）、自然灾害，除此之外就没有什么了。口述资料库的贫乏在每一个案例中都显而易见,但是考虑到信息只有在被认为有"重要性"的时候才能得到传播,而且事件的重要性也是随着时间的变化而变化,所以这种结果也并不奇怪。另外一个结果是这样的资料库的内部相关性较为紧密,主要涉及与领导者和精英们相关的事情。A. 德利夫雷(A. Delivre)在这一点上以马达加斯加的梅里纳(Merina)王国为例给出了令人信服的说明。他认为,口述资料库是一个王国政治体系的蓝图,描述的不是这个王国实际是什么样子,而是它应该是什么样子。[50] 口述资料库所涉及的核心问题是当权者、权力以及合法性,这些在 19 世纪的民族志口述中都有记录。马达加斯加的口述内容反映了在政治维度里对社会至关重要的所有元素。这种口头传说体系表达出来的历史意识,完全对应当今对它们被记录下来的时间段的关注。马达加斯加的口述是它的政治结构的模型。德利夫雷认为如果要证明这一点,就必须从资料库的全局出发,而不能看单个的叙述,这样才能意识到社会记忆是基于整个资料库,而不是基于分开的单个叙述。[51]

(三) 内在平衡

社会与其口头传说之间的一致性让 J. 古迪(J. Goody)认为,这种一致性是一种动态的内部稳定的产物。在特定的时期,口头传说内容与社会高度一致,社会结构或实践的任何变动都立即伴随着口述内容的相应变化。因此,口头传说语料库是不断变化的,且不能与过去的现实相对应。[52] 古迪认为,口述社会与文字社会之间的区别就是内在平衡加上文化在口述社会中的完全同质性以及在文字社会中的异质性的观点。后者的发现是基于古迪的一种观点,他认为,口述社会中提供给每个人的信息都是一样的,但在文字社会中存在不同的信息输入,因为一些人可以阅览到特定的材料,而其他人则阅读不同的材料。

我们所说的一致性在最初似乎是支持这一广泛的论点。然而,古迪夸大了他的论点,无论是"口述"和"文字"之间的鲜明对立(这是我不再进一步纠缠的主题),[53] 还是对于内在平衡的言论。总之,一致性是存在的,但是与目前所关注的内容并不存在完全的一致。对有意的历史叙述的持续选择并没有完美地运行。[54] 各种口头传说中古语的存在使内在平衡成为一种假象。

也许证明内在平衡的不完美最著名材料来自功能主义核心人物 R. 弗思(R. Firth)收集的材料。在《提柯皮亚的历史与口头传说》一书中他已经论证了完全一致和由此引出的内在平衡。但是当他分析享有盛名的起源与相关的后裔群体的实际地位之间的关系时,他发现在这之间毫无一致性可言。[55] 在排名最前的家族中的第三个氏族群体拥有最荣耀的起源,这点得到其他氏族的认可,但它甚至都不是首要地位的氏族。弗思由此得出结论:"社会结构中更加稳定的内容可能不需要口头传说故事的反映和赋予的合法性。"[56] 弗思在其他地方寻求这种功能的一致性,认为无论这些声明是否被接受都必须考虑这些声明本身,而口头传说正是社会关系的工具。他认为声明提升了相关群体领导者的私人地位。过去的辉煌被作为当今社会的对应。但弗思进一步认为,起源故事与社会结构相关,但不是一种简单的关系。[57] 这个结论无异否认内在平衡性。接下来的发现更加证实了他的不安:对过去的叙述必然依赖于现存的社会关系而被塑造成为特定的模式,因此,"必然"会使历史在很大程度上是现今对过去的一个映射。这是功能主义者的一种信念而不是证明。书中所呈现的全部研究都与之不符。

很容易罗列一堆例子证明内在平衡的不完备。在未触及更古老的变体下,社会变革往往会导致加重这种不平衡,而非抑制。受压制的事件会留下痕迹。库巴的王朝口头传说倾向于压制不合法的继承和继承权的斗争,然而还是留下了许多痕迹,因此得出的结论是,非法继承在库巴王朝是常态。[58] 内在平衡理论无法解释为什么历史在某些社会比其他社会更有价值——为什么它一开始就是合法继承的根源。除了内在平衡外，还必须考虑基本的文化选择以及不同的世界观，而且他们也不完全受现在社会结构的制约。这是我们下一章要论述的有关文化的问题。

　　古迪观点的根本缺陷在于把社会暗比成有机体或机器，其中每一个部分都必须与其他部分保持一致运转。事实上，只是部分情况如此。而我们应该讨论的是倾向于内在平衡的趋势，而不是作为激进过程的内在平衡。因此口头传说体系既反映了过去，又映射了现在。由于它映射了现在，因此引起了社会科学家的兴趣，这些学者在自己的研究中还没有给予足够的重视。但是除了现在还有过去。W. 万·宾斯伯根（W. Van Binsbergen）的突尼斯圣人的案例说明了口头传说是如何解释当今圣人和他们的支持者的关系，其中也包括阿法维亚（Arfawiya）认为圣人是上等人的这种说法，但也承认他们要比乌拉德·本·赛伊德（Ulâd ben Sâyyid）晚到此地。如果内部平衡就是全部，那么阿法维亚圣人可以说是来得早的那一个。这个事例解释了阿法维亚能够享受比其他人都要多的上帝的恩典（baraka）的原因，虽然对于这种合法化历史的因素是必不可少的，但不需要刻意歪曲来使之合法化。

　　历史学家可以克服由于社会结构的影响而造成的固有失真，但是也只能限于一定程度。我们无法重建已被淘汰的事物，也无法轻易解开时光的缩影。在过去的大部分时间里，在口头传说的记录中幸存下来的元素和现在的痕迹都可以通过实地考察或者仔细检查数据被记录下来时的社会结构来进行评估。在本章中提到的所有失真的可能性都可以进行校验；一旦发现一致性可疑的地方，都有可能检测到口头传说是否被更改，如果有，那么是如何被更改了。至少可以进行评估。

第五章
信息表达文化

所有的信息都是文化的一部分,它们通过文化中的语言进行表达和构思,同时也在文化的实质性认知上被理解。因此,当我们对一种信息进行解读时,必须考虑到是文化塑造了所有的信息。我首先探究文化认知方面的影响,即探究在一个族群中普遍且广泛为众人所知的既定信息的影响。然后我对除却语言规则之外的文化表达模式进行考察,因此我研究信息的象征性意义,并讨论解读过程中的意象、成语以及存在的问题。

一、文化的实质

文化可以被定义为特定群体的普遍思想,它所指的是社会共同体。这个共同体的人具有共同的思想、价值观和意象。简而言之,就是各种对他们而言是共同的、有别于他人的表征。对公认的主要颜色的色谱划分,在不同的语言、不同的社会中是不同的。[1]但这并不是说在特定的共同体中,每一个个体的思想内容都与其他的个体相同。独特性确实存在,但是经验内化的原则是普遍的,大多数人对于现实真理的认知也是相同的。在教授儿童学习语言以及如何处世的过程中这种文化内容得以传递。口头传说的交流就是建立集体表征过程的一部分。

作为历史的口头传说

J. 古迪认为，口述社会中的大众文化比文字社会更有涵盖性，因为在口述社会，人们仅仅只能获取彼时且被大众所熟知的资料，大家学到的也都是同样的东西，而文字社会对于信息的获取则是具有选择性，人们可以读到一些别人没有读过的古籍或者手稿，而且他们也可能阅览到别人都不知道的资料。[2] 这种观点过于夸大，它低估了文字社会中集体表征的一致性程度。整体上人们读的是同样的东西——那些他们被告知是值得阅读的东西，他们的思想内容要比古迪认为的更加标准化。另外，在口传社会中，人们的思想内容比古迪认为的更加多样化。独特风格仍然是重要的，兴趣爱好、职业等等，都不尽相同。[3] 然而，集体表征在文字社会和无文字社会的思想中都很重要。

（一）基本概念

基本概念是指意识、记忆、经验以及交流都被规范化的东西。它们先于意识而存在，包括时间、空间、数量、现实和原因的表征。至于它们对历史、空间、时间、历史"真相"以及原因的影响都将依次进行讨论。

1. 空间

每一种文化都有关于宇宙和涉及空间内涵的表征。与时间一样，空间是一个相对的概念，它意味着一个点与其他点的联系，就如使用语法结构那样。在空间中某些部分要比其他更重要，一些已经被人所知，而其他发生在更遥远时间的部分我们只是模糊地了解。最重要的空间是与创世纪的点连接起来，既有时间价值也有空间价值。最经典的案例就是玛雅人在将宇宙进行划分的中心里发现了自我。他们认为已经经历了四次连续的创世，每一次的创世都比前一次更为完美。随着新的创世的到来，前一个世界的产物都被推到外围，而最完美的创世就是玛雅人现在生活的点。所以可以认真问一问，在墨西哥湾以北的居民是否有可能不是前一个创世的产物——野蛮的食人族。[4]

一个人对于宇宙的看法影响着他对于过去发生事物的看法。直到上个世纪，虔诚的基督徒想象中的伊甸园就在美索不达米亚，因此，所有人类的迁徙某种程度上都起源于那里。而13世纪欧洲的地图是圆盘状的，以耶路撒冷为中心，救赎被转化为空间。在非洲，迁徙的方向以及对于基本方位的解释往往与起源联系在一起。库巴人、芳人以及中非的科莫人（Komo），他们都是用溪流确定自己的方向。他们对于空间的主要分类就是"上游"和"下游"，而库巴和芳整体上也把上下游与东方和西方联系在一起（即太阳运行的路线）。对于库巴来说，世界起始于一个没有方向的地方，水流变得"循环不息"。很明显这是最下游的地方；死者的灵魂去到那里，灵魂居住在那里等等。那是一个神圣的方向，因此所有的迁徙都必须从那里去往上游，这也就解释了为什么他们声称他们从最上游去往了最下游之地——大海。从整体上来说，科莫与芳更为相似。[5]

与此类似的方向的重要性并没有夸大。村庄按照基本方向进行布局，仪式按照空间象征性意义的秩序进行，房屋的内在布置也可能是一个微观世界，因此在提及空间时总会怀疑其不仅仅只有偶然的意义。

宇宙的概念不只涉及地球，也包括天空。以库页岛的阿伊努人（Ainu）为例，他们在水平面内对宇宙进行分割，对地球垂直分割，这样就能以地球区分上面和下面，对应的就是神圣和世俗。在地球表面，他们将山川和海洋与陆地置于对立面，在陆地上东、北对应西、南，东面和北面更加神圣，因此房屋里的神龛就应位于该处。陆地作为一个整体来说处于世俗的位置，而山川和海洋更加神圣。在这两者之间，海洋比山川更世俗化，远处要比近处更神圣。所以，最重要的神灵居住在已知山峰中最里面那座山的山顶。[6]这些不仅是为了突出变化，而是要显示出特定空间与其他空间相比更具优越性、神圣性和人性化。这种关于空间的等级都隐含在所有阿伊努人的口头传说中。

因此有必要大体了解定位系统和空间的表述,既要理解与宇宙相关的表述的共同点和隐含之意,还要了解如何表达空间的运动。在库巴,北方和南方仅仅是指左边和右边,这就可以理解一个人在面向一条河流之源时,朝向就是左或右。这与欧洲的惯例不同,欧洲是朝向河口,而且价值观也是与之相关:右代表优越,左就表示劣等。任何移动也只能被描述为上游、下游、左或右,而这也与河流和水系有关。在布隆迪,主要的方向就是上或下,即朝上就是小山岗或者山顶,朝下就是河流。但对于整个国家而言,"上"就是指宫廷所在地,尽管它或许建在低洼的山谷。因此在使用"上"和"下"时总会产生很多误解,无论这些关系是就国家还是就本地地形而言。最后应该牢记的是,在口述社会,距离并不是起测量作用,而是表现在定量方面或者是表示近距离的一个大概,比如"一天的距离","高于某山"等等,而对于空间则通常不能使用定量的概念。

2. 时间

就像我们在玛雅的案例以及在起源口头传说中看到的那样,时间的概念与空间的概念相联系。作为一个概念来讲,时间与空间有很多共同的特点,它被视为旅行者的一个时间段。在一些语言中,这种时间/空间的连续统一体是通过使用表示时间或空间距离的相同的术语来直接表达,就像布松的坎尼语(kaany)以及其他诸多班图语。

在大多数世界观里,宇宙是有时间的,因为它曾经或者正在被创造。时间的方向与"更好"或"更糟"相联系,黄金时代是指正展现在我们面前的或者已经是发生在遥远的过去。与"很久以前"或"几乎现在"的定性概念相对应的"远"和"近"的定性概念对于阿伊努人来说或多或少都带有神圣的意味。他们认为,宇宙的生命是有限的,它会死去,也能复活;时间是周期性的,且时间的轨迹就像海浪,有波峰,也有低谷。当圣人(nupuru)和众神主宰世间时,宇宙便开始了。它诞生于顶峰时期,此后便进入了仅有的另外一个时期,一个人性的、世俗的而后逐渐衰退的漫长的当前时期。因此,最神圣的地方是创世的山顶,而最人性的是现在的海岸线。时间细分成年、月,人类寿命的变化也是盈亏参半,月亮位相的变化就是典型。人类的变化与其他现象的变化方向是相反的,他们的少年时期是他们的衰弱期,出生的时候是最弱的,晚年则处于兴盛期,这时他们的人性减少神性增加,最后他们死于生命的顶峰时期。[7] 因此,在解释阿伊努人信息中涉及时间的问题时,必须要明白这种时间表征。

通常来说,时间的概念可以表现为无限永恒、周期性时间和线性时间。没有哪个文化只使用三个时间表征之一,许多都是使用全部。在基督教、伊斯兰教和犹太教中,占主导的是线性时间,时间在进入世界后就成为与世界并存的永恒。玛雅人占主导的是周期性时间和线性时间。创世彼此接替,与前一个宇宙虽相似但也不同,而对每一个创世来说,继承的宇宙更加完美。与此相反,阿伊努人认为的周期仅仅是一种重复。在特定的文化中,有时否定时间的周期性和线性,就如在巴厘岛(Bali)。[8] M. 布洛赫(M. Bloch)称,宗教仪式的时间是循环的和非连续的,而在现实生活中,时间是线性的和连续的。这一观点并不成立。在周期性和线性时间中,巴厘岛人对时段只有一种概念。同样的,一些非洲人声称存在三个时段:创世纪的永恒、周期性时间(否认中间历史的因果关系)和线性时间(最近历史的因果)。[9] 在最近的一次研究中,这一观点坚持了永恒和创世的理念,但是线性和周期时间并存于时间段的单一概念里。[10] 时间并不是人们所认为的在过去的某些时段里不停开始和结束,而在一个特定的时间点后,它不再自我重复。时间的定性概念在不同文化中是不同的,因此需要单独分析每个例子,关于时间的所有概念对于理解口头传说都是至关重要的。[11]

3. 历史的真实性

历史的真实性也是文化特有的概念。这个概念对于历史学家来说是非常重要的,因为它保证了被宣称为"真实"的过去的历史口头传说是否被如实传递。当 G. 戈森(G. Gossen)声称,(玛雅恰帕斯)查姆拉人(Chamuleros)相信任何关于一个事件的连贯叙述被讲述过几次就是真的,但历史学家们对这种观点并不满意。[12] 这里并没有如实传递的元素。然而,随后他又引用了一篇扩展历史真实性概念的文章,解释了我们所知道的第一个人是如何出现的,因为祖先看到了这一切,而且"最后祖先死的时候,告诉了他们的孩子这些事情在很久之前是如何发生的"。[13] 查姆拉人的真实性同时包括证人和传播。

在许多文化中,真实是指其内容能够如实复述且真实性得到祖先的证实。[14] 但是有时真实并不包括这些和那些内容是真的发生过。当(新几内亚)特洛布尼恩德岛人(Trobrianders)听到有悖于他们日常有关自然法则的观念时,尽管祖先的言论是真实的,仍应该以现实中寻到可见的踪迹作为支撑,否则口述内容可能是真实的,只是并不准确。对于隆迪人而言,即使他们觉得某些事情似乎是不可思议的,正如他们欢快地讲述有关女儿国的故事,但是如果所有人都这么说,那么所有一切就是真的发生过。

有时候地位与真实性是相关的,在(几内亚、马里)的曼德,真实性是根据专业讲述的家庭的古老性来判断的,越古老就越真实。[15] 在一些阶级社会里真实性与等级之间有相互关系:叙述者的等级越高,他说的话就更加真实,即使他叙说的是过去的事情。在库巴,真实性是得到部落委员会的保证。当与部落主要的口述内容相关时,委员会首先在一个叫库姆(kumm)的秘密会议进行预演,去重新确立历史的真实内容,然后由一个发言人将这些信息传递给公众。真实性本身的概念是由"委员会"和"委员会的事情"这两个概念衍生出来的。[16] 有位非常年老的酋长曾经告诉我,有些以前是真的事情,现在是假的,而有些以前是假的,现在却是真的。库巴的怀疑者仍然接受这种真实性的概念。对创造了第一个人类(没有证人,所以也没人知道)这样的故事嗤之以鼻的人却相信某国王杀了九个部落的神灵——这是有见证人的,它是发生过的且得到委员会的保证。

许多人类学家和历史学家都已经意识到时间和空间概念的重要价值,并在不同的文化背景下进行研究,在很多案例里,对于真实性的概念都缺乏相似的信息。我们不能假定真实就意味着如实传递信息的内容。历史学家必须要警惕,他不能在这方面做任何的假设,但必须对他所研究的文化作出说明。

4.历史的因果与变迁

历史的因果是一个非常复杂的概念,它涉及到在不同时间里所发生事件之间的联系。早期的事件或者情况导致了后来的事件。西方历史学家认为,原因是多方面的,且因果一直在发挥作用:事物一直在变化;没有什么能在时间的推移下一直保持不变,即使它看起来似乎没有改变。然而口传社会的历史因果概念似乎更简单,这个概念完全否定逐步变化。他们倾向于把制度和技术看作是一种单一的现象,就像现在这样完全独立。换句话说,他们的变化观念是把现在与单个的过去对应起来,而不是对应多样的过去。这种态度在口传社会似乎非常普遍。列维布留尔(L. Lévy-Bruhl)已经注意到这种倾向是忽略或者否定了复杂的历史生成。[17] 我们倾向于用古迪和瓦特的内在平衡解释这点。[18] 口传社会的人当他们在思考有关过去的事物时,就会脱离现在,因此出现这样一种解释,即某种制度在过去的某个时机成熟时就"出现"了。由此,在这样或那样的情况下,在梅里纳(Merina)的某个国王的统治时期里出现了有害的神谕[19],自此之后就一直没有变化,这是可以理解的。对库巴的变化概念的分析显示,其字面意思是"出现",而他们的起因概念是"树干的根基",从而证实了以上所述。[20]

起源时期一般被视为是混沌时期。现今的一些主要体系在当时处于颠倒的状态。历史时期始于文化英雄,他们创造秩序,发明或使规章制度出现。J. 米德尔顿(J. Middleton)在研究(扎伊尔/乌干达)卢格巴拉人(Lugbara)时就显示了这一点:实质上,他们建立的起源历史是相对现在的一种内部平衡,它是对现在的否定,是现在潜在的对立面。[21]

通常在许多复杂的社会中,其历史因果更为复杂,但是它的起因是单独的。复杂的连锁反应在时间长河里未被察觉。历史被视为新事物不断出现而构成的一系列静止状态,但彼此之间是毫无关联的,每一个新事物的出现和新创都被归功到某个文化英雄的身上。

个体是变革的主要力量,这在口传社会中显然是因果本质的另一个特点。文化英雄创造出"出现"在他们面前的新的技术、制度和活动,所以历史成为大大小小的英雄们的序列,都负责创造的各个类别,因此后来者永远无法改变前者的创造,而仅是添加。在这一观点中,现在仅仅是过去添加性变化的结果。作为变化过程的因果关系在口传社会中并不存在。

历史是由领导者依次建立的一个连续的稳定状态,这是所有非洲国家有关因果关系的典型概念。这种因果概念也解释了为什么在口头传说中出现的是有关 A 或者 B 国王的轶事而不是连贯的叙述。或许也正是因为如此,这样的口头传说看起来像轶事一样导致作为过程的因果关系的问题从来就没有出现在人们的眼前。

伴随着出现然后由个体创造的观念,"命运"的观点也出现了。在布隆迪有一个与历史相关的故事,即一个孩子给他的父王带来了毁灭。[22]那之后,别人问孩子的母亲"事情发生的时候你在做什么",她回答说:"事情发生了,正如我指导我的孩子走他应该走的路那样;那些事注定会发生。"布隆迪的口头传说中占卜者很普遍,他们对未来的预测往往都能成真。命运的指向引导我们去思考导致出现各种结果的原因。这里通常会提出"终极现实",这个现实就是宗教以及包括了看见的和看不见的世界。在这个意义上对因果的考虑引起我们对世界观的思考。

一旦历史学家开始警觉,就不难证明基本概念对信息内容的影响。当人们思考被记录的口头传说的主体时,反复出现的和明显的怪异之处有助于弄清楚空间、时间、真相、起因和数字的含义。后者也有其独特的文化层面,其中就有完美的数字。我们这里的数字 3 和在玛雅人或(尼日利亚)约鲁巴人中的数字 4,均表示圆满。也有一些数字代表"许多",如阿伊努人的数字 6。数字之间的间隔并不真正同等,部分原因是比率的不同。0 和 1 之间的差距与任何其他相邻数字之间的差距都不同;两者相差一到两倍,因此比 96 到 97 之间的相差要多。大多数拥有复杂数字占卜术的人都能识字,但在口传社会的民众中也发现有低级的数字等值。欧洲人的数字理论并不普遍,因此历史学家很轻易就明白数字是否按字面之意被引用,抑或是在一定程度上引用了数字理论。与空间、时间和起因一样,数字也与更广泛的世界观相联系。完美的数字是宗教数字,邪恶的数字即不幸的数字也是如此。

(二) 世界观

1. 探索世界观

在一切有形和无形方面,世界观都是终极现实的体现。它包括有关创世的观念,在世界中存在的依照其分布与功能进行分类的各种生物。以一套复杂的表征用一种相容的方式形成一个单一的系统,以与其他事物之间的关系来叙述任何一切事物,可能这样的口述社会并不存在。[23] 此外,世界观是显而易见的,每个人都知道,也正是由于这个原因所以它的主要原则不会经常被讨论。外

作为历史的口头传说

界很难发现世界观对信息的影响，因为对世界观的了解被认为是众所周知的。那么，首要问题就是要知道外界如何探索世界观。有这么几种途径：第一种途径是通过研究宗教以及讨论和观察人们所信仰的无形的实体以及它们之间的关系。但通常这种方式行不通。例如，大部分非洲人都没有思考造物神和女巫存在之间的关系。

第二种途径是通过研究有关起源的口头传说：世界是如何开始的，人类是如何被创造出来的以及他们是如何成为现在的样子。其他的起源故事也涉及一些单一主题，例如某种风俗或者惯例，以及一些有关病因学的故事，回答了我们从不打狗或者为何我们拥有火种之类的问题。有关起源的主要叙述并没有什么问题，它们直接反映了世界观。但是，病因学的事例就没有那么明确，在某些时候我们并不知道人们是否认真对待它们。因此，在非洲有关狗带来火种的故事，有一些明确被认为是真实的，还有一些被认为仅仅是某个传说中的一些元素。[24] 我们如何确定这样的故事是否属于世界观的范畴？在田野调查中我们可以问，此类的疑虑或许可以轻易解决，否则就必须保持谨慎，对于有关病因学性质的传闻事例也应保持怀疑态度进行处理。

我们通常将起源口头传说与其他信息进行比较，然后逐步确立起特定的世界观，但是这样确立起来的世界观往往与现有的民间分类无法相衔接。但是这种分类无处不在，包括植物、动物、人类，甚至包括文学体裁和疾病类型。[25] 它们所反映的整个民间科学必须要通过详细的反复追问才行。针对一个简单的信息，很难在头脑中形成有意识的分类，人们通常很难用一个简单的陈述将其表现出来。仪式和习俗之间的关系要么是包容性要么是排他性，对它们的研究能使我们更进一步，但在此类研究中也存在误区。例如，我们会在库巴的神谕牌上看到一个人，一条狗，一头疣猪或者一条鳄鱼的图案。人代表着自然之灵，其他的动物都是人类的家畜。它们不构成一个分类集合。图案上有疣猪是因为它是圣灵的狗,有狗是因为它可以看到人类不能看到的未知事物,有鳄鱼是因为它是水中之王,以及水的圣灵。对于这些事物的解释各不相同,但是所有的动物都要服从自然之灵,除了那条只是能够"看到"(即嗅到)自然之灵需求的狗。

我们可以列举许多例子来说明世界观究竟有多复杂,以及证明在一个群落中任何特定的解释要与世界观完全对应有多难。这里存在三重风险。第一,我们容易混淆象征和真实。狮子是王权的象征,但是它与现实中的君王无关——除了布拉柴维尔的蒂奥人认为君主在现实中能够驱使狮子。[26] 不过库巴的疣猪确实是自然神灵之狗,而不仅仅是象征性的意象。第二,受人喜爱和有天赋的信息提供者久而久之可以创造出比迄今为止更系统、更广泛的世界观。这是他们自己独特的文化,而不是整个群落的集体表征。我们如何才能显示这两者的区别呢? 第三,研究人员提出的但他们自己通常无法帮助形成的逻辑联系,通常不是世界观的一部分,不过当它们被提出来,文化中的大部分成员都会接受。我们可以通过利用语法或含义的隐含类别来引出潜意识的原则甚至是分类法。语义成分分析法在亲属称谓上就做到了这一点,[27] 但我们知道这毫无意义。难道就是因为他们的语法性别如此标记,所以德国人真的视他们的孩子为"事物",视女性为"时间"? 另外,在人们完全没有意识到的时候我们如何去证明这种模式属于世界观的范畴?

事实上,我们只能说那些除了模式本身的说明之外还应有其他的证据进行证明,无论是来自口头传说的资料还是来自通常被严重忽略的研究角度——对儿童提问的解答。我们应该将世界观限定为集体的有意识的表征。我们假设每个人都知道,因此除了教导儿童以及作为评论来解释口头传说及其功能外,它们不常被表现出来。

作为历史的口头传说

此领域的历史学家从这个角度去研究起源传说,从中寻求解释或自己作出谨慎的判断。曾经有人告诉我,库巴人将世界的创建看作是创世者将卷起的垫子扔到虚无中,所以以倾斜的方式展开形成一个巨大的矩形世界,从中我明白了为什么主要的方向就是上游和下游。曾有人告诉我人类是在完美的下游被创造出来的,就是在地球的底部,我就明白了为什么所有的迁徙都是往上走。我之所以都能接受,是因为我多次听过这些故事。这些与数字特征的事例不同,数字占卜术是由一个人开发出来,仅仅就只是一个人。其他的人赞同此结果,不过他们赞同的是一个他们并不了解的猜测,而且对来自他人的信息不会造成影响。这意味着,理解世界观的影响将是一个渐进的过程,它对信息的所有影响并不能很快被理解。这也解释了为什么在理想状态下,田野调查者与他所研究的团体之间的交流应该持续较长的时间,这样才有可能得到进一步的信息。

2. 世界观的影响

当我们研究起源传说本身的时候,世界观的影响是最重要的。我们被告知的大部分内容并不能反映出对很久以前年代的记忆,而是对世界的简单反映。正是由于这个原因,我们不能仅仅因为人们的公开肯定就相信关于最早的迁徙的叙述,即使是有他们来源地的详细资料,我们仍需保持谨慎。一些库巴人告诉我,他们来自于大海,那里只有一个海岸,有波浪,大海广阔到没有鸟能飞越,而且在临海而居的生活中,他们遇到了穿着盔甲骑着马的白种人。所有看起来能证明他们观点的元素实际上并非如此,他们把这些当作"启示"而接收下来。主要的口头传说涉及的起源地可能处于最下游地区(也是一个混沌区)。当因邦加拉人在 18 世纪到达这里以后,这点才被确定。这个必须是真实的,而且也是添加上去的。[28]

对历史信息的添加通常是由于需要从世界观的角度去解释它

们。以(第一章)引用的霍皮人为例,对纳瓦霍人袭击的原始报告
的添加是为了说明它的意义和动机。霍皮人认为重大的事件都是
注定要发生的,但个人可以决定事件发生的时间和形式。所以我
们可以在历史信息上添加霍皮人将无辜的同伴卷入事件的原因,
而袭击也不再是个意外。其他的细节也因此变得更加富有意义。
动物对即将发生的灾难做出反复的先兆警告。在霍皮人的时间世
界观里,白种人被认定为是与其一起的原始人。其他增加或者改
变的部分必定是要把英雄的故事转变成年轻的霍皮人效仿的典
范——甚至此处的英雄主义的典范也是取自创世纪中的一个事
件。[29] 这个事例说明,历史信息的添加或者转变的彻底性和实质性
只是为了使信息更加"有意义",更加符合霍皮人的世界观。我们
要了解事件是如何发生的,对为什么有这次袭击的推测变成了人
们都能接受的"它肯定就是那么发生的"。

二、作为集体表征的意象和俗语

文化的集体表征不仅包括实质事件、认知数据,还包括了意
象。对于历史学家来说,重要的是不仅要像在第三章讨论过的那
样了解信息暗含的意义,还要了解意义的语境:意象及其影响。
我对这个主体的探究,从研究意象开始,然后逐渐过渡到复杂的固
有表述和其他成语。

(一) 意象

每种文化都有自己的意象,被集体拥有并被众人理解。因此,
在非洲赤道的热带雨林中相当普遍的观念是香蕉树等于多产,这
在仪式中也有表达,正如在非洲东部和南部的很多地区,公牛与领
导力是等同的。意象给信息增添了语境的情感价值,也因此增加
了共鸣。在卢旺达或布隆迪,动词"kuvumeera"专指公牛的低吼,

用此来描述国王的说话声调以产生意象共鸣。它使人回想起在基兰加/瑞安贡贝（肯尼亚中心省 Kiranga/Ryangombe）祭礼中灵媒的说话方式，他们模仿公牛的低吼，而且能使人不自觉地与肥沃多产联系起来。所以卢旺达人说，在信息中使用这个动词，往往能够唤起强烈的情感。这种情感在权威、权力和男子气概的共鸣中得以维持。对于卢旺达人而言，理解这种情感是没有问题的；但对于研究其文化的历史学家，则需要表明这里产生了什么类型的情感以及产生的原因，而这需要彻底了解这里的文化才能做到这一点。在口头传说中或者在仪式中我们必须把意象与其他地方的口头传说或仪式中出现的相同意象进行对比，才能最终探索出它的语义内涵。我们应有意识地在听到这些信息的听众中寻求共鸣和记忆。现在的问题是要避免过度诠释，因此很重要的一点就是要找到对听众产生影响的直接证据。

意象也可用来帮助推理，通过类比的方法使抽象的概念实体化。（印度尼西亚）罗迪（Roti）的居民以当地的植物群系使他们的亲属体系可视化，这要比我们使用的"系谱树"更加系统化。[30] 居住在（扎伊尔）马伊恩东贝湖（Lake Mayi Ndombe）附近的居民认为亲属模式就像香蕉树，非常系统地使用类比方式：族群就像是种植园，在这个基础上将其分成小块的由树木、树干和树枝构成的紧密连接的群体，而族群中的个体就是香蕉。[31]（加蓬/喀麦隆）芳族人将亲属体系视为包括从手指到躯干的人类身体。[32] 人们借助所选的类比方式来思考亲属关系，虽然取决于文化，抽象思维、亲属关系的民间模式、具体的意象之间的联系本质上还是较为随意的。文化决定了是用一棵树、一棵香蕉树、人类的身体、河流的脉络或者是使用其他的比喻方式。此外，意象仍是有情感共鸣的，并且比喻可能在其他的语境中使用。例如，香蕉树的比喻频繁地被用于马伊恩东贝附近居民的宗教仪式中，且不仅象征着亲属体系，也普遍地将其视为繁殖力，它们是强大的积极的象征。研究人员发现这种比喻并不难,因为比喻经常被带入到语义使用中,而且很多信息提供者在解释亲属关系的民间模式时会使用相同的意象。在其他语境中使用的同样的比喻能帮助确定此类比。

意象具有表达复杂的关系、情境的特点,或者以一种密集的、有具体的形式进行的思想训练,能够使人立即理解在比喻中所表达的情感和具体的程度。"香蕉"的意象立即就将果实与人类、集体以及较好的人口结构联系起来,与之产生联系的是社会关系和情感的凝结。同样,卢旺达的公牛低吼(kuvumeera)的比喻不仅使人能联想到皇室、牲口契约和社会的不平等,还包括权威、权力和男子气概。正是这种特征使其在复杂的意象中发挥特殊作用。

(二)俗语

在文献资料中,"俗语"(cliché)一词指代多种现实意义,第一种是陈腐观念或者是刻板印象的同义词。在这种意义上该词是指陈词滥调或者俗语(Wandersagen);[33] 它们是各种陈述或是情节,甚至是叙事情节,出现在相同或不同文化中的相同或不同文体的口头传说中。非洲关于外国猎人建立了一个王国的故事就是其中一例。[34] 随着时间推移,又出现了第二层意思:它是对一些非常复杂的实际情况的高度压缩和看似简单的意义陈述。这是故意且有目的性的简化。[35] 其他作者把这个术语更宽泛地说成是一个复杂的图像或一组图像,其中发生的动作也是具有象征意义的。

这些定义的唯一一个共同点就是,因为不能仅以它们所呈现出来的进行理解,所以必须以象征意义来解释成语。比如违背自然规律这种比较明显的,或者不甚明显的种种迹象告诉我们隐含意义是不被接受的。就如 R. 弗思在讨论有关提柯皮亚的口头传说时所说:"许多事件光看表面是不能被接受的,如果要把它们当作历史数据,就必须要重新解释。"随后,他又说:"但这种解释的原则是什么呢?"[36] 这的确是一个核心问题,他也无法给出答案。

作为历史的口头传说

　　下面的例子表明，当图像非常复杂或者出现次数较多时，俗语并不难发现。另外，仅出现一次（hapax legomenon）看起来很简单的比喻，可能很难察觉。在已经引用过的霍皮人的故事中，预兆可以看做是一个象征，因为在霍皮人的叙事中，预兆的出现非常频繁，因为这一巧合似乎过于强烈而令人难以置信。野兔是哈尼族人的图腾动物，它们适时地出现抹去了霍皮人的痕迹，以至于纳瓦霍人放弃了他们的追赶。这与（安哥拉）因邦加拉口头传说中所叙述的不同，叙述中他们的第一个国王基古里（Kinguri）是在一个非常非常壮观的景象中死去。乍一看，这并不是一个成语，但国王的名字也是他执政政府的名称，所以这个故事中的叙述也可能意味着因邦加拉废除了这类王权，J. 米勒的解释也是如此。[37] 在实际中我们没办法确定口述中的叙述是否真的是提及了基古里这个人的死亡而不是废除了他的王权。我们不知道这是否只是象征性的描述。

　　很轻易就能区分较为复杂的具有象征意义的意象。在（加拿大）塔吉什（Tagish）有关 1898 年的淘金热的叙述就是个典型的例子。这个故事讲述了白人探矿者与他的塔吉什连襟斯科库姆·乔（Skokum Joe）如何发现了金子。塔吉什人也说吉姆遇见了财神婆（Wealth Woman），她排出来的都是黄金球，而且他也拜访了青蛙的主人，而财神婆和青蛙的主人在塔吉什的口述中照例是典型的"很久以前"的故事，他们也是奇迹。第一个成语用在这是作为淘金热所代表的浓缩叙述。[38] 另外一个同样意义重要的成语被用在（加拿大）特林吉特（Tlingit）几个叙述中，讲述 1786 年第一批欧洲船只首次到达以及之后所发生的，既作为固定表达也表示奇迹。作为一个常规的习惯表达，它讲述了在不同港口的不同遭遇。第一部分讲述了船只是如何抵达以及特林吉特人是如何通过神奇的保护管观察它们，认为船只是大渡鸦（Raven），而船员们就是与大渡鸦而来的小乌鸦。对于特林吉特人来说，他们的造物主就是一只大渡鸦,在他们的口头艺术中大渡鸦是创世叙述中的核心部分。故事的这个部分总结了这种前所未闻的生物到来的重要意义,通过指向起源传说,就能够明白这种事件归于此类。从情感意义上来讲,该意象一直是正确的,因为随着时间推移,欧洲人改变了特林吉特人之后的生活方式。[39] 一方面这是由于它是一个固定表述——它甚至出现在特林吉特人的邻居海达人那里——另一方面因为它与创世叙述有着明显的联系,很明显我们并不能按照字面去理解。它是一个成语,必须对它进行解释,但如何解释呢?

(三) 解释俗语:姆贝哈(Mbegha)案例

对于俗语的解释是研究口头传说的学生目前面临的最难的工作,因为这样的解释要分成不同的层次。我们发现,通常社会学的解释是说明成语当前的意义,而历史学的解释则是成语所代表的意义,两者并非相互排斥。对这种类型的一个典型解释就是美国的 S. 费尔曼在姆贝哈案例中的处理方式。[40] 故事情节比较老套:(猎人)姆贝哈建立了(坦桑尼亚)森巴(Shambaa)王国。姆贝哈是森巴王国南部一名猎杀野猪的猎人,由于他具有神秘的危险性而被部落驱逐,随后他找到了一个避难所定居下来,且与酋长的儿子进行合作。但是在一次联合狩猎的过程中酋长的儿子被杀,姆贝哈又一次开始了逃亡。最终在森巴某地发现了他,于是他开始用肉类交换当地的农产品。因为姆贝哈比较慷慨而且善于猎杀在森巴地区肆虐的野猪,因此他非常受当地人的欢迎,随后他走遍了整个国家,最后到达了他后来的首都武格哈(Vugha)。一天夜里,他杀死了一只狮子,第二天森巴人推举他为武格哈的酋长。[41] 他对当地人矛盾的调解手段也使得当地人最终把他推向首领之路。

费尔曼首先指出,叙述的结构类似于人生成长仪式。姆贝哈很快改变了自己的地位。一方面,费尔曼将这一系列的关系确定为"作为驱逐者的英雄"和"作为国王的英雄",另一方面,又将国王和国民联系起来。对于每个组合里的一半的每个特征的说明以及它与组合的另一半的关系能解释全部。例如,姆贝哈是猎人,森巴人是农民;狩猎是男人的工作,而农业则是女人的工作。对森巴人总体而言,这些活动代表男子气概和女性气质,因此姆贝哈是强大的,森巴人占主导地位。费尔曼提出的每一步都能得到民族志的支持:有在森巴众所周知的意象,有在仪式或者日常生活中使用的意象,还有由其他的信息提供者证实的直接陈述。意象都是森巴的意象,每一个研究者在验证费尔曼的研究步骤时都可以得到相同的结果。解释的步骤是有效的,因为它是可复制的,也是可以被伪造的。

费尔曼随后展示了对当今社会的王权和秩序,所有的成语是如何表现一种意识形态的陈述。费尔曼随后指出在意识形态的陈述中并未起任何作用,反而可能会涉及事件的真实发展顺序的部分资料内容,甚至于意象也包含了确定姆贝哈是来自于其他地方并建立了森巴王国的内容。他可能跟随着所述的路线来自南方,但这其中也存在其他大量的历史因素。[42]

费尔曼的论点是可信的,但其中仍有一些不足。他没有系统地展示,随着时间推移的叙述如何从有关森巴王国建立的叙述中逐步发展的问题。然而他发现了在森巴和它的邻国讲述的一个仍然被推崇的有关原始祖先的故事。谢乌塔(Sheuta,弓之父),一个拥有神奇力量的外国猎人成为了森巴的酋长。[43] 因此姆贝哈的故事就是仿照已经存在的叙述进行设计的。姆贝哈故事中的那种图景在东部非洲是非常广泛的,据推测要早于只能追溯到的 18 世纪的森巴王国的建立时间。因此有现成的材料编造叙述,但费尔曼并没有探究这些材料,也没有告诉我们这些事情是如何发生的以及发生的原因。我认为可以将过程看成是由不同的讲述者勾勒的一个不断增加和打磨的意象,以此来整合故事并增强故事的情感基调。这个过程与故事的表演者发展核心意象的过程并没有什么不同。

（四）解释的有效性和隐性含义

不同的学者以不同的方式对俗语进行解释。费尔曼的解释属于社会学方面——基本上是韦伯式的（Weberian）。他对有关统治者与被统治者之间对比以及有关王权未受管制的部分（姆贝哈）与王权受管制部分（姆贝哈作为国王）的对比而得出的结论并不是唯一可能的解释。他的论点听起来非常合理，但是这些叙述使森巴建立起王权理论并未得到证实。在一个相似的例子里，R. 威利斯（R. Willis）从不同的社会学角度对费尔曼有关统治者——被统治者以及男人——女人之间的对立关系进行了探索。他发现了剥削者和被剥削者之间以及统治和被统治阶层之间的一个映射。[44] 我们也可以为森巴的资料找到同样的映射。结构主义的解释范围则更为深远，它们更加自由是因为不拘泥于这一要求：意象在其"文本"来源的部落中广为传播。亲属关系的"野生"和"驯服"层面的对比很容易变成自然和文化之间的对比。其他的研究者，比如米勒（Miller），并没有根据现代意义去解释成语，而是认为成语以一种凝练的方式包含过去的信息。他告诉了我们有关公牛的吸引力，这些吸引力的名字好像指向连续出现的政体，因此伦迦（Lunga）政府的时间先于恩哥拉（ngola）政府。[45] 而其他的例子并未对隐含的意义做出阐述（即除了明确表述的意义外，讲述者或创造者意图想表达的含义），但米勒做出了解释。他认为他的解释不仅仅是一种解释，而是显示出了其中的隐含之意，一些被口头传说的创造者有意加入其中的意义。

解释可以理解为文本的阐述者想要分析的内容，解释只有在内部不一致或与文本的显性或隐含意义相抵触时才是错误的。文学批评中常见解释有显性和隐性含义的区别。小说有它意图明确的意义，这也是评论家们解释的地方。但是只有很少一部分的解释与作者在写作时的意图相符。这些透露出作者的隐含意义。所有其他都是读者能发现的意义（Hineininterpretierungen），但是那些意义并不是有目的地被置于文章之中。

我们必须要揭露的就是俗语的隐性意义，它本身独具一种特殊的有效性，并且是信息中有意加入的一部分。我们如何证明所给的解释能够揭露文章的预设隐性含义呢？我们必须从信息本身找出答案，我们必须令人信服地描述出是如何以及通过何种过程以这样的方式最终用 cliché 的方式表达口头传说信息。所以我们对此进行解释，但是要证明我们对隐含意义解释的合理性。但是我们永远做不到这一点，因为我们缺少在不同的发展时期中不同信息内容的顺序。我们能做的就是提出一个尽量合理、有说服力的建议。

在霍皮人的案例中，使回忆发生改变并将其转化为部落叙述的强制力是旨在使叙述对于部落更有意义。这是通过动机的作用，通过把叙述整合到语料库以及通过美学的阐述得以实现。我认为，这种力量在这其中往往随着时间的变化不断改变着信息，并且除了美学的阐述以外，记忆的动态变化作用也引发了这种改变。

通过这些原则可以证明费尔曼的解释，认为这个基本故事被修饰以提供更多的意义，而这一意义的提供最终达到一系列表演者对王权意义的持续反映。修饰机制将是故事中使其核心意象得以扩展所使用的机制。[46] 姆贝哈是一个猎人的概念通过陈述姆贝哈可以狩猎到野猪（大多数的猎人都可以做到）而进行扩展，而农民的身份通过讲述农民种植块根农作物而变得更具体。由于野猪是（动物都喜欢的）块根农作物最大的威胁，因此他们之间农产品与肉的交换协议变得更加具有意义。正因为如此，猎人成为了保护者，而物品的交换也成为了一种真实的互利方式。在这个叙述中的其他意象都可以以相似的方式进行解释，而信息被费尔曼整合塑造后变得易于理解。我们由此可以认为解释能够揭示出叙述的隐性含义,而不仅仅是众多解释中的一个而已。

目前可以为隐性含义的探索提出几条指导原则:

1. 把信息与其他叙述、故事或口头传说进行比较以发现其是否是固有表述。因为它们反复出现,就容易发现固定模式,特别是俗语。由于在不同的环境下使用相同的模式,更加能够凸显其隐含意义。大部分的固定模式都会给出一个动机或者将一个概念发展成为表现强烈情感的意象。巴别塔的故事解释了为什么人类之间存在差异。一个讲述暴君无论什么时候从王座上起身都要杀死很多奴隶的故事告诉了我们什么是暴政。

2. 探究故事核心意象被扩展的方法(以上文猎人为例)以及判断故事的核心情节是什么。信息中的主旨是什么? 审查故事的核心情节本身是否是固有模式? 如果不是,我们就可以将其看成是故事的隐性含义。如果是,就如姆贝哈案例,我们只能显示它是如何成为这样(谢乌塔故事)并且要像费尔曼那样揭示出过去事件的细节内容。

3. 只有在所研究的文化中众所周知的意象或俗语才能被阐明,无论他们是出现在口头艺术、仪式、演说还是作为一则集体表征。群体中的大部分人至少对意象是比较清楚的。在许多社会中,通常男孩和/或女孩所经历的所谓的启蒙学校里,对以象征性话语的教育方式进行研究是有帮助的。对单个信息提供者的解释是不能接受的。

4. 对隐性含义的阐述必须要告知我们最初的口头传说是如何被改变才成为我们现在所研究的信息。即使在此并不能得到证明,真实性仍然是一个重要的因素,能让我们选出最接近隐含意义的那些解释。

5. 并不是所有的固定模式的隐性含义与显性含义都不同,他们可能被口头传说的创作者和阐述者故意如此。因此,在非洲大湖区出现一个较为频繁的固有模式,即王位的继承人在还是个孩子的时候就被拐走,之后回来并要求继承王位。这个故事掩盖了征服本身,而且以这种方式篡改有关征服的原始信息以提供继承的合法性。但是在布隆迪,大约 1900 年的时候,某个乞力马(Kilima)就用这种手法获得了王位,很明显就是因为很多布隆迪人都相信较早时期叙述的刻板表述都是真的。这种刻板表述隐藏了伪造的痕迹。它的隐性含义并不是征服,那是它的显性含义。人们应该相信的是某某国王在被拐走的时候确实是个孩子。

6. 我们不应该以先验主义假设同样的固有表述所代表的就是同样的含义。意象具有多义性和不确定性。他们的含义在特定的语境中会变得明显,且在其中会改变他者或被改变。这也适用于固有模式。这与第一条指导原则并不矛盾。不同的背景确实有助于我们发现其中的隐性含义,因为意象范围里的不同的含义构成了单一的象征性区域。

7. 有时候无法判断显性含义是否就是隐性含义,因此 J. 米勒在一个基古里(Kinguri)国王禅让的戏剧性的叙述中看到了一个有关废除王权的陈述。但是基古里可能指"王权"或是"基古里本人"。我们永远无法知道在这个语境中该词的意思。总而言之,在涉及到基古里这个人的死亡时对于叙述的理解仍是坚持以谨慎的态度对待。

8. 我们也不能假设显性意义就一定不是隐性含义,除非有迹象表明他们确实是相反的,例如存在显而易见的、无可争议的意象。

这些指导方针并不能保证所有的成语都能得出它们的隐性含义,即使我们都明白某个阐述肯定是俗语。实际中对隐性含义的判定仍充满了困难。在任何情况下,即使在最好的情况下,都无法提供准确无误的证据。俗语可能是如此晦涩、如此模棱两可、如此独特,以至于对它什么也解释不出来,在这其中最大的风险就是不惜任何代价的去"解读"显性含义。

　　这样看来我们似乎已经走到了证据规则的尽头。如果信息与书面文献相似,那么这是真的,但口述信息并不像文献,它们并不稳定,也不能一劳永逸地就把它们当作文献。他们是记忆的产物。这对于历史学家意味着什么将是下一章讨论的主题。

第六章
传说是已熟记的信息

在之前的几章中我们已经把证据的标准规则应用于口传信息。但是这些规则原本是为研究书面文本服务的，这其中有隐含的预设，即这类信息是稳定和持久的，而不像口传信息这样短暂易变。在本章中我将解决的一个主要结论是，大多数与口头传说相关的信息都不是分散独立的存在，而必须从一个统一的存储中心提取——一个只存在于大脑记忆中的存储中心。面对这种情况，我们就必须跳出普通的证据规范。

与其他各种来源的信息不同，口头传说由人类记忆中的信息构成。大多数时间里它也仅存在大脑记忆中，偶尔在有需要的情况下，这些记忆中的部分才会被唤醒。这些信息构成了一个巨大的、包括了所有可传承文化的存储中心——因为文化正是存在于人们意识中的东西。这个存储中心对于文化的延续和人类社会的代代繁衍有着重要的意义。这类记忆中的口头传说与其他最近发生的信息的区别就在于确定它们来自前几代人，就像记忆本身与其他信息的区别在于它是被大脑真实记录下来的信息，而不是幻想臆造出来的。这种确信偶尔是错的，但大体来说它们的真实性还是有保证。更重要的是，记忆不是像录音机或者电脑那种被动存储系统，记忆是一项重新塑造过去事件的活动。为了达到目的，人们不仅仅会用到某些特定的信息，而且会利用信息存储中所有

140

可用的、所需的内容,来完成这样特殊的再塑造。[1]

正是口头传说这个记忆信息的特点使记忆的信息语料库与书面文本信息语料库完全不同。这里的信息是早期的,跟书面文献之间的信息流动方式完全不同。我将在本章第一部分对这种情况导致的结果进行阐述,并在第二部分分析记忆的动态变化对信息语料库产生的影响。我将针对早期记忆难以确定时间节点、信息难以长久保存的情况,探讨其对年表制定所产生的影响,最终得出结论。

一、作为信息库的语料库

除了研究与口头传说有关的信息记录外,在本节中我将探讨存在于人类记忆中的口头传说语料库。我们想确切地知道这个语料库是什么,信息在其中又是如何流动的,这对于我们判断不同来源的口传资料的独立性非常关键。如果信息源彼此独立并且能够互证,那么所确认的事件或者情境就可以认定为切实可信,因为偶然吻合的可能性较低。因此不同来源信息间的吻合可以直接证明所记录的事件或情境是确实发生或存在的。在历史中独立信息来源是决定性的证据。

(一)什么是语料库?

1. 语料库是一个集合

信息记忆型语料库首先是指某人所记忆的内容,当然它并不是完全同质的信息,不像死记硬背的东西不能与他人混合或不能吸收某人所知道的其他信息,反而是任何其他形式的表达都可以利用整个信息库。此外,标记信息是否口头传说的精神标签看起来与特定的信息相关以及与它是如何被了解的相关。因此如果某条信息描述的情境或事件比描述者存在的时间更早,那它就被标记为口头传说,而这个信息是来自上一代人还是来自同龄人并不重要。因为无论如何,这个标记也指对记忆的记忆,即包括从其他人那里听来的信息。因而对史料信息库的输入并不限于从前辈那里听到的内容,也可能包括同辈人对于过去的评论和思考。[2]信息通常是通过协助表演而获得,但这并不是唯一的途径。在非正式的谈话中也会传播一些历史,而这种历史八卦可能与通过表演传递的信息同样重要。[3]这意味着那些非口传来源的信息,如书面文本或者外来口述材料,与其他关于历史的信息一样,也是一种输入材料。在这个信息库中,所有关于特定主题的信息都会融合在一起。

语料库不仅仅是某个人记忆的内容,因为信息是一种记忆,它不只是从一个人传递给另一个人。表演是针对所有受众的,而不是某一特定接受者,更不要说历史的八卦和其他八卦一样也是到处流传。所以在实践中,语料库变成了一个社群或社会所知道的东西,就像文化的定义一样。这个群体中所有个体,无论是 A、B 或是 N,他们了解的信息共同组成了这个语料库,而他们的知识信息有很多彼此重合的部分,谓之"共识",而 A、B 和 N 属于同一社群或社会网络。他们彼此间频繁地进行交流,这实际上就使他们针对各类事情的知识信息汇集成了信息库。[4]这种信息流的强度和频率根据不同人群的不同生活方式而发生变化。当农业家建立非常稳定的村庄后,这样的地区成为一个主要的文化单位。如果不断迁移的耕种者不仅每隔十年左右就搬迁他们的村庄,还会分裂成几个新的群体,或完全或部分地与其他定居点融合在一起,在这样的情况下定居点就不那么重要。[5]在狩猎者、采集者或牧民中,住宅的重要性要低于放牧和变迁。在某些王国中,语料库的大部分内容存在该国的首都,从那里可以影响其他所有地区,因为统治集团是所有人的参照群体,他们敬仰它,它的文化是占主导地位的文化,强加于他人,并且人们通常乐意接受。因而实际上,语料库背后的结构和社会动态是不一样的,但它总是社会公共知识信息的存储库,这些记忆也是共有的。对于语料库背后社会网络的影响,古代库巴宫廷就是个很好的例子。在 48 个被记录的库巴人的口述信息中,仅有 6 个人叙述的内容不能完全和库巴宫廷产生联系,而剩下的彼此之间都是相联系的,有时还交叉影响,比如 B 的内容来源于 A,D 来源于 C,而且前提是 D 受过 A 的影响,B 也受过 C 的影响,这样 B 和 D 的信息库实际上是相同的。1885 年以来的所有宫廷口头传说的书面记录都能适应这种网络。而且我确信,随着研究的深入,这个例子里剩下 6 个信息提供者的口述信息也能与其他人讲述的内容联系起来。

2. 语料库的特征

作为一个信息体,这里的语料库和语义语料库、词典一样,永远不会完全封闭,而总是开放的[6]。因为存在着各种社会性的交往行为,比如婚姻关系、迁徙移居等,同一社会中不同群体的知识信息很大程度上彼此重叠,但是重叠并不意味着相同。然而在现实中通过对话,信息能够随时流动,因而整个社会的文化可以被看作是一个共同的语料库。随着各群体中心的贸易往来,以及语料库跨边界的社会渗透,各种联系也超出了群体的界限。我们无法找到某个语料库的固定边界,然后走入界外的另一个语料库,除非我们能找出一条分明的语言边界,让群体之间的交流不再那么容易。

当然,这种情况也并不能保证信息库中的信息是均匀分布的。我们无法推断群体中任一成员都明确地知道其他成员的记忆信息,有些人爱好兴趣比较广泛,但有些人不是。所以那些专家、所谓的百科全书式的信息提供者、从事信息记忆工作的人或者口述历史学家知道的就比普通人多,因为他们超出了单纯的好奇心,系统地研究信息库中的历史信息。还有些专家知道秘传信息。他们会受到大众所知的信息的影响,但是没有将自己了解的那部分信息放入大众信息流通。比如在(南非)洛维杜(Lovedu),王位的父系继承人是对外保密的,王位仅在母系中传承,死刑的惩罚将保证秘密不会被泄露。但尽管如此,各代女王后裔们的秘密谱系以及她们的父亲名录也还是保存了下来。[7]我们也发现,被官方控制的信息并不意味着就不为人所知,恰恰相反,也许是众所周知的,但是宣传权掌握在一部分人手里,如果不仅仅是出于声望的原因,那还可能是为了消除相互竞争的信息或阻止信息的编撰发展。即使是不同类型的历史信息也不会彼此独立。那些被熟记的演说及其包含的信息确实会影响其他知识信息,但是记忆下来的演说本身不会吸收外来的信息。但实际上,当我们观察(第二章中提到的)库巴恩东(Ndoong)的部落标语,显然信息的篡改是常常发生的,比如信息内容的增加等。如果所记录的演说的单位足够小的话,我们还可以从恩东到比恩(Bieng)到奎米(Kweemy)的标语,直到有关雨的不同版本里看出这种信息增加的变化历程。

但是记忆语料库也的确存在一个界限,一般是由各种历史叙述、历史八卦和其他一些评述性内容组成,这些通常汇聚于当地人的意识中,形式上表现为相关的诗歌、俗语、歌曲、史诗和历史故事等。这个清单也表明边界是相对的,表明信息确实会从虚幻的世界转移到现实世界,在其他地方我已经通过布隆迪的早期口头传说证明了这一点。[8]但不管怎样,信息的流通转化并非自由无界。大体来说,"真实"的主体与其他不同,即使让表演者判断信息是否真实的唯一方式是他的记忆,而记忆受信息内容制约而非其他。同样,这个子语料库像总语料库一样交换和吸收其他信息。

(二)信息流通

在任何社群中,信息的流通都是人际交流的一部分。正式的表演和非正式的小道传闻都是信息流通的主要渠道,但实际上,任何聚众都能成为这样的渠道。从这一点看,法庭辩论、公共集会、仪式甚至葬礼上的交流都能成为信息流通的重要渠道。众所周知任何群体或人类社会的生存都离不开人际交流,同样的,它们也离不开包括口传信息在内的各种信息的交换与互相验证。而正因为如此,信息的流通往往很难解释清楚,但是这种流通也带来被历史学家所称的"反馈",即某条信息受到了其他信息的影响后发生的变化。这种结果首先在单个社会中验证,然后在多个社会中检验。

1. 单个社会

某些人知道一整套的口头传说,包括存在的互相矛盾的版本,他还能结合这些版本再创造出一个新的版本,这并非罕事。(扎伊尔)时族(Shi)口传讲述者姆帕拉(Mpara)在解释恩格韦谢(Ngweshe)国王宫廷中一名持有大酋长头衔的纳拉那(NaRhana)的历史时就是这么做的。纳拉那既是恩格韦谢的下级酋长,同时他自己也是一位独立酋长。[9] 再如学者西格瓦尔特(Sigwalt)能够在各种整合的故事中追踪到外来输入的信息,并利用它们来表明这些有关仪式官职变化的宪章神话在某种程度上反映了 19 世纪的政治变化。因而重点不在于我们知道某个版本的信息是否为杂糅而成的,而在于解释了它因何而存在,同时揭示某种仪式和政治的动态变化。它清楚地表明,一个可以称为重写的部分(或更古老的幸存部分),是指向一个更为悠久的历史情境。

那些百科全书式的信息提供者也是如此。他们是怎样处理他或她所提供的材料呢?只有当它们自信息提供者所属的处理"事实"的子语料库时才与口头传说相关。他或她会竭力获取更为全面的信息,并且摆脱信息的常规限制。历史学家们应该从他们的生活史中调查出口述者对外接触的范围,并借此明确这些人所掌握信息的真实全貌,然后才像其他的口头传说口述资料一样整理这类人提供的叙述,要留心信息的社会和地理跨度基础,以及引导这些人重构历史的特殊兴趣,这些不仅可以反映当代社会的需求,也能抓住某些被认为是历史事实的东西。

对于那些广为人知的口头传说,人们可以通过与其他人的交流来完善自己的信息,而这给试图建立书面记录或者证明材料造成了困难,因为在两次演出或采访中总是有可能获得额外的信息,而这些信息与第一次信息融合在一起时,就会改变证词。我待在库巴的最初一段时间,米克韦皮(Mikwepy)曾给我一份短短的国王名录。过了一两天,他又给了我一份内容更多的名录。与此同时他还不断从他叔父姆博普(Mbop)那里获取信息。在这种情况下,也许和他叔父姆博普直接交流会好得多,毕竟他才是真正的记忆信息携带者。但不是所有情况都是如此,因为第一个人掌握的信息可能比第二个人要多许多。最重要的是要明确某个口头传说的传播范围,并通过支撑它的群体的集体记忆来研究它所呈现的内容。

　　人与人之间是如此,当地的社群也是如此。在这里存在同一个口头传说的不同版本,也存在囊括许多口头传说的信息库,彼此之间都会互相影响。这种情况下比较特殊的是该群体与当地地标的关系。比起外地人,这些标志性事物更让他们联想起相关的叙述,或者是了解那些离得更远的人并不真正了解的叙述。例如(布拉扎维)姆皮纳·恩察(Mpiina Ntsa)的某处陵墓,对于那些只是模糊地知道几任蒂奥国王的外地人来说,也许仅仅是一个陵墓而已,而对于当地人来说,各个陵墓是彼此区别的,并且还与好几个名人有关。相对于外地人,那些住在布隆迪中部王室首都附近的人更加清楚大约 19 世纪时这里所发生的事情。[10] 当然这并不一定意味着这些信息就更为真实。事实上它们更容易受到图标的影响。尽管它们与众不同,但是值得一听。

　　然而哪怕是在一个很小的社群中,知识通常也是不统一的。很少有人会去阻止信息的自由流通,但事实上由于兴趣和背景的不同,因此实际中的记忆融合并不完整。某些领域的专业人员,比如冶铁匠、医疗人员等,他们技艺的复杂性导致他人不太能了解,而且通常这些技术知识也是秘不外传的。猎人对地形的了解和相关突发事件的记忆就比农人多得多。另外，社会阶层和等级的差别也会对信息的传播造成障碍，因为不同阶层的人不太会频繁接触。就如贵族不会知道奴隶们的口头传说，尽管反过来就不一定是这样。社会阶层导致了信息的单向流动。

　　同样，当地人之间的信息流通也会随着居住范围内人们交往的频繁程度和交往类型而不断变化。亲属群体、社会地位、专业技术、婚姻关系、贸易方式以及宗教地理等各方面的不同，都会导致这种信息流通的变化。

　　2. 多个社会群体

　　对于在某个社群或社会中的人来说，与外界联系并接受外来的信息绝不会被禁止，于是某个人、某个社群甚至整个社会所拥有的信息总量便常处于变动之中。某些失去相关性的信息渐渐被遗忘，比如大多数已故前人的生活史就湮没了，而其他信息又不断从外界进入。民俗学家很早以前就知道，有些传说可以传播到很远的地方去，传说的不同母题索引就能证明这点。[11]虽然有些母题是在世界各地独立创作而成的，但在大多数情况下，扩散恰恰说明了信息的这种分布。属于传说故事的这种情况也适用于其他信息，库巴国的两个例子就很好地说明了这点。库巴国王的口号"他不是点燃自己的房子，而是点燃别人的房子"看起来并不准确。而在讲另一种语言的邻国卢卢阿（Lulua）也有这样的标语，在那里这句话是和一个叫洛绍·安唐德（Losho antande）的名字联系在一起。库巴国的这句话是从卢卢阿翻译过来，相比库巴版，卢卢阿版本就十分恰当了，因为洛绍·安唐德（村庄之火）这个名字就是以此来解释的。[12]在卢卢阿和开赛的卢巴还流传着"小老太"法师的传说，在他们的语言中"矮小的老人"被称为"kakashi kakulu"。一些库巴国族群把这个词转化成了"Kash aKol"，并把她奉为当地原住民的女祖先。[13]由这两个例子可以看出，不同语言之间的传播没有受阻，虽然有时不可避免地导致信息的误解。

作为历史的口头传说

（1）散布信息

关于信息传播最广为人知的例子就是信息散布和讲故事。在第三章中我已经举过"垫子下的陷阱"这个例子。这个故事当然不可能是由中非大草原各王国独立创作出来。[14] 故事与其中的主要王国的联系并不能解释这种传播。这个故事生动地展现了地方酋长是如何以及为何与大酋长决裂，如果想要解释他们的胜利，这样的故事就能派上用场。同样，《巴别塔》的故事在非洲及其他地区的传播也不能归因于各地独立创作。[15] 很多时候这种信息传播快且远，尤其是圣经故事的传播远远先于传教者的行动就可证明。所以我们在卡赛的库巴国和沙巴的隆达国都能发现当地流传着诺亚醉酒的故事，这种情况在本世纪初或更早以前就出现了。这个故事唯一可能的来源只能是刚果王国的传教团体（1491 年后），且更有可能是来自奥坎加（Ocanga）的传教者，因为它是通往开赛的某条主要商路（存在于 1595 年到 1640 年间）的起点。[16]

人们也许会问为什么要借用外来的信息？在流动传说的例子中，也许是因为意象表达了一种动机，也因为这种意象使得概念具体化了。国王坐于王位上，两个奴隶跪伏在他两边，国王两手中拿着的长矛尖端指着他们的后背，当国王支撑着长矛站起来时，两个奴隶就被刺死了——这里描绘了一幅深刻的暴君图景。在某个村庄中，因为地方太大，人们不得不给小孩子的脖子上拴上铃铛以防他们走失——这就描绘出了一个城镇的概念。[17] 有时候，人们借用外来的某些信息也是因为它们正好可以用来描述某种已知的事物，发挥一种"启示"的意义。比如库巴人认为他们的祖先起源于大河的下游地区，到了 18 世纪，从远方来的（安哥拉）因邦加拉商人告诉他们关于大海以及远方的奇景以后，他们对于自身起源的认知就更为具体了，这是一种对于已知知识的更新再塑。有时这种外来的信息也恰好与"当时"的情境相关，而这种情境很快就会成为历史。比如同样的因邦加拉人借用叙述描绘第一任国王基古里;而这位国王细究起来是来自隆达国,这样就有利于他们与隆达国开展贸易关系,这也解释了向他们开放的全新的世界,以及通往隆达国商路的意义。[18]

（2）反馈

对于信息的关注以及有时对信息的渴求不会因其最终的来源问题而受阻。当书面记载的信息内容传播开来后,听到之人就会接受,就如诺亚故事的例子所示。当社会中开始应用书写时,只要读写能力并不普及,口头传说就不会因此而消失。[19] 相反,人们会把书面信息吸收到他们的口头传说中,就像文字工作者会吸收口述信息到书面写作中。这种传播转化交替发生并延续了几个世纪。D. 海涅根（D. Henige）是一位非常关注书面材料对口头传说影响的学者,他用了一个术语"反馈"来形容这个过程。[20] 在研究了从世界各地搜集的证明材料后他总结出:"完全纯粹的口头传说不复存在,就算有大概也是在像亚马逊流域、菲律宾群岛和新几内亚这种最偏远的地区。"历史学家应该充分意识到这种传播转化以及从书面材料借用来的信息,这要求他们认真考察所研究的社群中可获取的所有书面材料信息,特别是和他们研究内容有关的那些材料。

书面材料对口头传说的这种互动也适用于其他来源的信息。有时考古遗址的发现也能被整合进口传信息中,或被视为对后者内容的扩展。比如被卢旺达人和来自北方的布隆迪人视作当地先人遗迹的某处遗址可能与早期伦吉（Renge）人有关,而伦吉就是对在此之前居住的上一批种群的称呼。把位于乌干达比戈（Bigo）的大型工程遗迹与一个早期王国首都联系在一起的猜测,尽管与所谓的茨韦齐（Cwezi）王国有联系的推断是因为书写茨韦齐的作者的猜测反馈到口头传说之后才形成的,但同时也来自有关比戈的书面和口头材料。[21] 考古学家们应该像口述历史的学生一样对反馈保持警惕。

作为历史的口头传说

很多其他来源的信息,如历史遗址、语言文字,甚至是地方风俗等都能产生反馈效应。基于某个地方、某处遗址、某个名字或者某种风俗推断出的信息有时令人如此信服以致被人当作真实历史而接受,并添加到口头传说的信息中,而原始材料反而成了对该信息的有力证明。例如附近村庄的库巴人认为自从建国后第一任国王任命了一些只会歌舞的人之后,这片地区就开始萧条了。有人会认同这种观点,因为该区域确实衰弱了。实际上,一旦找到这种对萧条的"解释",有关跳舞的信息就作为一种添加而进入相关叙述。

3. 捕捉信息流

更好地了解什么是记忆语料库以及它是如何囊括各类信息的结果之一就是我们能用它来规划信息的收集。如果收集口头传说的地方每个人都知道并能讲述口头传说,那么问题就在于要知道从哪里开始以及在哪里停止。原则上所有已知版本的口头传说都应该收集起来,但是要收集齐所有表演的材料显然是不可能的,更不要说所有潜在未知的表演了。但是我们可以在取样研究之后找出当下信息流通变化的主要因素。大体上我们要考虑到社会群体内部人际交往的频率和密度,找出这些交往内容的性质(贸易、宗教、亲戚、婚姻、政治关系等等),找到历史遗址所在地。另外,相关的特殊人群以及外来人群,比如不同亲族、不同阶层以及不同年龄层的人都值得我们注意。在对各种类别的关系进行取样调查之后,我们就能明白哪些是信息流通变化的普遍方式(例如传说故事),以及哪些是限制特定的口头传说类型的方式。通过这个方法,对于记忆语料库的理解就能帮助信息收集。同样这也是回答以下重点问题的一个关键点:各种信息来源的独立性如何?

(三)口头传说的互相依存

在对菲律宾群岛的伊隆戈(Ilongot)进行调查研究后,R. 罗萨尔多(R. Rosaldo)认为:"口传史料最适宜用交叉的证据来进行解读,而不是通过对某条证据进行内在考察来完成。这一原则要求把针对某一事件的所有可能的记录材料都要收集起来。"[22] 同样的,P. 汤普森(P. Thompson)在他的《过去的声音》(The Vioce of the Past)一书中也建议,应把各类相似的信息全部收集起来,如此访谈就几乎成了调查问卷。如果各类信息收集的结果相互印证,我们就不需要更进一步的证据规则了,但这也引起了关于"古代与现代"的争论。当代的历史学家们更多的是埋头于各类文本材料中,他们拥有如此广博的资料库,因而他们觉得应该认真研究所有文件的内容,找出其中可以证明或者证伪的材料,有关的问题自然而然会找寻出来。他们所需要的证据规则是可以广泛适用于各类信息数据的:人口记录、人口普查、警察记录以及其他各类信息。这种方法在大多数时候适用于各类情况。这些信息来源独立,可以彼此证明或证伪。而中世纪研究家或古代史家拥有的材料就非常少,他们不得不在材料中尽力一点点找出所有所需的信息。所以他们把这种证据规则运用到了极限,尤其是在对于材料的内在考察上。研究较近代的口传历史学家拥有的材料大多来源于记叙性的回忆内容,这些材料尚未标准化,也没有像其他信息那样在社群中广泛传播,这种情况在一定程度上就可以使用汤普森和罗萨尔多推荐的方法。但是大多数关于口头传说的研究并不能适用这种方法,因为信息来源不再是独立的,它们也不具有"证明功能"。

记忆中保存的信息库及其相对自由的流通意味着我们不能简单地认为来自同一族群或同一社会的不同叙述者所提供的史料证据是真的彼此独立的。这一点至关重要。在历史上,只有当两个来源独立的史料同时证明了某一事件或情境后,史料的证据性才得以成立,[23] 但是在大部分情况下只有口述资料的时候这种证据性是无法达到的。独立证明是一种证据,因为针对同一事件或情况出现两份不同的叙述的几率几乎为零。如果这种情况存在,那也一定是因为数据本身就是存在的。如果只能找到一位证明者，那么该事件或情况也许就是臆造出来的，或者被扭曲得面目全非。从我们刚才所讲的内容来看，在有语料库存在和信息流动未被阻止的情况下，口头传说是不可能做到这一点的（即在大部分情况下）。信息的互相反馈和杂糅是常态，研究的问题距离现在越遥远，这种规律就更为明显。在处理超出社区现有的最老的长者的年龄的历史时，这种规律的影响不可避免。

这条规则的可靠性程度如此之高以至于当一个人在这种口头传说中找到了一致的证据时，人们就必须假定他们是相互依存的，他们是对同一个口头传说的呈现。A. 德利夫雷（A. Delivre）在对马达加斯加的风俗进行考察之后，首次提出了这条规则。[24] 比如没人会觉得三卷马太福音是彼此独立的信息，哪怕他们的作者并非同一个人。无论从宏观还是从细节来看，它们之间的相似点都太明显，我们可以认定它们起源于同一口述历史环境下同一社会群体的记忆语料库。意识到这点后，我们也能将这条规律应用于第四卷约翰福音中那些与其他福音书相吻合的部分。这种情况对口头传说而言是常态。我们只需要补充一点，证明其独立性就是去证明一个消极的未实现的事，这在任何情况下都是出了名的困难。除非是极为罕见的情况，我们发现来自口头传说的信息当与同一事件或情况相关时，它们是相互依赖的。我们甚至不敢宣称无意识的证据可以证实有意识的和蓄意的历史，就像普韦布洛（Pueblo）印第安人通过屋顶进入房子的案例那样。有意识的叙述可能会借鉴传说故事中被发现的某些细节，但也许刚好相反：就像一个聪慧的表演者会加入地方色彩（couleur locale）。但在这种情况下，我们还是宁可把这些内容从我们的无意识史证中剔除出去。

那接下来该如何做呢？历史学家们应该尽量运用一些外来的，已经被证实其来源独立性的信息来完善他们的口述史料。这就表明口头传说应该与书面记载、考古学、语言学或者甚至人种学等的证据联系起来,它能够证明其他资料,反之亦然。这并不意味着书面记录就是比口述史料更好的优先证据,也不是说被书面材料验证的口述史料是无用的,因为在这种情况下书面材料也能被口述材料所证明。这表明的是,当书面资料和口头传说汇聚在一起时,它们都是证据的一部分。与只有一两份可用史料不同,现在证据的可信度已经具有完全不同的顺序。

如果口头传说不具备独立证据性,那么我们最好把它当作一种"试用阶段"。这样的证据并不是毫无用处的。它们也会有一定的真实性,可以构成一个事先需要进行测试的假设,然后再考虑其他假设。于是这些口述史料就提上了研究日程。[25]

二、不同时段的记忆型语料库

人类记忆对其包含的休眠数据总是持续无意识地或者非常缓慢地发生作用。但是显然,回忆的活动和对听到的东西的记忆编码显然是记忆动态起作用的主要时刻。口头传说是对记忆的记忆。它们必须要呈现每一个内容,然后由听众以及表演者对其重新编码。口头传说的先决条件是记忆的缓慢而合理的频繁重组以及更动态的重组。这就是集体记忆的重要性。在某种程度上,所有记忆都是集体的,[26] 但是口头传说中的人类记忆尤为如此,因为不同的人听了某个口述后,之后有可能会以自己的方式转述。事实上,早期的讲述者也常常会变成后来的聆听者。这种集体的特征很重要,因为它意味着对记忆里的休眠信息的变化重组更加迅速,即使是处于休眠状态,记忆也会随着时间而改变,因为外来的新鲜信息不断输入,要与旧信息共存,并且迫使重新评估和重组旧信息,在信息重复的情况下甚至还会消除旧的信息。至少对于口头传说来说,群体记忆的信息输入比个体记忆更强。口头传说的记忆在任何时候都比个体的记忆更为多变。

这对记忆语料库也会产生影响。我们首先要记住随着时间的流逝,记忆语料库并不是一成不变的。在第一章中我就已经阐述了几种信息传播的模式。人们常常需要死记硬背记住记忆型口述资料,且记忆动态变化对其影响与对处理真实性的那一小部分不同也不一样,无论如何界定,这个部分的真实性都是复制的一个条件。没有该条件的叙述会改变很大(且更快)。这样就产生了像列表之类的积累型的文体,随时间的推移而增加的仪式记忆,以及世系族谱等。这些必须通过信息整合以及在岁月流逝中不断地"改变"以达到修正。事实上无论何时,任何社群的记忆语料库都不是同质的。信息会随着时间流逝而通过不同的渠道以不同的方式传播,不同渠道之间的交叉流通在任何时候都很常见,只有在遇到各类保密的知识、文体等才会受到一定的阻碍。很有必要强调这一点,因为我们首要探讨的问题就是结构主义,结构主义者认为记忆语料库除了会增加体量(至少增加叙述),其他都是同质的。

在此,必须先探讨一下结构主义者的理念。他们认为口头传说中特别明显的结构方面的影响不是因为记忆的动态变化,而是出于人类思想的其他一些过程。在此首先要阐述这些结构主义的观点和步骤,然后以此引出对语料库结构和结果的讨论,并提出历史学家应如何应对。

(一)结构主义的谬误

1. 假设与理论

结构主义者认为结构是在各类叙述体中发现的,因为人类的大脑,至少是未受过训练的头脑,在不参与其他活动的时候会创造神话(象征构建)。[27]这种思维下的语料库或存储库非常广博且完全同质,因而 C. 列维-斯特劳斯(C. Levi-Strauss)能够在加利福尼亚或者俄勒冈州,甚至巴西中部地区发现部分理性的象征训练。

这个存储库仅受到某些共同的历史起源的必要性的限制，如所有美洲印第安人都有相同的起源。人类大脑会通过建构起来的象征系统来交流一些隐晦信息，这个象征系统是有关人类生存环境的令人痛苦的基本事实，即攸关生与死、自然与文化等事项。这种象征性的信息总是首先通过相反的方式提出一个基本的令人痛苦的悖论，然后通过提出另一套与第一个转变相联系的相反意见来缩小其各项之间的差距。因此，"生食"和"熟食"就是一个"自然"和"文化"的变体。对立最终并没有消失，而是它们之间的鸿沟缩小了，同时一个调和的意象也产生了。因而"烤肉"这个词可能就是与"炸木薯片"相反的一个调和性的意象。[28] 这样的虚构没有结论，因为它并不能真正解决人类的难题。而整个交流必须隐而不显的原因，就是因为有意识的讨论太过困难了。以上所述显然是一种弗洛伊德式的解释。于是结构主义者们致力于研究潜意识信息，并把这些信息和文学、绘画等艺术性的活动联系在一起，试图找出潜意识信息。他们把人类意识设想成一个类似于机器一样的东西，由各种对立的二进制编码加以运作，而完全不把这种象征性建构与人类的记忆联系起来。

在这个层面上，批评者指出语料库并不是如想象的那样是同质的。事实上这种把人类意识类比成机器，并且会产生多余能量以待处理的弗洛伊德式类比已经被驳斥。由于这种类比是基础，因此那些建立在这一理论基础上的结论也就没有任何效用。其实对象征最好的解释是它是一种记忆能力的应用，是一种创造性的编码方法。[29] 被唤醒记忆的事项不再依循记忆代码所需的提示或标志，而是依照其他标签属性，比如颜色、气味或其他附加特征。象征是和记忆类似的活动，但是该活动并不是为了回忆，而是通过类比推理创造出新的知识。批评者们拒绝接受那种由一系列对立组构成的死板逻辑，这种逻辑正是列维-斯特劳斯展示的人类思维法则。他们认为列维-斯特劳斯并没有在他的著作中证明他的法则,其他结构主义者也没能证明。他们认为结构主义者的操作程序只能建立在研究者构建的联系上,也仅仅对研究者自身具有效用。这种程序缺乏科学性,因为它们不能被他人重复再现或改造。[30] 对此,我们必须更加深入地考察结构分析的过程来确认这种批评是否公正。如果批评是公正的,那么无论其假设如何,结构主义便宣告失败。

2. 分析的程序

作为一组操作,所使用的程序只是使用了对立组,而排除了其他人类大脑中用以分析问题的关系特征。[31] 它们的过程大致如下:

(1)在文本中建立象征意象之间的对立组,使得对立意象之间的"关系"产生意义。对立的意象之间整体的相似性越大,它们之间的关系就更为清晰,意义也更为简明。因而"家猫"与"野猫"的建构就优于"家猪"与"河马",尽管它们都是指"家养的"和"驯养的"这组对立意象向。

(2)建立对立组之间的等式,使得 ab 对立组和 cd 对立组可以写成 ac 对立组等同于 bd 对立组。因而"自然"与"野猫"对立组等同于"文化"与"家猫"对立组,或者更发散一些,"河马"与"野猫"对立组等价于"家猪"与"家猫"对立组。

(3)类似的等式之间可以形成一种转换。如果 ac 对立组和 ef 对立组都等价于 bd 对立组,那么 ac 对立组可被 ef 对立组替换。比如"家禽"与"珍珠鸡"对立组以及"家猫"与"野猫"对立组都等同于"家猪"与"河马"对立组,因为所有家养动物与同类的野生动物组合都符合这里的对立意义。

(4)运用一种或多种叙述手法,通过会产生新的质询的转换建立起各对立组的顺序——"家禽"与"家猫"的对立与"鸟类"与"哺乳动物"的对立——这样也就产生了一系列调和的意象对立组。如果以这种分析来处理布拉柴维尔蒂奥地区,我们就可以把翅膀完整的野生鹤类(nkwuu)和翅膀被修整过的短期养殖食用鹤作为对比组列举出来,并与"野禽"与"珍珠鸡"的对立组形成对比。在欧洲的案例中,我们就可以用"海鱼"与"淡水鱼"的对立组来和"池塘里的鱼"与"鱼缸里的鱼"做更进一步的对比。

这种分析的最终结果应该首先是对所选文本的完整解释,然后最好是对语料库中的所有叙述的解释。在分析过程中语料库依然保持着开放状态,并且研究者还可以吸收来自其他领域的,比如典礼仪式或文化艺术中的象征意象。

综上所述以及结构主义者的实践内容,该程序的限定规则如下:

(1)对比只在对立意象中进行。

(2)对立组不允许三个或多个意象存在,只允许二元对立。

(3)所有意象等式必须对称,精确决定了在对立组和等价组合之间的选择。

(4)任何不存在真正对立关系,或者不符合客观世界基本矛盾的对立组及其变体,在事实上是无效的。因而"太阳"与"金星"对立组,以及"月亮"与"金星"对立组都等价于"大火"与"小火"对立组,但是我们不能说"太阳"等价于"月亮"。

(5)所有信息数据必须来自同一历史文化背景。[32]

我们应该注意到,意象之间的联系可以基于表示者(意象)的性质或者受指物(意义)的特征来构建。此外,叙述中意象的选择并没有限制。我们可以选择在叙述中并不显要或占主导的意象。

结构主义的分析推理是建立在类比上,其目的是明确程序指示中的过程要求。但是类比推理既不是通过缜密推理得出的,也不是通过假说演绎法来论证的,该分析过程也无法复制。比如研究者运用该理论对北美印第安人的民间传说"星星丈夫"进行了七次分析,竟然得出了七个不同的结果。[33]这种分析过程没有得出明确的结论,也没有带来需要关注的问题。通过对著名的阿斯迪瓦尔(Asdiwal)的故事的重新审视显现出来,之所以著名是因为这是对列维-斯特劳斯的结构主义分析的第一次验证。有人认为该论证缺乏(加拿大西北地区)钦西安人(Tsimshian)在人种学上的证明材料,因而其得出的结论也缺乏根据。在分析过程中,信息有时会被歪曲而失实,分析无法解释信息内涵,读者也无法了解作者的真正主张或者他想要证明的内容。[34] 再者,该分析是从文本入手的,信息的某个版本就代替了其他所有版本。这点当然可以辩解,但是只研究信息的一种版本而排除其他版本还是缺乏说服力。最后关键的一点是,这种分析无法伪造,因为民族志的有效性是不相干的,话语是无意识的。故事涉及的文化中的成员是否赞成无关紧要,所有可验证的是所使用的意象是否真的出现在文本中。某人的创造是任意的,无法伪造。

抛开这些批评,我们还是能得出结构主义的假设和目标,但是其分析过程依旧是无效的。它们不具备可复制性和可模仿性,因而不具有学术价值。当然如果忽视其失实的分析过程的话,这种分析实际上是创造性的话语,只对创造出它们的人有效,目的在于说服他人而不是用证据证明。[35]

(二)结构化

正如任何信息都是被构建的一样,如果仅就交流需要来说,那么口头传说本身也是如此。各种传说故事的周期性的循环重复就表明了这一点。因而我们常常在欧洲的故事里会看到狐狸的身影,在西北美洲的传说里看到渡鸦的出没,在东非的故事中看到野兔的踪迹。这些意象出现在各种各样包含了其他意象的故事里,有些是动物有些不是。人类法师,比如布隆迪传说中的萨曼达里(Samandari),库巴故事里的图摩尔·洛克韦(Tooml Lakwey),以及荷兰和德国故事中的季尔·乌莱斯皮格尔(Tyl Uilenspiegel)等,都是这类重复出现的关键意象。在史诗传说中,那些主角们就像吸引周围金属的磁石一样处于一种核心地位。这些例子都说明了人类意识对信息的重组。

但是结构化现象在储存某些史料的子语料库中更为明显,也常常能得到验证。[36] 在这类记录中的个人事迹是零散地表现出来,而不是像大型的史诗传说中那样普遍充满了大篇幅的集中描写。有人也许会想这如何可能呢?这种结构化是怎样产生的呢?卢旺达的例子可以帮助解释这一点。卢旺达各代国王的生平经历都是作为零散的事迹进行记录的,很多国王的事迹都是分散的记录,并没有作为一个整体叙述来讲述。[37] 但是所有的伊比蒂克雷佐(ibiteekerezo,一种卢旺达口述叙事)合在一起被构建,首先是按照默认的统治时期顺序,然后是按照国王的不同类型进行信息整合。国王的名字形成四个一周期的循环,并且每个名字被赋予了特殊的命运意义:例如 A 是征服者,B 是不幸者,C 使国家兴盛,D 严明法纪。这种君主名字的分类和部分模式化的现象是前殖民地时代的留存,因为它们产生在王朝诗歌中,其中最晚的发现在 18 世纪,并且这种现象在皇家典仪中也有体现。[38] 所以不管表现形式如何,这些记录是有人有意识地整合在一起的,而王朝诗歌的确也是把它们作为一个整体来对待。结构化是一个事实,这反映出人们会反思他们掌握的所有信息,而不仅仅是任何表演中出现的某一个信息,尽管他们并不会即刻在叙述中把信息整合出循环规律,也不会随时随地回忆起所有叙述中的内容。

这是不是人类思想在寻求自己的话语时产生的一种神秘特性呢?几乎不太可能。它是由于记忆的动态变化,外界新信息的输入导致群体记忆的持续活动,也是由于信息内容被记忆、传播、再记忆,就产生了这种现象,[39] 并不是说有一个汇集各种记忆的大脑在运作,而是有一种群体记忆在发挥作用。就像 E. 利奇(E. Leach)在对英国都铎王朝的研究所证实的,它是通过记忆选择来发挥作用的。他在此展示了一个学者如何通过记住亨利七世和伊丽莎白王后的反对者,然后插入爱德华、玛丽王后和亨利八世中以此来记住王朝继位者。利奇认为所谓史诗传说就是历史口头传说的发展总和,这种说法正中要害。[40] 他的例子不是为了说明所有研究都铎王朝的学者都会这么做,而是为了证明信息选择原则的类型。

观察比起那些存在于集体记忆中年代久远的史料,年代较近的材料,比如零散的历史传闻,回忆录等等,其结构化的程度就要小得多,这就直接表明结构化与记忆有关。

信息重组的重要性对于历史学家来说显而易见的。在重组中,有些信息被剔除,有些信息被赋予新的含义,某些次要的因素被舍弃,时间序列划分更严格。材料可以从一个背景转移到另一个背景中,根据主题进行"逻辑性"重组或者压缩。罗列这一过程的各种影响就能了解过程如何操作,出现怎样的迹象,涉及了哪些内容,又有哪些内容未涉及等这些问题的重要性。

(三)口传叙述的结构化

重构过程对于口传叙述的影响是最大的,并且最影响历史记录的子语料库(叙述被视为是真实的),因为这些叙述都是同一个话语的一部分。从逻辑上而言这样的口头传说属于同一类,共存于人类记忆中。任何此类研究的首要任务就是明确信息结构化的程度。年代较近的零散史料片段不会受到结构化影响,某些历史八卦就是典型。它在大量简短的真实信息中处在一种零散的状态,如"X 与 Y 结婚了"或者"A 村庄曾经建在山脊上"等,而且大部分只与小群体有关,年代也较近。这类信息经过几代人以后大部分都会被遗忘丢弃,显然它们也并没有经历结构化。第二个任务是考察史料记录的不同版本。类似关于人类起源的大部分史料版本比较少且标准化程度高,特别是那些众所周知的口头传说,其记忆过程经历了很长的时间。这些叙述已经达到了稳定的程度,表明结构化达到了其目标:使其成为最重要、最令人难忘的叙述。

当不断产生不同版本且不仅仅是用于明显的社会功能时,就意味着记忆过程仍然在发挥作用,此时对口头传说的影响还很有限。此外经过结构化的方式看出实现更大意义的方向通常也是可能的。最后,研究人员在对信息重组进行评估时,还会考察该史料被记住的时间。但这个时间是难以精确化的,因为对时间的测量不可能十分准确,并且记忆的动态变化也不是稳定匀速的,但是还是存在一种大概的、现成的对应时间。我们可以预见到,相对于只经历了一两代人历史的某些史料,那些经历了五代人甚至更长流传时间的史料受记忆变动的影响更大。对于特定叙述的任意重组的限定可能存在也可能不存在。

在第一章霍皮人的例子中我们可以看到,信息是在事件发生约半个世纪左右之后进行信息重组,但是我们无法知晓一个世纪后这个故事会变成怎样。然而我们可以合理怀疑信息筛选和结构化的主要过程一般发生在信息传播的第一二代人中,因为那时大部分信息就被剔除丢弃了,剩下的那些被整合进了旧的口头传说中。另一个霍皮人的口头传说证明在口传的创始阶段后,结构化的进程是非常缓慢的。比如 16 世纪 30 年代关于西班牙人到来的叙述仅见于 1902 年及以后的材料中,在与 17 世纪的书面记录进行对比之后可以发现,它们的重组方式和程度与有关"纳瓦霍人的袭击"这个故事一样。由此看来,叙述中 1680 年最后的事件发生后,结构化的过程停滞了近一代人的时间。[41]

子语料库中出现某种明确的模式时,信息的结构化就可以被辨识出来。"浮动缺口"几乎存在于语料库中的任何地方。比较近代的时间段内存在很多信息记录,时间线向前浮动时记录逐渐减少,直到回到起源时期又存在许多重要信息。

这种结构就好比一个沙漏。在起源时代和之后的非常稀疏的记录的结合处,通常有一个时间间隔。人们称其为"浮动",是因为随着时间的流逝,它会向着现在的时间推进,这就意味着那些早期的信息记录会被逐渐遗忘,或者和前后时间段的信息整合到一起。另外,创世英雄的存在也是信息结构化的另一个表现。纪年的存在也是如此,即人为排列的事件顺序,如国王在位的时间先后,不同创造物的承继顺序等等。结构化最明显的表现就是具有不同特征的不同事物按顺序排列起来,或者奇闻轶事按主题分门别类,每个主题自成一系,或在记录中与其他内容相间存在。

例如以布干达口头传说为例:布干达第一个国王金图(Kintu,寓意"万物")是从东方天国降临人世的,他创建了布干达王国,却因为杀死了自己妻子的情人而消失。他的两个儿子有一个也失踪了,剩下的那个儿子茨瓦(Cwa)继承了王位。这位国王在位时错判他儿子卡莱梅拉(Kalemera)与他的妻子通奸,就把卡莱梅拉流放到了西部地区。好不容易熬到了流放结束,卡莱梅拉却死在了归途中。与此同时,茨瓦也因为惧怕金图的归来而失踪了。于是布干达人推举了几任摄政王代理政务,在得知卡莱梅拉在西部流放时所生子嗣的消息时,他们便将其迎回了国都,此即为基美拉(Kimera)国王。基美拉创建了行政机构和各公职部门,并在不同的首都居住。他还派遣人员去东部地区考察畜牧状况。调查人员死在途中,其儿子认为国王基美拉应为此负责,因而杀死了国王,而凶手坦波(Tembo)便成为了下一任国王。后来坦波的妹妹怀孕了,传说让坦波妹妹怀孕的人会成为下一任国王,因而妹妹的身孕与王位继承联系了起来。因为妹妹的这番事情,坦波后来便发疯而亡。

我们首先要注意的是,在每个序列中,对于每个国王,都有一个与王位继承人有关。因而整个的王朝故事,实际上涉及到了四代以上的国王,存在于同一个连贯的故事中。另外还要注意故事的模式。最明显的是:金图来自东方,是王国的创立者,最后消失;而基美拉来自西方,创立了王国的行政机构,死于他杀。金图一脉的统治一直延续到基美拉的到来,因为是他终结了茨瓦的统治。茨瓦与金图类似，他们的故事中都包含通奸的内容：一为真一为假，一个是通奸导致的失踪，另一个的失踪却与通奸之事无关。此外坦波和基美拉的对应也很明显，基美拉是在流放中诞生的合法继承人，并继承了王位；而坦波是叛乱起家成为国王。基美拉被谋杀；而坦波是发疯而死。如果我们仅看国王们的结局就能发现，金图和茨瓦失踪了，摄政者被废黜，基美拉死于谋杀，坦波发疯，坦波的继任者后来年老退位，继任的国王又死于从天而降的疾病。老前任只得回归，以很老的年纪死在位上。后来的两位国王有相似遭遇，均死于战争。当最后一任国王死后，第一王朝就灭亡了。

　　R. 阿特金森（R. Atkinson）追踪调查了这种模式以及其他故事的结构形式（不合法的性关系常常是这些传说中的突出内容），并记录了结构化的整个程度。但遗憾的是他的解释受到了结构主义研究潮流的影响，产生了偏离。[42] 在其中发挥作用的过程，如果仍然可能的话，仍有待完成。而我们可以看到，因为留下来的主题很少，结构化中信息筛选的过程十分严格，正因如此我们能说的不多。从历史角度来说，我们目前仅知的是历史上存在过一个与后世王朝无关的第一王朝，而这片土地也曾被西部来的侵略者征服过。所有故事的主题都与王权的属性以及王位的继承有关，这点是很明确的，但这些还远远不够。只有通过更深入的研究，我们才能更好地明白信息筛选的原则。在这些历史记载中，有一些故事融合可能来源于书面文本和口头传说的交流传播，但我们不知道这其中有多少是在以前的某个阶段发生。

　　布干达的这个例子针对的是模式如何识别出结构化，所发生的主要是信息的筛选和重新排序。信息的筛选取决于信息本身对当时（信息筛选发生的时间段内）社会和文化环境的重要性，而这种筛选也会，或者说也理应随着时间的流逝而改变，以推动更深入的信息重组。因此，F. 埃根（F. Eggan）在过去的评论中发现，自从

作为历史的口头传说

大约 1856 年在第一梅萨（First Mesa）"角"氏族驱逐了统治的"蛇"氏族之后，霍皮人就对一些口头传说进行了重组。角族现今已经移居到了早期部族的起源传说里的第三或第四位，而有关他们到来的传说被夸大了。传说他们带来了风笛祭礼以控制降雨，对于霍皮人的干旱土地这种技能有很重要的意义。[43]

　　信息的重组包括通过融合按照主题重组资料，正如所有伟大的创造都归功于文化英雄，[44] 或者也涉及模式化的再分配，就像早期布干达宫廷中的通奸主题。事件的顺序被人为修改，其先后次序也因为模式化排列的信息而更容易记忆，这种模式化排列是人类意识中最基本的模式化方式，往往通过对立事物的并举，或者明显的前后联系表现出来。众所周知的记忆的特性也在此发挥着作用，其中最重要的一点是，对于具体事物的记忆比对抽象事物的记忆更容易。一个具体的事物是可以直观感知的，它可以在信息录入时进行双重编码，而其他的只有单向联系。[45] 通常人们记忆具体的图像或习俗也比记忆它们代表的观念要简单得多。这或许能解释为什么随着时间流逝，具体的图像和习俗会变得越来越突出。此外，比起其他手段，图像可以高度浓缩需要表达的内容，因为它们是信息融合的最终表现。重复和无规律的信息是很难记忆的，因为后发生的事情容易与之前的事件相融合，尤其是当信息无规则可循的时候，比如各代国王的名字顺序就难以记忆。首先模式化的过程会先去除这些问题，除非能够运用强有力的记忆方法，比如在前任国王和其继任者之间建立联系。其中对数字的处理是最糟糕的，它们既抽象又具有重复性，因而在口头传说中都很糟糕，数字被模式化表示为"完美""很多""少数""不详"等。最后，人类记忆会不由自主地构建一个连贯的叙事。[46] 这就导致人们会对同样的主题不断地进行结构化使之在文化的世界观中变得更加有意义。上文布干达人的史料就是个很好的例子。每条信息都与其他信息联系在一起，不存在零碎的资料，而且很少有随意设置的内容

（比如提到过的关于牛群突袭的记载）。总而言之，记忆的动态变化对古老史料的影响是非常巨大的，因而也成为我们研究人类记忆和意识活动的极佳素材。

（四）结构化的影响

结构重组对历史信息的影响是非常巨大的。这一过程中，时间的转换频繁发生，融合阻止了信息从被融合的初始元素中分离，信息筛选的过程中一部分信息被剔除，信息的重新排序以及具有因果关系的文化观念的作用又剔除了一些次要的内容。那么这样的信息记录还能给历史学家提供什么价值呢？首先要意识到的是我这里所描绘的图景是较为极端的。在现实中，无规则的信息仍是广泛存在的，并且能够证明特定的传闻轶事是建立在历史基础上。其次，我们在建立模式时要非常谨慎，应坚决防止主观臆造的情况。而且客观存在的事实也往往不是产生于记忆的动态变化。王国的创建者往往是具有强大人格和武力的人，而他们王位的继承者们通常被赋予组织者、管理者和立法者的形象。都铎王朝就是一个真实的例子：先是一位拥有众多妻子的强大国王（亨利八世），而继任者是一位孱弱而不曾婚娶的少年（爱德华），再下一任国王是一位柔弱的女性，但她的丈夫很强势（玛丽），然后又由一位终身未婚的强势女王继任（伊丽莎白）。如果我们把这种叙事简化成拥有多个妻子的强势国王的王位最终传给了终身未婚的强势女王，虽然看起来遗漏了很多历史要点，但是其剩余的部分还是大致真实的。简而言之，在这些王位继承的记录中，人物之所以被赋予特定属性，是因为这与主要人物的部分生平历史是相吻合的。我们可以确定的是，在进行信息重组时借用了其他事件中的一些内容，并且让信息通过类比和对比互相影响。但是历史学家对史料作出的解释必须建立在对该史料所有细节的综述上。除此之外，我们必须承认在口头传说中，模式化材料是最弱的，不能被作为重大历史重构的基础。

当我们对史料进行仔细的考察之后,最终可以得到许多有用的历史证据。[47] 其实布干达的例子中还有很多内容可说,比如以第二王朝作为起点,尽管我们能说的只是早期某些酋长的地位已经存在。

处理这类史料最大的困难是如何保持各类信息的平衡。如果某人热衷于寻找模式的话,那在某条史料中建立起原本不存在的模式还是很容易的。如果他还想填补过去历史的空白,那他可以尽力从史料中复原任何可能的细节信息,这也是不难做到的。不管是否出于有意,人们都想要去证明,但是从各方面看,去讨论超出证据真正能证明部分的诱惑也同样强大。最后我要提醒读者,集体记忆对于古老的史料有特别强大的影响,但这些史料仅涉及口述内容的很小一部分,这种问题很少出现在那些近世代的信息中。

三、历史年表与记忆型的信息

信息是短暂的,而口头传说是发生在早期的。每种文化群体都有其特定的时间概念,并且在口述社会中是没有日历的。我们无法以直接的手段测定某个口头传说的时间深度,最多只能确定口述者叙述的时间或者某个信息提供者提供证据的时间。那这样我们该如何建立历史年表呢?在历史学中,年表是极为重要的。历史研究的是社会变化的时间链,不是变化本身,而是研究前代历史事件导致后世社会的变化,而变化是因果关系的结果。历史学家唯一的原则只有一条,就是后世的事件无法影响前代的历史。[48] 所以历史肯定有年表。年表并不一定以精确的时间记录为基础,它也许只是对事件发生顺序的相关列表,但是如果是历史,必须有年表。我考察事件顺序时,会先考虑在口述社会中时间是如何度

量的,以及口头传说中是如何表现时间的,再考察人类记忆是如何
处理这个顺序的,最后看什么样的口述史料可以用于建立年表以
及如何建立。

(一) 时间的度量

不管在何处,时间最基本的维度都是"之前"和"以后",而所有
表达时间的语法或多或少都是行为的一个重要方面。在口述社会
中没有以统一的刻度对时间的精确测量。时间通过自然现象回
归、重大事件的发生、人类的寿命和繁衍,以及周期性社会事件的
发生进行界定。

生态意义上的时间针对的是周期性的自然现象,比如日、月、
季和年。在缺乏书面记录和特殊的记忆方法的情况下,对这些时
间单位不可能有准确的计算。通常记忆很难很好处理这种重复性
的持续时间的计算,一个人最容易记住的也不过是一年中的二、
三、四个季节里发生的事,然后把这些记忆与过去几年结合起来。
如果给月份、日期或年份命名的话,人们的记忆倒会更加精确也更
长久,毕竟命名列表比单纯的数字更好处理(列表更为具体)。这
些命名并不常见,但我们还是有这样一个罕见的例子,就是安哥拉
南部的辛巴族(Himba)。[49] 对于日期我们发现了星期的名称,使用
赶集日前后的大概第一到第三天,或者其他特殊的周期性的日期。
单位是由文化背景决定的,有些族群以太阳落山后的 24 小时来定
义"一天",有些却以太阳升起后的 12 小时来定义,还有些定义方
法更为不同。同样,季节的划分也不统一,像阿伊努人一年只有两
季,尽管他们周边的族群一年以四季来计算。[50]

自然时间常常与人类的某些活动相联系,尽管这种联系并无
必要。在中世纪的荷兰,月份的命名表明特定的农时。白天或夜
晚的时间划分不完全基于人类的活动,比如牵牛回家的时间或者
去田里劳作的时间,但一天的时间最终还是与人类的活动联系到

作为历史的口头传说

了一起,大概只有晚上睡觉的时间是自然地划分为一或两个与人类活动无关的时间段。[51]

不寻常的事件,通常是破坏生命的灾难——是第二种测算方式。有些人在叙述时可能会这样说:在某次干旱、火山喷发、地震、瘟疫、森林大火、彗星出现、日月食等之前,或之后。每个族群都有其特定的事件记录历法,历史学家通常可以用相对的顺序排列它们,一般是通过与宗族谱系中的资料进行比较来完成。[52] 有时这种事件会被特别命名,有时却不是。[53] 当事件没有被命名,而周期性出现灾难时,比如旱灾和瘟疫等,这些就常常会混淆起来,到了后世人们就只会记得某次瘟疫和旱灾,而不会次次都记得。哪怕事件被特别命名了,要确定事件发生在前还是在后也很不容易,人们还是会时常混淆。在大多数情况下,这种粗糙的事件记录表的时间维度并不深,往往只能追溯到一两代人以前。在这其中文化表征发挥着重要作用。有时候瘟疫是一种先兆,有时又不是;一次饥荒也许引人注意,但下一次也许就被轻易遗忘了。因而如果没有外界信息的辅助,我们很难确定这类事件在族群中的定位。

此外还有一种常见的时间度量方法,那就是以年龄、相对年龄和后代、父母或朋友的年岁为计,比如人们常常会这样定位时间:"当我还是个小男孩的时候""在我结婚后第一个孩子出生之前"等等。这种按家族族系构建的信息,使得人们可以用人的生平来表示和估计时间,但是这种表示方法通常会随着时间越往前而变得越来越模糊,过了两三代人的时间以后这种表述就会变成"在某地某时如此那般",甚至在与他人的联系上这种表述也很模糊。[54]

第四种时间度量方法是建立在周期性的社会事件上的,比如赶集日、男子成人礼、每年的丰收庆典、启蒙的年龄等级、授职仪式、村民们从一地到另一地实行的轮垦。这些都可以用来描述和衡量时间,尽管这些单位代表着不同的时间长度(这点就如上文我们已经探讨过的那些方法),当然除了自然时间以外。实际上很难

168

计算出这些单位的长度。罗马人也许会说："在某某皇帝在位的第 x 年张三和李四担任执政官的时候"，但是他们有书写记录。在口述社会中，人们会避免使用具体的数字来记忆，而且通常这种具体数字表示的时间精确度并不那么重要。如果偶尔有重要的时间，那人们会用助记方法来帮助记忆。

正如我们所看到的，每个社会组织都有其相应的时间框架。这种时间框架短则只有两代，甚至仅一代人的时间；[55] 长则有的能延伸到极远的过去，比如涉及 30 甚至 60 代人的时间（比如波利尼西亚人、哈迪亚人和芳族人的历史），或者涵盖了一个王国的历史，但如果超越这种时间框架的限制，就没有能够量度时间的工具了，除非把创世或起源时代与其他时代区分开来，以便将时间的度量与主流世界观联系起来。

（二）记忆组织信息的顺序

记忆会对存储的信息进行重组。它将把这些东西按顺序排列，类似于对测量的一段时间的表达，但实际上是记忆的创造，即纪年。它将特定的事件或情况置于某个时间框架内，但有时会意外交换它们的顺序，导致年代上的错乱。纪年是人类对记忆的排序，[56] 它们是在记忆中被排列的各种口头传说，尽管看起来它们好像是基于社会中对时间的测量。比如对于王国，大多数纪年都是由在位国王的统治时间来表示的。正是人类记忆把王国中的历史事件和纪年联系起来，使得国王的统治时间能够成为纪年单位并展现出人类记忆的作用。因此在一个王国内部各类事件的发生时间都被表示为"在某某国王统治的某个时间里"，在这种时间架构的个人化趋势下，统治者很快就对该国负责。我们常能听到这种说法："某某国王发明了玉米的栽培"。因此"纪年"倾向于重构。

随着时间的推移，纪年变得越来越多，必须以更少的序列把它们整合在一起。这些整合起来的纪年必须与起源的基本理念相关。因此我们有了年代(era)概念,而最后一个年代是唯一保留了由纪年划分的分支。如果同时存在两种年代方法,创世和历史时间,那它们不一定是连续的。(扎伊尔/乌干达的)卢格巴拉人和(美来尼西亚,Melanesia)的特洛布尼恩德岛人(Trobrianders),并存着各种形式的时间记录。[57] 实际上卢格巴拉人传说中创造历史的一位伟人是世纪之交时来到此地的英国地方官员。要了解时间纪年如何消失,我们可以看一下卢旺达人的三个时代:第一创世时代,第二"环系时代",第三"后帝王时代"。在前两个时代中,纪年的命名和当地统治者的名字一致,但这仅仅是象征性的,在卢旺达没有人把它们当作真正的统治者的名字。[58] 这就有点像一个谱系,与其他文化中用系谱树来确定纪年类似。在波利尼西亚和非洲,他们的历史从创世时代开始,后来又转移到我们的时代中,但是这种转变并没有任何标示。在这种情况下我们可以说该社会不存在分开的时代概念。

记忆也会导致信息的时间错乱。在对主题进行重新排序时,后来时期的记录会被放到更早时代,反之亦然。[59] 姆邦杜人(Mbundu)对于族群迁徙的记录就是个很明显的例子,他们通过每个事件发生的地点记录而不管这些事件发生的时间顺序。由于基于地点安排的主要顺序是根据一种想象的,且存在误差的迁徙路线,[60] 这样排序就成了时间错乱的原因。通常纪年的顺序是基本正确的,但记录经常会被颠倒顺序,就像阿西尼博因(Assiniboine)人把马匹的存在归因于创世时的产物,而不是 18 世纪引入之物。

事件或情况的"古老程度"会提高其重要性,这一点对欧洲人来说并不陌生。因为在欧洲,时间往往给事物带来合法性和重要性,因此对于时间的错乱理解通常是指通过时间得到"年代上升"的事件。但是从 A. 德利夫雷的研究很好地告诉我们,"年代后移"使得事件比其真实的发生时间要往后推移的时间错乱也是存在的。在信息的动态变换中,反映某个事件的具体历史年代,其重要性通常不如一个纪年中众多历史事件的组合。如果纪年以特定人物的执政期为基础,那么这些历史事件就会与他或她的人格特征有关。有研究者可能会对早期卢旺达历史中一些失败的战争时间表示强烈的质疑,认为不管这些战争发生在什么时候,都被移到一个米班巴韦(Mibambwe)国王的在位时间里。拥有这个名号的国王都具有悲剧性的形象,他们在战场上牺牲了自己(战中负伤),并通过自我牺牲来获取最终的胜利。[61]当然,我们也不能因此就认定信息时间的变换全都是从后往前推移。

为了得出一个相对准确的年表,我们能做的就是通过已知的口头传说叙述来检测信息在时间发展过程中的一致性。如果一致,那么就不会发现纪年顺序变换和可能的时间错乱。如果不一致,那就可能发现时间错乱的问题。[62]在梅里纳(Merina)历史文献语料库的建构中,德利夫雷(Delivre)就明显运用了这种手法。比如,如果是某任国王引入毒神谕作为实践,那么我们就不能毫无矛盾地说在他之后统治的国王就会做同样的事。了解毒神谕是复杂体系的历史学家,知道没有任何一个国王纪年会把它们引入到他们现在熟悉的模式中。同样的,征服某一个地区的时间必须与征服其他地区的时间相对应,否则就会被怀疑出现了时间上的错乱。但是内部的一致性也不能证明信息中就不存在时间错乱。整体一致性模式可能是作为群体记忆中信息筛选、保留和排序的结果。如果怀疑信息中存在时间错乱,通常这种错乱是无法证明的。所有的方法能做到的只是提高信息重组的合理性,而无法去证明。

(三)测定年代的依据:年表与谱系

霍皮人贾兹基尼(Djasjini)曾经叙述过某件他亲眼见证的事件,当被问及此事是何时发生的时候,他回答说:"很久以前吧,也许是一百年以前,谁知道呢。不要去计算年月,那样会让我们变老。"[63]遗憾的是在很多口述文化中都存在这种对历史年表的态度。在口述社会中,大多数情况下并不看重对时间的精确标示,而唯一提供类似年表来源的只有列表和谱系,而这两样又必须与特殊的社会体系或与族人成员脑中的社会关系相关,而且它们也不是专为构建历史年表而存在。

因而历史学家只能先用列表和谱系来构建起相对的顺序,然后最终构建出绝对的年表。列表和谱系是一种特殊的信息来源。它们的内容是逐渐累积的,而不是在某个特定的时刻被建构出来。只要发生了任何变化,人们就会在信息内容中添上一笔。有时这种增补是比较正式的,如果有新的官员就职,那么至少行政人员列表就是如此。像库巴国王和女官员姆班恩(mbban)还会在就职仪式上诵读完整的前任名单作为仪式的一部分。其他约一百多个库巴官员并不这么做,相对姆班恩,他们实际上比非正式记住的前任要少得多,而对于谱系来说,无论它们多重要也不会被表演。当有需要时人们就会讨论族系,而这些问题总是在亲属关系或亲属关系的程度很重要的实际情况下讨论,除了关于谁生谁死的新闻或闲话外,人们还会随时了解这些问题的最新情况。当时,对家谱以及许多列表的记载,远没有历史学家们所希望的那么细致,因此这种来源的信息需要更深入的探讨。由于列表与谱系具有不同的特点,我将对它们进行分别论述。

1. 年表

J.古迪明确表示,整理年表一般是文化人的习惯,通过写作技能,这就不是件难事。对于口头文化来说这就不太容易了,[64] 但是当口头年表具有社会意义时,它们就会被保存下来,当然这种年表通常不会很长。如果篇幅较长,那么研究者就会怀疑这其中是否存在书面记载的影响。在这种年表中,关于天灾人祸的记载是比较特殊的例子。在我的知识范围里,目前还没有哪个社会存在有关这类信息的列表。对灾祸的记载并不是为了纪年,但是人们是了解灾祸发生的时间顺序的(比如旱灾),尽管这种顺序并不完全准确可靠。因而历史学家会从这类记述中提取与谱系或其他列表有关的内容，重新排序建立列表，并且通过运用这类材料来建立不同地区历史间的联系和顺序，以此来保证区域历史年表的可靠性。因为灾难事件不会被人们制成列表，而且它们一直呈现出一种重复性特征，因此相互混淆的现象时常发生。在不同的名目下，一次旱灾可能变成两次，两次也会合成一次。如果在两个邻近的族群中同一灾难事件被赋予了两个不同的名字，那么创建列表的历史学家可能会把它视作两次不同的灾难事件。另一个难点是，灾难事件并不是按照记忆内容排序的，而是对特定叙述进行时间标示。如果在某项记述中提及了一次灾难，我们可以使用这条信息，但是我们无法得知记述的这个事件是发生在灾难之前还是之后。如果我们这么做了，就是在诱导叙述者去推测，因为这并不在他讲述的口头传说中。最好的情况是讲述者记得涉及这个灾难的其他记录，通过口头传说的纪年结构，能够把这个灾难与其他有关的事件联系起来。即使是这样，也只有解释了整个推理过程后才能被人接受。因而通常情况下，灾难事件列表哪怕排序准确，也只能确定以它们为主题的叙述的日期。

在其他类型中首先要提的是年龄等级的列表。这类列表往往是保存在年龄分层是政治组织基础的社会中，因此特定的年龄段群体的角色和职责，使人们随着各种入会仪式过渡到下一个年龄等级中。在这样的社会环境中，年龄等级表就有其存在的意义。最年长的在世成员仍会记得他们第一次入会时最年长的人，甚至是他们自己的祖父母。当入会间隔很长，就会产生跨度达一个半世纪的历史年表。[65] 通常根据与继承有关的原则赋予各年龄等级名字，然后以正确的顺序被记住。一旦某个入会记录的时间得到了书面材料的证明，那这样的列表能转化为精确年表，这样我们就能够追溯过去。因为举行入会是常规性的，大约每八年一次，所以这是可能的。哪怕这种周期性并不十分精确，但是入会与生命时段(生物上的测定方式)的联系保证了其中的间隔不会发生剧烈变动。

　　但其他类型的列表情况就不那么乐观。不是作为纪年的列表,例如库巴的姆班恩列表,大概除了首尾两个名字以外就都没有多重要:开头一个用来建立与当时创立的官职的联系,最后一个用来证明常规的继承,而在中间部分里,人们可以省略或添加姓名,不会产生任何后果。这种列表几乎是无用的。没有记录与之相关,并且在大多数情况是不可信的,除非能和其他材料互相证明(比如和谱系资料互证),才能作为真实年表的信息来源。作为顺序度量的列表,比如国王在位表,最初看起来能提供更好的条件。这些列表通常是纪年方式的基础,可以被用来组建相关的历史年表,但是对它们的批判性评估还是很有必要的。首先我们必须确定已有姓名的顺序是否可信。如果每个姓名都指向下一个,那么这个列表就是最为可信的。因而"B是A的儿子"和"C是B的儿子"就在姓名之间建立起了牢固的联系。如果不存在这种联系,那么关联度就不太牢固。对所涉列表的多个版本进行检查,就可以发现其牢固程度,因为经常出现差异。当同样的姓名在列表的多个地方出现时,就容易出现信息的换位和省略。列表姓名块出现变换是很常见的,尤其是处在列表中间的部分,因为这部分内容最容易受变化影响。[66] 在现实中,通过对不同版本的比较,我们可以发现产生区别的原因,以此来建立更为准确的列表。

　　就算排序是可靠的,列表中姓名的数量也是一个问题。曾写出专业著作《口头传说年表》(The Chronology of Oral Tradition)的D. 海尼格(D. Henige)列出了此类列表延长或缩短的诸多原因。这些列表时常被篡改,并且正因为他们是列表性质的东西,所以往往是一种不稳定的记忆。正是对这些列表的特定使用,如时间的可信度、官员的地位和政绩、后代的繁衍与衰亡等,成为了这些列表被人为篡改的主要原因。[67] 但是记忆的篡改和不稳定性并不会对列表的所有版本产生同样的影响,并且在大多数情况下,有可能以相对可信的方式重新建立最少量的姓名数。

一旦某个列表在数字和姓名顺序上的可靠性得到证实,并且如果它是对口头传说进行排序的一种手段,它可用于相关的年表,但是尽管有许多反面的尝试,它也无法转化成绝对的时间定位。年表中的时间单元很多,从一天到一个世纪都有,可以说它们包含了整个人类的生命期。多样性导致我们很难给出平均值,即使职务的属性(世袭的、选举的、世袭选举混合的、长子继承、幼子继承、兄终弟及继承等)可以说明人们对列表的极端期待。随着时间的流逝,这些元素自身发生变化,因而我们甚至无法在很长的时间跨度里计算出"加权"平均值。因而,我们最好还是承认年表的不精确性,使用相对准确的年表,也比试着伪造一个精确的时间记录要好。

2. 谱系

谱系是现存最为复杂的信息来源之一,作为分类法,世界各地都在使用谱系来推断相关的历史起源。作为社会宪章,它们确认了许多社会中群体之间的关系,包括集中的和非集中的。因此,每当这种关系发生变化时,他们就会受到操纵。对索马里人而言有文字的一个缺陷就是越来越难以根据当时的现实来调整谱系。[68]它们很少作为一个整体来表达。把族谱当作是社会框架中意识形态的支柱的社会中讨论了相关部分。有时人们会达成一致建立起它们,以解决或避免某项社会危机。[69]在家谱没有这类实际用途的情况下,人们就很少会提起它们,比如(加纳)阿布狄·埃维(Abutia Ewe)就是如此。大多数人在他们孩提时代生活的人际环境中了解到他们与亲戚的关系。老一辈人去世后,这些家谱信息就随着他们一起消失了,随着时间流逝,就只能不断重建每一代人的家谱信息。要解决这个问题,命名的模式也许有所帮助,比如以祖父母起名或者父母从子女命名(如重命名为"某某人的父母")。

在这种情况下，家谱就成了研究的产物，而不是社会所赋予的结果。[70]

哪怕是信息提供者自发提供或讲述的族谱，弄清情况仍然是明智的。我在 1958 年的时候曾经看到一位父亲要求他儿子背出自家的家谱。这位父亲是殖民地布隆迪的贵族，任命和晋升同行政记录中出现的宗谱联系有很大关系。我认为这其中存在一种信息的反馈，不仅与内容有关，更与家族谱系的类型有关。

尽管如此，田野调查人员还是重建了家谱。比族群中最老的成员还往前两三代的人所提供的信息是比较可靠的，因为他们不仅关注优势地位和各种联系，并且能够确实提供关于族群中生死婚嫁等事的非模式化记录。这种史料实际上是重新捕捉到的历史八卦，可靠性很高（布索加的例子就能够说明这点），[71] 尤其是因为它们能与族群居住地点变化互相证明，这是与人口统计资料一起被记住的其他类的生活史。至于更深层次的家谱，常常有部分内容能提供一些确定时间的线索。只要家族树上枝繁叶茂，而不是只追踪一个茎干，并且家谱内容相对没有被模式化，它就很可能是有效的，尤其是当各个祖先级人物并没有都成为现在所认可社群的社会群体创始人。

因而族谱的部分内容是有用的，但是使用它们的人是把它们当作纪年来看待的吗？如果是的话，那么它们给出的是一个相对的时间顺序，并且在多数非集权化的社会中的确如此。在不远的过去它们也是家族和亲属团体的时代标志。在其他情况下，很少与这些列表中的名称相关联。尽管它们具有年表的价值，但无法提供实质性作用。在更为集权的社会中，王朝谱系非常重要，特别是在它们能被亲属和同代人的谱系印证的话。例如，通过这种方式，至少从 18 世纪起，可以充分准确地描述卢旺达历史上的事件。[72]

家谱是基于生物学上的时间间隔：某人自己的出生到他的第

一个孩子,第一个男孩或第一个女孩出生之间的时间间隔。这种时间间隔是变化的,并且受到结婚年龄、生育模式以及其他次要因素的影响。当我们在研究王朝世代时,继承方式又会成为一个重要因素;也许只考虑"正妻"的子女、幺子女或者任何子女。这个时间间隔可以很短,比如一位女子和她最年长的孩子之间也许仅差15岁,当任何孩子都可以继承的情况下,也可以长及一生。事实上大多数社会的规则缩小了这种时间间隔。在实践中,根据不同因素的影响,历史学家使用的时间间隔从25年到45年不等。他们假设这些变化不会随所涉及的世代总数而变化。海尼格在他的主要研究中指出,只要有足够数量的案例,我们就能够测算出几代人的平均值,但是无论如何都无法确定任何特定的一代人。比如在公元987年至1793年的法国,国王在位的平均时间是24.4年,但是并没有哪一任国王的在位时间处在22年至29年这个区间内。[73] 所以这种自动的平均取值无法与任何一任法国国王的在位时间相符。虽然这里讨论的是国王在位的时间而不是世代,但是基本原则是一样的。在实际操作中最好的做法是把三代或四代人(视情况而定)分配在一个世纪的时间中,然后通过各种在模糊中比较精确的表达来测定个人的时间跨度。比如约翰生活在19世纪之交,杰克生活在17世纪上半叶,弗朗西斯生活在18世纪中叶。我们也可以使用对多个世代平均计算后的第一个日期来估算出该谱系的初始数值。代数越多越好。但就算如此,也没有人能精确证明引用的确切日期是合理的。

同样我们也可以理解,为什么有交集的人之间的对照性历史年谱无法推导出世代或者统治时间上的对照性历史年谱。有一个例子可以充分解释这一点。大英帝国维多利亚女王(1837—1901年)与德国皇帝威廉二世(1888—1918年),以及法国拿破仑三世(1852—1870年)是同时代的人,但是后两人的统治时间不存在重叠。而前两位国王在位期间的同步性会导致对1837和1918年的这个时间区间产生混乱。

　　由此我们可以得出什么样的结论呢？考虑到时间测定的不稳定性，对时间重视度不够，加上在口述文化中用来确定时代的时间间隔的可变性，我们只能得出一个相对的历史年表。只有涉及最近的一个世纪左右的时间，才能得出较为精确的结果。因而我们必须以其他方式确定口头传说的时间。我们必须借助文字资料、考古发现和一些物理手段（如天文学和地质学）来确定年代。除了最近的口头传说以外，所有这些口头传说都缺乏可靠的年表，这仍然是其最严重的限制之一。

第七章
口头传说的评价

　　我现在已经讨论了不同的艺术、社会、文化和记忆因素对口头传说内容的影响。接下来总结下我们的历程，把作为原始资料的口头传说进行总体评价。很多读者会同意欧文（Irwin）的观点，他对（上沃尔特）利普塔克（Liptako）的口头传说的研究结论是，认识到口头传说的局限性是至关重要的。如果我们要使用这些资料来源，如果我们要对这些资料作出断言，即确定它们可以"真的证明过去一系列事件是真实的"，[1] 我们必须充分地认识到这些资料的价值。他担心消息的易变性，传播的随意性，反馈的可能性，解释的固有偏见，还有首要的是他对来源的选择性，来源的民族中心主义和精英导向的担忧。有时他无奈地发现，没有办法在相互矛盾的版本中进行选择，所以没有一个是真正可靠的。他好像曾经说过，局限性是如此严重以至于口头传说不能单独使用。[2] 然而他依然坚持利普塔克的口头传说中有历史可以传授，至少这里没有关于年代学的抱怨。[3]

　　我首先大体讨论口头传说的局限性，之后我就能确定作为信息来源的口头传说的独特性以及原因，由于这种独特性，只要它是可用的，我们都不能忽视作为信息来源的口头传说。

一、口头传说的局限性和外部资料

在上一章，我指出缺少年表和资料来源的相互佐证就是局限，而这是口头传说的真正特征，我首先考虑这些。在第五章，主要的局限是口头传说内容的选择。这些以及形式对内容的影响对所有信息来说都是如此，无论是书面的还是口头的，所以稍后会考虑到它们。最后我简要考虑这些限制对不同口头传说的适用程度。

（一）年表和相互佐证

大多数社会中，缺少年表的问题只能部分地通过外部的资料来弥补，利普塔克人除外，他们的年代明确存在且十分可靠。但这说起来容易做起来难。最显而易见的资源是外来的书写档案或考古发现。当一处遗址和口头传说中所描述的事件有相互关联时，就能够追溯其年代。在卢旺达北部的地方口头传说中有关恩多瓦（Ndorwa）王国的记录，宣称当初曾被两位不同的国王占领过，虽然现在只能发现一次占领痕迹。考古挖掘证实这是正确的，并把整个事件定位在 18 世纪，与谱系的计算结果相符。[4] 结果并不总是像这样清晰明白。在（坦桑尼亚）布哈亚（Buhaya），P. 施密特（P. Schmidt）根据口头传说中记载的巴别塔所在地进行挖掘，发现了一处最远可追溯到公元前 500 年的炼铁遗址。[5] 有关于这处遗址的记忆仍保留着，但是与口头传说的习俗没有关系。沙巴（Shaba）的卢巴人（Luba）和他们的邻居桑加人（Songye）都声称他们来自齐萨尔湖（Lake Kisale）地区。在那里，特别是在桑加（Sanga）发现了一些大墓，它们始于 8 世纪，然后没有间断一直延续到最近。在那埋葬着的是"卢巴人"，但这并不足以说明所有的卢巴人（Luba）和桑加人（Sangye）都从那里迁移而来。它帮助确定口头传说的日期，[6] 但是像这样的口头传说与遗址之间的联系只能通过口头传说中的

180

遗址的反馈得以建立。这就叫做图示法（iconatrophy）。在苏丹南部的丁卡（Dinka）境内，有一些遗址据说是从前芬吉人（Funj）定居点，还有一些据说是卢尔人（Luel）的定居点。"芬吉"只是给发现陶器的地点贴上的一个标签，这些地点的陶器与现在的陶器不同，而"卢尔"是另一个地区的标签，在这里发现的陶器与现代的相似，此处也被认为是祖先曾在此定居的地方。这两个名称都来自于口头传说。因而这两处遗址并不是对口头传说的确认，而只是有关另一个女教皇约翰娜（Pope Johanna）的事件。[7] 从试图通过圣经考古学来追溯亚拉伯罕时代的努力便知，将口述资料或书面记载和考古遗址关联起来的难度非同一般，而对于上述问题依旧没有统一答案。[8]

由于书写作者与口述作者的兴趣点大不相同，书面资料也并不总是能够追溯或确定口头传说的年代。（尼日利亚）贝宁（Benin）王国过去的历史就是一个著名的例子。在1880年以前的几个世纪里，在文字记载当中没有提到一个国王的名字，而同样的事件也均未见于口述和文字记载。它们只是略有重叠，[9] 有时也确实会得到确认。扎拉·雅各布（Zara Ya qob，1434－1468）的埃塞俄比亚编年史中提到一个哈迪亚（Hadiya）领袖巴诺（Barno），他支持皇帝而反对其他哈迪亚人。口述资料中把博亚末（Boyamo）放在13—17世代之前，并回忆了他与扎拉·雅各布的关系。[10] 由于巴诺在两则事件中的名字和亲属关系相符合，可以证实两者记录的是同一个人。正如人们所料，书面记录将他置于基督教与穆斯林对抗的框架内。在哈迪亚的口述记载中则将他置于不同哈迪亚领袖之间的竞争中，并将他视为开国英雄。[11] 与考古遗址一样，对文字资料进行年代测定有时是可能的，有时则不然。

历史学家还把希望放在了诸如关于天象或大灾难的记载上。新几内亚高地事件和有关火山喷发的"黑暗时代"的记载，是很有启发性的。在经过了充足的研究以后，可以确定喷发的火山是哪

作为历史的口头传说

一座，并确定火山灰的年代在 1640 年至 1820 年间（除去中间那些火山不可能喷发的年份）。然而无法确定任何时间，因为灾难发生在始于任何一个口头传说的一个相对的年表前。它所能证明的只是 180 年到 340 年前发生的事件并没有被遗忘，虽然许多研究者认为对这段事件的集体记忆的时间没有超过一个世纪。将火山喷发同鸟类或植物的到来联系在一起是不足信的，因为像这样的话题在属于起源或更早的史前时代的传说类型的故事中很常见。[12]这生动地提醒了研究者们，如果确认是为了服务于某一目的，那么至少必须有一个内部的相对年表。天文数据的使用——通常是日蚀或彗星——将会造成一些棘手的问题。对这样的现象一定要很好地描述，而该现象与其他事物的联系不应该解释为是征兆（就像伯利恒的星星和耶稣受难日的日蚀的解释）。人们应该去了解参照是指哪一次日蚀，因为日蚀会不定期地发生，以及如果这不是最近一次日蚀，人们为什么会记住那个事件而不是以后的事件。[13]然而，在一些案例中，这种对应关系仍然成立，比如 1835 年的哈雷彗星和 1680 年的日蚀都被记载在库巴的口头传说中。[14]人们不能先天地拒绝这种联系，就像人们不能以利普塔科（Liptako）或（塞内加尔）谢雷尔·塞卢姆（Sereer Saalum）为例，否认对长时段的精确的时间测量。

因此，总体来说，绝对年代测定不会像人们曾经认为的那样容易。正如以上例子所示，口头传说中描述的其他来源的事件和情境等独立确认也一样困难。通常重叠的部分很少。不过，当口述史料被用来确认或补全文字史料的时候，两者的重叠也会时不时地发生。因此当地的阿布纳基（Abenaki）印第安人卷入了 1759 年英法两国在（美国）缅因州发生的冲突，他们的口头记录在 1869 年之前未被书面记录下来。这些口头记述佐证了英方和法方的说法，并且至少解决了不同记录版本中的一个矛盾。[15]每当发生矛盾时，并不总是书面记录值得相信，正如欧文曾举例的 1890—1891

年在利普塔科发生的继承危机所展示的。[16] 每一个案例都应该根据其相关对应点加以评价。确认或否认也可能来自于其他的资料，特别是来自语言学领域。因此据说除了俾格米人，其他的加蓬人（Gabon）从 13 世纪后都移民了。[17] 这种说法不可能是正确的，原因在于在加蓬使用的班图语至少已经有上千年。又如，在赞比亚西部，巴罗策兰（Barotseland）的克洛洛人（Kololo）据说是大约公元 1840 年迁入，他们据说是从林波波河南部而来。该推测可以通过洛齐语（Lozi）得到证实。它属于最靠近的德兰士瓦的索托人语言群。[18]

年表和缺少独立性是口头传说的真正问题，在某些情况下，可以通过外部证据来克服或缓减，但是由于外部证据的内容不一定与口头传说的内容完全吻合，所以这样的办法只能当做例外而不是规则。然而我们仍不应放弃外部资源最终会提供帮助的希望。

（二）选择与解释

诚如我们在第四章中所见，选择主要出于社会原因。有些主题是有价值的，而有些则不然。某些个体或群体是有趣的，而其他的则不然。其结果是信息的丢失和对过去历史的一个侧面的创造，这就是现在的历史意识。信息的缺失已经没有办法追回了，但是对于历史的轮廓，我们可以通过其他的资源使其变得充实。我们在第五章中讨论的解释问题，总是与记忆效果相结合，并包含文化选择，而这当中也会导致缺失。事件发生距离我们越久远，其中的缺失就会越多。因果联系往往被简化为基础知识，或者引入与世界观相关的一般原因。文化框架是所有口头传说的结果，它们对应的是当时对现实和世界的看法。此外，使用其他的资源可以把文化框架补充得更充实。所有的这些因素将口头传说变得符合当时它所反映的时代。这就使得一些像 T. O. 贝德乐曼（T. O. Beidelman）那样的人类学家否认了口头传说中所有证据价值。人们没法确定口头传说中记录的事件"实际上是如记录一般地发生了，或者这些仅仅是为了要和当时存在的社会上保持一致而发生，或者，至少这些事件是如何被那些置身事件的人认为它是存在的。"[19]

贝德乐曼（Beidelman）没法确认每一代人都会为他们自己创造出一个崭新的过去，并且就此认为这是他们的历史。他的立场违背了口头传说的动态变化，也违背了选择和解读的原则。选择意味着抛弃一个人对过去的某些信息，而只保留那些在现在仍然很重要的信息。然而保留下来的信息仍然是来自过去。解释意味着改变过去的信息，并赋予其新的含义。由于解释比选择更具创造性，也因此更为危险，但是也不至于就到了被全盘否定的地步。这就好像一个 17 世纪的牧师，不能因为没有任何手稿是与所认为的帝国同时代就否认罗马帝国的存在。

选择与解释的这些特点与所有的信息都息息相关。每个讲述和书写的人都在选择信息，对其排序，进行润色。如果一个人要否定书面信息来源的选择性，关于贝宁的欧洲信息来源怎么从不说要和口头资料来源切断联系呢？在来自被遗忘的人口层的资料来源打破了书面文献的沉默、平衡了社会书写给予我们的框架的地方，口述历史如何发展成为一个领域呢？[20]

口头传说中的选择和解释比起书面资料更重要，因为一旦一个书面记录形成，它就变成了永久的资料，就从时间中移除了。只要它存在，就不再受选择或者解释的影响。当被抄写时，抄写人可能会重新引入实际的写作。它的过去就是它证明的时间。当两者重合时，它们就是属于同时代的。基于这个原因，历史学家对当代文献的欣赏超过其他任何文献。随着口头传说的发展，记忆或者有意识的选择和精简的进程继续进行，以便于它们展示过去到现在某代人的影响，这是作为一个整体的经历而不能被拆开。因此口头传说的时间深度很重要，从这点来看，如果很短，口头传说依然类似于书面文件。时间间隔越长,它就越不像书面文档。欧文以《人与神话》中的乔治·华盛顿为例,揭示了这两种来源的根本区别。因为自华盛顿之后,历代都有著述流传下来,所以一种新的文化解释和选择过程的发展是可以逐步记录下来的。有口头传说存在或者没有记录的阶段,就不能形成记载。[21] 我们永远不会知道亚历山大史诗是如何在中东发展起来。

偏差有办法修正。据我个人经验可知,这些办法无处不在而且巧妙。当我在 1963 年书写库巴的历史时,正如大家处理书面材料的情况一样,我紧紧抓住资料来源。[22] 我写的库巴史是在他们所能见到的 1950 年左右的时间,很有价值,但是有偏差。之后我使用系统的语言比较的方法对其他关于库巴历史的资料进行阐述,并在 1978 年重写了库巴历史。[23] 经济史变得更加清晰,王国内部的行政增长基本成型,口头传说记录在其他方面也逐步充实,继承权之争就是一个例子。我没有做的是,根据直觉或对王国、经济或宗教发展的有效概括重新进行解释。从这个案例中可以得出两个教训。第一,外部资源能有效地纠正偏差;第二,与处理完整的书面记录相比,这里需要更多来自历史学家的解释。从口头传说中重建的一个特别困难之处可能是历史学家的解释价值,这就更应该是收集原材料的理由。

(三)限制的程度

库巴人的经历与其他人的经历一样,显然并不是所有的口头传说都受到同样程度的影响。现代的口头传说的主体是非常丰富、非常巨大、非常多样的。选择还没有发挥太大作用,重新解释也没有很深入,相对的年表依然良好(大多通过当地家谱),对于大部分人来说资料还没有普及,所以存在一定的独立性。我们这里讨论的口头资料并没有与口头传说一样受限制,比社群中最老的成员早一两代的近期的口头传说只遭受了小损失。但是口头传说时间越久远,问题就越大,在处理起源口传时问题会达到顶峰。这就是为什么讨论这些影响时,通常选择起源传说作为例子,尽管它们并不典型。

不同类型的证据和文体显示了不同的影响。无意识的证词不受影响,这在故事中很常见,但是他们能确定的日期不能追溯很远。被熟记的行文没有这些限制,但是为了理解这些资料来源,必须要有注释。包含历史数据以及证明事件或情境的诗歌是很好的资料来源,但是它们中的大部分只是暗含历史。它们的历史一般都不长久,因为当它们不再相关时就会被遗忘。其中极少的部分成为了不会被改变的固定祷文,即使它们无法被理解。历史八卦传递的信息如此碎片化,只要被记住就不会被影响,但是通常它们也不会被记住很久。总的来说,区分不同的资料来源对历史学家很重要,并不是所有的历史记录都是这么被记住然后就能成为历史,谱系也是如此。根据时间尺度划分的事项表明,由于口头传说局限导致的曲解也出现在规模更小的资料上,但是仅限于时间上一般大于一个世纪的资料。因此,明智的做法是首先对最近的时段进行重建,然后再从现在往前推。我们可以确定由于这些所导致的大约一个世纪以前的情况和问题,当大量资料枯竭时,就可以利用这些知识来质疑更早期的数据,识别信息的差距以及解释所拥有的数据。

二、口头传说的独特性

(一)作为资料来源

所有过去的痕迹,根据其基本特征,可分为两个主要的类别:信息或者非信息。从证据规则角度考虑这是一个资料来源最重要的特征。一个从遗迹中挖出的罐子不是信息,它直接证明了制造和使用它的时代。一个口头传说,一个铭文和一个章程都是信息。消息是被一个或更多人的思想解释过的信息,与被质疑的事件或情境同时代,并且必须由接受信息的头脑进行再次解释,最后由使用它们的历史学家进行分析。因此信息具有双重主观性,就是消息的发送人和接收人的主观性。[24] 所有其他的资料来源都是只需要一次解释的证据,即使用它的人为了历史重构而做的解释。消息包含书面资料、图像资料、口述历史和口头传说。

第一种倾向是更好地考虑那些只经过一种解释的资料来源,并对信息必须经过至少两种解释的事实感到遗憾。但实际上,有一种保护措施使得显得更主观的资料(信息)往往比明显不那么主观的资料(直接证据)更客观。第一个解释限制了第二个解释的范围,而对直接证据的解释却没有任何限定。这部分归因于交流的不同方式:语言,而不是直接感知。尤里西斯(Ulysses)或者西非国王松迪亚塔(Sundiata)的历险很明确地告诉信息接收人,这些史诗与某个被认为做过特定事情的人有关,而这种说法不会有错。税务登记册表明从这些人那里收到了一定数额的税额。给出的数字不能和仪式上的数量混淆,但是有直接的证据证明可能会发生这些严重的误解。的黎波里塔尼亚的考古学家把一些来自罗马时代的建筑鉴定为"史前宗教的纪念碑",后来的作者们得出了更合理、更一致的解释,认为这些建筑是油压机。[25] 对消息而言,这种有巨大变化的解释是不可能的,不应该被允许。

口头传说是信息。即使必须研究其象征意义和隐含意义,但是在没有任何具体考察时对消息本身不能进行解释。结构学家没能做到这点,因此忽视了所有证据规则的基础。他们压制了第一个主观性,使现在的主观性得到更大的发挥。他们放弃了语言作为一种交流方式,转而倾向于支持一种不那么有意识的、非语言的模式,因此他们经常把压油机理解成宗教遗迹。

就信息编码者的主观性而言,口头和书面资料是不同的。口

作为历史的口头传说

头资料是无形的,书面资料是有形的。有形的资料不会随着时间的推移而改变,按其属性被定义为实体。如果能确定它们的时期,它们就能证明创造它们的那个时代。在这种情况下,书面资料就具有与考古资料或古代遗迹一样的优势。自生成以来,就没有任何更改,而且由于书面资料是唯一既是消息又是人工制作的资料,所以消息编码人员的主观性很明显,而且自编写时起就没有更改过。抄写者可以对原始的消息添加或删除,也可以对消息增加其他解释,但是所有的解释添加也在写作之日结束。因此,学者关注"第一手"的书面信息的前世今生。这里主观性被降低到最低限度:一个是对事件发生时的信息编码的解释,一个是对信息解码解释,即历史学家。

当资料是无形的,比如口头传说、民族志或者语言资料,它们从开始出现就被不断复制,直到被记录下来为止。其中口述历史和口头传说是其中唯一的信息。这意味着它们在被传播时会不断积累各种解释。这里不会再有一个原始编码解释和一个解码解释,而是有很多编码和解码的解释。如果我们用 EP—DP(EP 指编码者,DP 指解码者)来代表这种情况,那么口头传说中我们就会有 EP,EP'—EP^n—DP。

某人可能会异想天开地认为,既然自相矛盾的编码比现代学者的解释更客观,那么编码越多,客观性就越强。但事实并非如此,正如原始文献和复制本的对比所显示的,以及我们讨论过的记忆活动的干扰作用。然而,应该记住第一个编码消息限定了解码者的解释。因此,不管后来各种各样的编码者如何通过选择或者解释改变了原始消息,它们依然受之前的解释所限制。这些解释就此被积累,研究者面对的问题一定程度上其实是一种集体的解释。它是对过去不断反思的产物,其目标不是找出"真正发生了什么",而是确定过去被认为是真实的、与现在有关的东西。

由此可见,口头传说不仅是关于过去的资料来源,而且是关于过去的史学(一个人不敢写史学史!),一个关于人们如何解读历史的叙述。这样的口头传说不仅是原始资料,它还是一种假设,类似于历史学家自己对历史的解释。因此口头传说应被视为假说,而且现代学者在考虑别的资料之前必须先进行检验的假说。考虑它们首先意味着不是按字面意思不加批评地接受它们。这意味着结合它们自己的优点,给它们应有的关注,尽量系统地证明或者反证每个具体情况。一般说来,仅仅说家谱是缩编的是不够的;我们必须举出理由说明它为什么是或不是。这也不足以说明一个被认为是伟大战士的国王是一个真正的文化英雄,他的名字汇聚了其他国王的光荣战役。我们应该去证明这些,而不仅仅是假设。简而言之,历史学家必须证明自己的解释。为什么它比当地的更好?这是他必须解释的问题。他必须继续这个仍在进行的历史进程。这不是说历史学家的解释应该是字面上的,只是它们至少应该比现有的口头假说更加可信。[26]

(二)作为内部的信息

把证据规则应用到口头传说中时,我们一直在质疑它们所产生的信息的可靠性。从表面上看,因为不可靠的案例挨个堆叠,导致了悲观的结论。然而应该记住的是,即使所有的口头传说都有局限性,并不是所有的口头传说都是天生不可靠的。应该用口头传说的作用来调和这种批判的方法。

口头社会里的口头传说的类型和文化社会中的文献一样多样。它们的内容涵盖了人类活动的所有方面,从各种各样的人口数据到有关艺术的数据。[27]它们的范围比大部分的文字社会的文献更广,包含了口头历史挖掘出的证据。在不久的过去也有大量的口头传说,数量如此之多看起来似乎是无限的。超过社群最老现存成员一代以上的时间后,数量逐渐快速减少。时间深度可能很浅,但是有大量的数据。甚至更早之前,回溯到一个世纪之前,

作为历史的口头传说

数据量仍然很大,证明了人类在大多数领域里的努力。只是在很遥远的时代,口头传说的洪流才会变成涓涓细流。只有一些主题仍然是口头表演的主题。口头传说的数量和多样性不应该被低估也不能被轻视,因为大部分年代都不长。

然而,我们再怎么强调这些信息来源是不可替代的也不为过,不仅仅是因为信息会丢失,而且因为它们是"来自内部"的信息来源。在口头或者部分口头的社会里,口头传说对人口或者各层次人口作了详尽的描述,否则只能从外部观点去理解。外国人或者外人的书写有自己的偏见。它们选择自己感兴趣的话题,然后把各种各样的活动和品质归结于他们描述的人群身上,并通过他们的偏见形成他们的解释。我们已经谈论过的贝宁的例子中,外部书面和内部口头资料之间没有重叠,而关于哈迪亚的资料也很少。埃塞俄比亚的文本几乎没有告诉我们有关"哈迪亚人的生活"。只有哈迪亚的口头资料。它们给了我们一个别样的风情,一个书面资料没有揭露过的不同的历史画面,即使它们本身的观点也有局限性和偏见。[28]

如果没有口头传说,世界大部分地区的历史我们就知之甚少,我们也无法从内部来了解它们,也永远无法从内部构建解释。历史学家用他们所知的观点进行解释,即便如此,一个人的解释总是局限在自己的时代和圈子里的知识生活中。书面历史解释也是现代的文献,所以除非有数据可以告诉我们,否则我们只能把过去的演变归于现在对我们有意义的因素,即使我们隐含的或者明确的文化和社会假设在那个时代毫无意义。18 世纪的库巴官僚机构不是现代的官僚机构,而卢旺达的封建主义是 20 世纪欧洲的一种解释。通过收集和研究口头传说,通过将记忆中的民族志(这也是一个口头传说)内化,[29] 解释会变得更加具有文化性,而减少时代错误和种族中心主义。因此,R. 巴乍得(R. Pachard)能够得出这样的见解,19 世纪(扎伊尔)巴舒诸国(Bashu)无论何时发生干旱,统治者就会陷入巨大的麻烦,因为国王被认为是造雨者。干旱表明他们没有尽责,干旱期间他们的权威就和庄稼一起枯萎了。[30]

有人可能会反对并提出,尽管来自内部的争论对于研究其他文化和社会的历史学家来说是适用的,但对那些研究他们自己的社会历史的人来说是不成立的。这个观点是荒谬的。在半文字社会或者(不久之前)曾经是半文字社会的文字社会里,比如欧洲、印度、中国、日本,历史学家研究在超出现有在世之人生命周期之外的过去的历史时,他已经是一个局外人,通过局外人的眼睛只能看到社会或文化的口头片段。认为来自内部口头传说的资料在提供证据和纠正外国历史解释中的基本偏见方面是非常宝贵的,这个观点在这里和其他地方都适用。

三、结论

口头传说在重建历史的过程中起着一定的作用,这个作用的重要性依照时间和地点而异。在这方面它与书面资料的作用相似,因为两者都是从过去到现在的信息,而信息在历史重建中是关键因素。但是两者并不像歌剧中的首席女主角和她的候补演员的关系:当主角不能演唱时,候补就出现了;当文字无法做到时,口头传说就登台了。这是错的。无论何时只要口头传说存在,它们都是重建不可或缺的资料。它们与其他的研究视角互相纠正。

在没有文字或几乎没有文字的地方,口头传说必须承担起历史重构的任务。它们不会像书面资料那样进行重构。文字是一个技术奇迹,即使失去即时亲密交流的情境,它也能让话语变得永恒而不会失去任何忠实度。因此,在广泛使用文字的地方,人们期望得到非常详细和多样化的信息来源,这也让重建非常详细的过去成为可能。[31] 在任何有文字的主要地区处理上几个世纪文字资料的历史学家,都不应期望使用口头材料能完成全面、详细和准确的

作为历史的口头传说

历史重构,除非是非常近的过去。必须充分认识到口头传说的局限性,这样即使经过长期的研究后出现依然不详细的重构情况也不会特别失望。当没有独立的资料进行交叉验证,当结构或者编年问题使问题复杂化时,从口头资料中重新构建的东西其可靠性较低。这意味着解决研究中出现的特定的问题,比基于大量内部独立的书写证据完成的重构所需要的时间要长得多。需要花费更长的时间才能获得可靠的结果,因为需要其他资料来确认。这不是忽视或诋毁口头传说的理由。口头传说的研究过程可能会更长,研究者可能需要更多的耐心和跨学科的协作,但是到最后,可以实现更高的可靠性。在这个过程中,口头传说占据了舞台中心。它们告诉我们应该追问哪些问题,它们提出了首先要解决的基本假设。然而即使最后我们必须克服任何问题或任何相互关联的问题群中出现的隐含的局限性,口头传说依然是引导更深入研究的重要推动力。

将证据规则应用到口头传说需要大量最好是在实地收集的信息,以及对口头传说的记录。需要长期停留在研究的地区,要真正熟悉有关语言和文化,才能记录下口头传说以及收集必要信息进行批判性评价。当地学者最适合承担这个任务,因为他们精通语言和文化,但是他们也需要熟悉历史的技巧和关键要求。以外国研究人员的特殊作用为例,他们可能需要很长时间才能适应他们的任务,但他们也可能会更快发现构成这种特定文化和社会的一些潜在的基本假设。

对信息和记录消息的要求引发了更深层次的问题。一个从没到过那里的历史学家能评价其他人的工作吗?是否可以使用其他人收集的有记录的口头传说?如果不能,口头数据就没有太多作用。既通过对古老证据的重新思考,又通过新证据的引用才能促进历史学科的发展,而口头数据应该是这个过程的一部分。这意味着首先田野研究者不仅提供他们的解释,而且还应提供对口头传说的记录,同样重要的是,提供评价所需的必要数据。到目前为止,很少有人能做到这一点。[32]当一个人能够获得批判性评价所需要的语言、文化和社会信息时,就可以重新评估更古老的记录的口头传说。例如,正是能使用上述这些内容才能让德利夫雷对 F. 卡莱(F. Callet)收集的关于马达加斯加岛的信息材料库进行解读,尽管材料有缺陷。

　　口头传说是如此地丰富,以至于不能在单个短期的研究中完成所有的工作。本书也没有试图做到这一点。本书的目的是用一个具体的方式,让田野调查者能有借鉴作用,对其他研究口头传说来发现历史证据的人有启发作用。如果其他人发现本书的某些部分会刺激他们去努力(社会学、心理学、文学)那就更好了。然而这并不是口头传说现象的全部;我不认为它是完整的。我相信,社会学家、心理学家或人文学科的学者还没有充分认识到口头传说不可思议的财富和多样性。愿口头传说的贡献能让我们更清楚地认识到这些来自祖先的信息是多么复杂,多么丰富,多么有启迪作用!

注 释

前言

1. *De la tradition orale* (Tervuren, 1961). The *exordium* of my doctoral dissertation (1957) included much of it.

2. I worked among the Kuba (Zaire), in Rwanda, Burundi, and among the Tio (Republic of Congo). Kuba materials have been published in *Geschiedenis van de Kuba and Children of Woot*. For Rwanda, see *L'évolution du royaume Rwanda des origines à 1900* (Brussels, 1962), and the CRL collection of traditions, *Ibitéekerezo* (Chicago). For Burundi, see *La légende du passé*, and, for the Tio, *The Tio Kingdom*. The Kuba documentation is available in the Memorial Library of the University of Wisconsin-Madison. Further experience was gained during an oral history project in Libya, dealing with the Italo-Libyan war (1911 - 32), and data are deposited in the archives of the Libyan Studies Centre, Tripoli.

第一章

1. For a recent thorough survey see E. P. Loftus, *Eyewitness Testimony*.

2. G. Greene was present at a revolution in Latvia (Riga, 1938), but did not see it. See *Ways of Escape*, p. 100.

3. J. Campbell, *Grammatical Man: Information, Entropy, Language and Life*, pp. 224 – 26; E. F. Loftus, *Memory*, pp. 149 – 69; J. J. Jenkins, "Remember That Old Theory of Memory? Well Forget It"; J. Vansina, "Memory and Oral Tradition," pp. 262 – 65; A. Lieury, *La mémoire*.

4. In rare cases one can trace accounts back to different rumors. See J. Vansina, *La légende du passé*, pp. 32 – 54.

5. A. Pagés, *Un royaume hamite au centre de l'Afrique*, pp. 138 – 40.

6. J. Bird, *The Annals of Natal*, vol. 1, p. 64.

7. M. Wilson and L. Thompson, *The Oxford History of South Africa*, vol. 1, pp. 256 – 59.

8. A. Lieury, *La mémoire*; E. F. Loftus and G. R. Loftus, "On the Permanence of Stored Information in the Human Brain."

9. Of the latter, the most frequent, see for example T. Ore, ed. , *Memorias de un viejo luchador campesino: Juan H. Pevez*, or S. Benison, ed. , *Tom Rivers*. In general, see L. L. Langness, *The Life History of Anthropological Science*.

10. W. De Craemer, "A Cross-cultural Perspective on Personhood."

11. J. Vansina, "Memory and Oral Tradition"; A. Lieury, *La mémoire*.

12. H. Weinstock, *Rossini: A Biography*, pp. 118 – 23, for the latest reminiscence. I heard that progression cited on a television program (Fall, 1983). So, *se non è vero*, *è ben trovato*!

13. F. G. Gamst, *The Qemant*, p. 31 (A place where the hooves of God's horse had imprinted the ground). For Africa, more

generally, see H. Baumann, *Schöpfung und Urzeit des Menschen*, pp. 186 – 87.

14. E. Bernheim, *Lehrbuch der Historischen Methode*, pp. 324,343.

15. L. Guebels, "Kallina E. ," and field notes.

16. J. Vansina, *The Children of Woot*, p. 54. J. Comet, *Art Royal Kuba*, p. 29, has another story about the appearance of the office of *tataam*, without a folk etymology. In general, see E. Bernheim, *Lehrbuch*, pp. 434,461.

17. T. Weiskel, "The Precolonial Baule," p. 507.

18. J. Vansina, *La légende du passé*, pp. 174 – 75.

19. P. Stanislas, "Kleine nota over de Ankutshu." For etiological tales in general, see E. Bernheim, *Lehrbuch*, p. 323 W. Bauer; *Einführung in das Studium der Geschichte*, p. 239; A. Van Gennep, *La formation des légendes*, pp. 69 – 76.

20. H. Baumann, "Ethnologische Feldforschung und Kulturhistorische Ethnologie," p. 162.

21. J. H. Nketia, *Funeral Dirges of the Akan People*.

22. C. Pellat, *Langue et littérature arabe*, pp. 66 – 74.

23. R. Firth, *History and Traditions of Tikopia*, p. 12.

24. B. Verhaegen, *Introduction à l'histoire immédiate*; UNESCO, *La Méthodologie de l'histoire de l'Afrique comtemporaine*.

25. P. Thompson, *The Voice of the Past*, pp. 91 – 164. Concentrating on one person are T. are, ed. , *Memorias*, and S. Benison, ed. , *Tom Rivers*.

26. See chapter five, I, 1, c.

27. K. Burridge, *Mambu*, pp. 32, 150 – 52 (Tangu, New Britain); R. Mayer, *Les transformations de la tradition*

narrative à l'île Wallis, p. 73; Ifwanga wa Pindi, "Msaangu: chant d'exaltation chez les Yaka," pp. 203 – 4. This holds for all the peoples I worked with in Africa (Tio, Kuba, Rwanda, Burundi, Libya). For a less clear-cut case see G. H. Gossen, *Chamulas* in *the World of the Sun*, pp. 80,140 – 42.

28. R. Firth, *History and Traditions*, p. 7; J. Vansina, *Children of Woot*, p. 19.

29. J. Vansina, *La légende du passé*, pp. 55 – 68.

30. J. Goody, *The Domestication of the Savage Mind*, pp. 118 – 19, and "Mémoire et apprentissage dans les sociétés avec et sans écriture," p. 32.

31. M. d'Hertefelt and A. Coupez, *La royauté sacrée de l'ancien Rwanda*, pp. 5 – 7; A. Kagame, "Le code ésotérique de la dynastie du Rwanda."

32. See n. 22. The Arab poet was never the reciter and every poet needed a reciter.

33. R. De Decker, *Les clans Ambuun*, *Bambunda d'après leur littérature orale*, p. 27.

34. A. Kagame, "Etude critique d'un vieux poème historique du Rwanda," p. 151.

35. J. H. Nketia, *Funeral Dirges*, p. 143.

36. Tamane Bitima, "On Some Oromo Historical Poems," pp. 319 – 20.

37. A. Kagame, *Introduction au grands genres lyriques de l'ancien Rwanda*, p. 151.

38. See chapter two, II, 1, d, iii.

39. D. W. Cohen, *Womunafu's Bunafu*, p. 14.

40. A. Kronenberg, "The Fountain of the Sun."

41. R. Pemoud, *Les Gaulois*, pp. 9 – 96 (Bibracte).

42. F. Eggan, "From History to Myth: A Hopi Example."

43. A. Lieury, *La mémoire*, pp. 48 – 52; J. J. Jenkins, "Remember That Old Theory of Memory" pp. 790 – 92; A Tudor example is in E. Leach, *Genesis as Myth and other Essays*, pp. 81 – 82; R. R. Atkinson, "The Tradition of the Early Kings of Buganda," shows the effects of this process in an extreme way fused with cosmological speculation.

44. J. C. Miller, "Listening for the African Past, pp. 7 – 8.

45. M. G. Kenny, "The Stranger from the Lake," p. 7 (the story of "the boy and the bead").

46. J. C. Miller, "The Dynamics of Oral Tradition in Africa," p. 86.

47. G. S. Kirk, *Myth*; R. Firth, *History and Traditions*, p. 7 (Malinowski's notion of myth); P. Pender-Cudlip, "Oral Tradition and Anthropological Analysis" (use of the concept by an anthropologist in recent times). Volume 22 of *Paideuma* is devoted to an analysis of myths. Myths there seem to be accounts of origin, believed by the tellers to be true, but held by outsiders to be fiction. C. Lévi-Strauss and other structuralists label any narrative, fictional or not, "myth." I will not use the term in this work.

48. J. Vansina, "Traditions of Genesis"; for an example see chapter three, I, 2. "The Origin of the Chieftaincy of the Ganame."

49. D. Barrere, "Revisions and Adulterations in Polynesian Creation Myths."

50. H. Baumann, *Schöpfung und Urzeit*, passim, and pp. 256 – 60 for Tower of Babel in Africa.

51. J. Vansina, *La légende du passé*, pp. 55 – 66. The tale of David playing before Saul is analogous. In the legend about the foundation of the city of Antwerp the young hero Brabo sings for King Druoon Antigoon and slays him, cutting off his hand (folk etymology for the name of the town). This story probably dates from the sixteenth century (humanists!) who knew the Biblical parallel. Did it come to Burundi and Rwanda only after the arrival of the missionaries?

52. J. Vansina, *The Children of Woot*, pp. 34 – 40.

53. D. Henige, *Oral Historiography*, pp. 88 – 89.

54. Ibid. , p. 100.

55. J. Gates, "Model Emperors of the Golden Age in Chinese Lore"; E. O. Reischauer and J. K. Fairbanks, *East Asia*, vol. 1, pp. 37 – 38.

56. A. R. Cottrell, *The First Emperor of China*, pp. 136 – 57.

57. J. C. Miller, "The Dynamics of Oral Tradition," pp. 80 – 83; G. I. Jones, "Time and Oral Tradition with Special Reference to Eastern Nigeria," pp. 153 – 57.

58. T. O. Spear, "Oral Tradition: Whose History?" pp. 134 – 41; J. C. Miller, "Listening for the African Past," table, p. 43; R. G. Willis, *On Historical Reconstruction for Oral Traditional Sources*, table 16.

59. L. Demesse, *Changements techno-ékonomiques* et *sociaux chez les pygmées babinga*, pp. 135 – 37. See also, chapter four, II, 2.

60. See chapter six, III, 3.

61. They are found from Ireland to India, in Central Asia, and among the Ainu. In Africa most "epics" are heroic narratives,

but some do exist, because they obey special linguistic rules of form. See Kanenari Matsu, *Ainu jojishi Yukarashu* [A collection of Ainu Epic poems] (Tokyo, 1959 – 65). For Africa, see R. Finnegan, *Oral Literature in Africa*, pp. 108 – 10; D. Biebuyck, "The Epic as Genre in Congo"; S. Biernaczky, "Folklore in Africa Today"; J. J. Johnson, "Yes, Virginia, There Is an Epic in Africa." For an example, see L. Kesteloot and A. Traore, eds. , *Da Monzon de Segou: épopée bambara*,

62. A. Lord, *The Singer of Tales*, pp. 69 – 77, M. Tamminen, *Finsche My then en Legenden*, pp. 14 – 21; 27 – 30.

63. A. Ayoub and M. Gallais, *Images de Djazya*.

64. R. P. Pagès, *Un royaume hamite*, pp. 228 – 335.

65. E. Bernheim, *Lehrbuch*, p. 331; W. Bauer, *Einführung*, p. 237.

66. P. Crépeau, "The Invading Guest"; F. M. Rodegem, *Paroles de sagesse au Burundi*.

67. A. Delivré, *L'histoire des rois d'Imerina*, pp. 203 – 14.

68. G. Greene, *Journey without Maps*, p. 65.

69. D. Henige, *Oral Historiography*, p. 2.

70. J. C. Miller, "Listening," p. 2: "Oral tradition is a narrative describing or purporting to describe eras before the time of the person who relates it. " This comes close to the definition by E. Bernheim or W. Bauer of *Sage*, a subdivision of oral tradition. See E. Bernheim, *Lehrbuch*, p. 318, W. Bauer, *Einführung*, p. 239.

71. This model does not hold for all genres, especially not for historical gossip; See R. Rosaldo, "Doing Oral History," p.

89. For tales, see V. Labrie Bouthillier, "Les expériences sur la transmission orale. "

72. T. Bianquis, "La transmission du Hadith en Syrie à l'époque fatimide"; H. A. R. Gibb, *Mohammedanism*, pp. 74 – 82; J. Robson, *Hadīth*; J. Schacht, "A Reevaluation of Islamic Tradition," is considered hypercritical by most later commentators.

73. D. W. Cohen, *Womunafu's Bunafu*, p. 189, and "Reconstructing a Conflict in Bunafu," p. 217 – 18, fn. 7; R. Rosaldo "Doing Oral History. "

74. As against J. C. Miller, "Listening," p. 2, who—in the name of doing away with the documentary analogy—ignores these problems.

75. A. Delivré, *L'histoire des rois*, p. 288 (only problems of succession and of historical progress are retained); Sione Latukefu, "Oral Tradition" (Tonga: mostly battles and succession); P. Irwin, *Liptako Speaks*, pp. 12 – 21 (Liptako in Upper Volta: male, Fulani, higher status history, mostly about emirs, battles, and holy men).

第二章

1. H. Scheub, "Performance of Oral Narrative," and "Body and Image in Oral Narrative Performance"; R. Finnegan, *Oral Literature in Africa*, pp. 2 – 12; D. Ben Amos, "Introduction: Folklore in Africa," pp. 12 – 16.

2. A. Van Gennep, *La formation des légendes*, pp. 267 – 71.

3. H. Scheub, *The Xhosa Ntsomi*, pp. 12 – 16.

4. T. Cope, *Izibongo*, pp. 21 – 29; H. F. Morris, *The Heroic*

Recitations of the Bahima of Ankole, pp. 21 - 38.

5. J. Vansina and J. Jacobs, "*Nshoong atoot*, het koninklijk epos der Bushong. "

6. A. Lord, *The Singer of Tales*, pp. 13 - 29; M. Tamminen, *Finsche My then en Legenden*, pp. 26 - 27 (*kantele* instrument), pp. 24 - 25 (swaying).

7. P. Radin, *The Story of the American Indian*, pp. 222 - 23 (Natchez); S. Latukefu, "Oral Tradition," p. 44 (Tonga); G. Dupre, *Unordre et sa destruction*, pp. 249 - 50 (Nzebi); N. Nzewunwa, *The Masquerade in Nigerian History and Culture*.

8. L. Frobenius, *Dichtkunst der Kassaiden*, p. 322.

9. H. Scheub, 'The Art of Nongenile Mazithathu Zenani. "

10. D. Ben Amos, "Introduction," p. 27; S. Camara, *Gens de la parole*; D. T. Niane *Soundjata ou/'epopee Mandingue*, pp. 1 - 2.

11. S. Latukefu, "Oral Tradition," pp. 44 - 48.

12. R. Firth, *History and Traditions*, pp. 15 - 16.

13. *Notes and Queries in Anthropology*, pp. 195, 204; D. Westermann, *Geschichte Afrikas*, pp. 15 - 16, 406.

14. S. O. Biobaku, "The Wells of West African History," p. 19.

15. A. Kagame, *La notion de génération*, pp. 9 - 44; A. D'Arianoff, *Histoire des Bagesera*, pp. 14 - 15.

16. M. d'Hertefelt and A. Coupez, *La royauté sacrée*, pp. 4 - 8.

17. A. Kagame, *La poésie dynastique au Rwanda*, p. 39, n. 35.

18. E. Meyerowitz, *Akan Traditions of Origin*, pp. 19 - 20.

19. P. Pender-Cudlip, " Encyclopedic Informants and Early Interlacustrine History"; G. W. Hartwig, "Oral Traditions Concerning the Early Iron Age in Northwestern Tanzania"; T.

Reefe, *The Rainbow and the Kings*, pp. 11 – 13; P. Irwin, *Liptako Speaks*, pp. 22 – 26, 32 – 34 (traditionist). Such informants present their own interpretation of the past and are in that sense "oral historians." M. I. Finley, "Myth, Memory and History," pp. 287 – 88, 229, discussing why Herodotus can be called a historian while his predecessors cannot, makes evident why encyclopedic performers are not "oral historians"; they lack a sense of precise chronology.

20. D. Ben Amos, "Introduction," pp. 27 – 29.
21. R. Firth, *The Work of the Gods in Tikopia*.
22. D. Ben Amos, "Introduction," p. 27.
23. D. Ben Amos, "Story Telling in Benin."
24. M. Palau Marti, *Les Dogon*, p. 428; G. Dieterlen, "Myth et organization sociale au Soudan Francais," pp. 39 – 40.
25. E. Loftus, *Eyewitness Testimony*, pp. 24 – 25.
26. J. Vansina and J. Jacobs, "*Nshoong atoot.*"
27. E. Best, *The Maori*, vol. 1, pp. 65, 73; R. Lowie, *Social Organization*, p. 202.
28. A. Kagame, *La poésie dynastique au Rwanta*, pp. 22 – 24.
29. A. Kagame, "Etude critique d'un vieux poème historique du Rwanda."
30. A. Lord, *The Singer of Tales*, p. 17.
31. F. Bartlett, *Remembering*.
32. A. Lieury, *La mémoire*, pp. 154 – 56.
33. H. Scheub, *The Xhosa Ntsomi*, pp. 90 – 100 and index.
34. D. Sperber, *Rethinking Symbolism*.
35. F. Eggan, "From History to Myth," pp. 50 – 51.
36. A. Schulze-Thulin, *Intertribaler Wirtschaftsverkehr und*

Kultur? konomische Entwicklung, p. 115; R. Underhill, *Red Man's America*, pp. 67 – 69 (drawing and treaty case).

37. C. H. Perrot, "Les documents d'histoire autres que les récits," pp. 488 – 89.

38. C. H. Perrot, *Les Anyi-Ndenye* et *Ie pouvoir aux* 18' et 19" *siécles*, p. 45.

39. T. Reefe, "Lukasa: A Luba Memory Device."

40. A. Schulze-Thulin, *Intertribaler Wirtschaftsverkehr*, p. 115; R. Lowie, *The Crow Indian*, p. 211, and *Indians of the Plains*, pp. 145 – 47.

41. G. Niangouran Bouah, "Les poids a peser l'or et les problems de l'ecriture" (summary).

42. W. Brown, personal information.

43. W. Fenton, "Field Work, Museum Studies and Ethnohistorical Research," pp. 78 – 79, and "Problems in the Authentification of the League of the Iroquois." Calendars needed mnemonic supports, even when quite simple. Thus the Komo (Zaire) hunters and farmers kept track of years by knotting a rope once a year. See W. de Mahieu, "Le temps dans la culture komo," p. 12. The count began after the last moving of the village.

44. C. H. Perrot, *Les Anyi-Ndenye*, p. 23 and *bia* in index.

45. J. Gorju, "Entre Ie Victoria, l'Albert et l'Edouard," p. 112.

46. P. Chike Dike, "Some Items of Igala Regalia."

47. R. Karsten, *La civilisation de i'empire inca*, pp. 113, 128 – 37; L. Baudin, *Der Sozialistische Staat der Inka*, pp. 48 – 50, 103 – 7.

48. R. Lacey, "On *Tee* Grounds as Historic Places," pp. 282 – 84.

49. L. Frobenius, *Kulturgeschichte Afrikas*, p. 344.

50. J. Gorju, "Entre Ie Victoria," pp. 83,87,107 – 9; R. Oliver, "Ancient Capital Sites of Ankole," and 'The Royal Tombs of Buganda"; M. Wilson, *Communal Rites of the Nyakyusa*, pp. 42,70,85; A. E. Jensen, "Die Staatliche Organisation und die historische Ueberlieferungen der Barotse," p. 94, n. 3; G. Prins, *The Hidden Hippopotamus*, pp. 123 – 28.

51. S. Latukefu, "Oral Tradition," p. 5, for a Tonga case: historical traditions around the fortress Velata on Lifuka island.

52. 1. Cunnison, *History on the Luapula*, pp. 10,35 – 38.

53. J. Vansina, *La légende du passé*, pp. 16 – 17.

54. J. H. Nketia, *Drumming in the Akan Communities of Ghana*.

55. A. De Rop, De *gesproken woordkunst van de Nkundo*, pp. 178 – 79; T. Reefe, "Lukasa," pp. 10 – 11.

56. See chapter three, I, n. 5.

57. H. Scheub, *The Xhosa Ntsomi*, pp. 17 – 43.

58. O. Olajubu, "Iwì Egúngún Chants," p. 159.

59. J. Goody, *The Myth of the Bagre*, pp. 59 – 60.

60. R. Firth, *History and Traditions of Tikopia*, pp. 15 – 16.

61. A. Kagame, *La poésie dynastique*, pp. 22 – 24; H. Lavachery, *Vie des Polynésiens*, p. 37; R. Lowie, *Social Organization*, p. 197; K. Luomala, "Polynesian Literature," pp. 772 – 89, E. Best, *The Maori*, vol. 1, pp. 57 – 84; E. S. C. Handy, *Marquesan Legends*, p. 20; J. H. Rowe, "Inca Culture at the Time of the Spanish Conquest," pp. 201 – 2; L. Baudin, "La formation de l'élite et l'enseignement de l'histoire dans l'empire des Incas," p. 209; H. B. Nicholson, "Native Historical Tradition," p. 609; M. Lunghi, *Oralità et Trasmissione in Africa negra*, pp. 78 – 79 (Abron, Ivory

Coast). The last citation stems from a missionary who was told by a chief about the school, the sanctions for inattention, the schedule of classes, and the curriculum. This information from the 1970s is suspect in that it clearly shows the intent to prove that schools like modem schools existed in precolonial Akan chiefdoms. The case exemplifies problems that may also be present in the other cases cited.

62. E. S. C. Handy, *Marquesan Legends*, p. 20.

63. A. Kagame, "Etude critique," pp. 151 – 95.

64. A. Lord, *The Singer of Tales*, p. 101.

65. Ibid. , pp. 60 – 61.

66. Ibid. , p. 123; D. Biebuyck, *Hero and Chief*.

67. A. Van Gennep, *La formation des légendes*, pp. 267 – 71.

68. A. Coupez and T. Kamanzi, Récits *historiques rwanda*, pp. 6 – 11 and passim; J. Vansina, *Ibitéekerezo*, index, *Gakaniisha*.

69. J. Vansina, *La légende*, pp. 32 – 54, for the case of Macoonco in Burundi. I must refer the reader to this because examples are too long to be detailed here.

70. J. Macpherson, *Fragments of Ancient Poetry*.

71. C. G. Voegelin et al. , *Walam Olum* or *Red Score*; J. B. Griffin, "A Commentary on an Unusual Research Program in American Anthropology," and "Review of *Walum Olum*."

72. D. Henige, *Oral Historiography*, p. 95.

73. D. Ben Amos, "Story Telling in Benin," pp. 22 – 29.

74. R. Firth, History *and Traditions*, p. 15: he received his first versions in secret from unauthorized persons.

75. See n. 19.

76. A. Kagame, "Etude critique," pp. 153 – 55.

77. This is known as *probatio pennae*. See, for example, the poem *Laxis* fibris in P. Becker, "Der Planetus auf den Normannenherzog Willem Langschwert."

78. See S. Farrall, "Sung and Written Epics: The Case of the Song of Roland," p. 112 for quote.

79. J. H. Speke, *Journal of the Discovery of the Source of the Nile*, pp. 246 - 60. He says, "My theory is founded on the traditions of several nations as checked by my own observation of what I saw when passing through them" (p. 246). The famous and erroneous "Hamitic Theory" about the peoples of the great lakes of Africa was first formulated here, as a result of these "traditions" and "observations."

80. I. M. Njoya, Histoire et *coutumes des Bamum*. But see C. Geary, *Les choses du palais*, pp. 38 - 41.

81. Jiro Tominaga, "Literature," p. 153. The case highlights the difficulties of assigning authorship. Who is the author here? Hieda-no Are? Emperor Mommu? The Chinese scholar?

82. B. Heintze, "Oral Tradition"; O. O. Obuke, *A History of Aviara*, pp. 141 and 141 - 248; D. Henige, *Oral Historiography*, pp. 119 - 27. Two text publications are D. Wright, *Oral Traditions of the Gambia*; E. J. Alagoa and K. Williamson, *Ancestral* Voices.

83. H. Scheub, 'Translation of African Oral Narrative-Performances"; D. Tedlock, "On the Translation of Style in Oral Narrative." (This is a Zuni case.) Tedlock's proposals for special typographical conventions still are imprecise and in practice unworkable.

84. J. Vansina and J. Jacobs, "*Nshoong atoot.*"

85. L. Haring, "Performing for the Interviewer. "

86. P. Thompson, *The Voice of the Past*, pp. 165 - 85; D. Henige, *Oral Historiography*, pp. 39 - 54. The literature on interviewing is vast. I cite only E. Loftus, *Eyewitness Testimony*, pp. 88 - 109, a psychological study which points to the many ways in which interviewers influence informants (passim).

87. D. Henige, *Oral Historiography*, pp. 34 - 36; E. Loftus, *Eyewitness Testimony*, pp. 94 - 97.

88. D. Henige, *Oral Historiography*, pp. 51 - 53; see n. 19, pp. 210 - 11.

89. M. d'Hertefelt, "Mythes et idéologies dans Ie Rwanda ancien et contemporain. "

90. See n. 68, p. 213.

第三章

1. V. Goeroeg-Karady, *Littérature orale d'Afrique noire*: *Bibliographie analytique*; H. Scheub, *African Oral Narratives, Proverbs, Riddles, Poetry and Songs*.

2. M. Jousse, *Le style oral rythmique et mnémotechnique chez les verbomoteurs*; A. De Rop, De *gesproken woordkunst*, pp. 15 - 16.

3. R. Finnegan, *Oral Literature in Africa*, pp. 55 - 76; A. Coupez, *Rythmes poétiques africains*; J. W. Johnson, "Yes, Virginia. "

4. J. W. Johnson, *Somali Prosodic Systems*; B. Andrzejewski and J. Lewis, *Somali Poetry*.

5. A. Coupez, "Rythmes poétiques africains," pp. 48 - 49; D.

Simmons, "Tonal Rhyme in Efik Poetry"; L. Stappers, "Toonparallellisme als mnemotechnisch middel"; J. Kaemmer, 'Tone Riddles from Southern Mozambique."

6. A. Coupez, "Rythmes poetiques africains," p. 55.

7. A. Lord, *The Singer of Tales*, pp. 34 – 35.

8. V. Propp, *Morphology of the Folktale*.

9. W. Staude, "Die aetiologische Legende von dem Chefsystem in Yoro." The text is first analyzed in terms of formal structure. On the relationship between this and the following discussion in terms of core images see D. Ben Amos, '1ntroduction," p. 19.

10. H. Scheub, *The Xhosa Ntsomi*, and "Performance of Oral Narrative" developed the concept of 'core image: In any tale (narrative) an image structure exists. The core image is the "situation of the tale" and undergoes transformations (the action told) leading to a deeper understanding of the core image or linking it to another one or to other core images.

11. H. Scheub, "The Technique of the Expansible Image." *Notes to Pages* 78 – 90 215

12. V. Propp, *Morphology*, but see reservations of P. Smith, 'Le récit populaire au Rwanda," p. 115, and more fundamental objections by B. Nathhorst, *Formal or Structural Studies of Traditional Tales*, pp. 16 – 29.

13. A. Kagame, "Poésie dynastique," pp. 13 – 15, and "Etude critique," for an example of *impakanizi*.

14. D. Ben Amos, "Introduction," pp. 3 – 4.

15. P. Smith, "Le recit populaire," pp. 20 – 23.

16. F. M. Rodegem, *Anthologie rundi*, pp. 12 – 16.

17. G. H. Gossen, *Chamulas in the World of the Sun*, pp. 47 –

55; D. Ben Amos, "Introduction," pp. 4 – 7 for elements of taxonomies.

18. E. Bernheim, *Lehrbuch*, pp. 255 – 56; W. Bauer, *Einführung*, p. 162.

19. A. De Rop, De *gesproken woordkunst*, pp. 8 – 14.

20. R. Finnegan, *Oral Literature in Africa*, passim.

21. A. Jason, " The Genre in Oral Literature," and " A Multidimensional Approach to Oral Literature"; B. Nathhorst, "Genre, Form and Structure. "

22. A. Van Gennep, *La formation des Iégendes*, p. 74.

23. V. Propp, *Morphology*; P. Smith, "Le récit populaire," p. 115; P. Gossiaux, "Comptes rendu," commits precisely this error.

24. E. J. Alagoa and K. Williamson, *Ancestral Voices*.

25. B. Heintze, "Translations as Sources for African History. "

26. B. Malinowski, "The Problem of Meaning. "

27. R. Thompson and J. Cornet, *The Four Moments of the Sun*, pp. 37 – 39; K. Laman, *The Kongo III*, pp. 67 – 172; W. MacGaffey, "Fetishism Revisited. "

28. R. van Caeneghem, *Hekserij bij de Baluba van Kasai*.

29. A. Delivré, *L'histoire*, pp. 140 – 50.

30. J. W. Fernandez, *Bwiti*.

31. A. Coupez, personal communication.

32. P. Qttino, "Un procédé littéraire malayo-polynésien," p. 11. See J. E. Mbot, *Ebughi bifia*, for the practice of creating multiple meanings among the Fang of Gabon.

33. N. Gidada, "Qromo Historical Poems and Songs," p. 329.

34. A. Kagame, *Poésie dynastique*, pp. 14 – 19.

35. D. Wright, ed. , *Beowulf*, p. 22.

36. P. Denolf, *Aan den rand der Dibese*, p. 569.

37. E. Bernheim, *Lehrbuch*, pp. 324 – 31; W. Bauer, *Einführung*, p. 240; L. Delahaye, *Les légends hagiographiques*, pp. 30 – 41; F. Lanzoni, *Genesi* e *svolgimento*, pp. 74 – 85.

38. P. Denolf, *Aan den rand der Dibese*, p. 29; I. Cunnison, *History on the Luapula*, p. 19; M. Plancquaert, *Les Jaga* et *les Bayaka*, p. 88; J. C. Yoder, "The Historical Study of a Kanyok Genesis Myth,", pp. 91 – 94.

39. On the subject of intentional and unintentional testimony see M. Bloch, *Apologie pour l'histoire*, pp. 23 – 34, who was a master in their use. The distinction in historical manuals is usually reduced to the opposition between archival and literary sources: archival sources are written for an immediate purpose (e. g. , laundry lists) ; literary sources are written for consultation by posterity. See E. Bernheim, *Lehrhuch*, pp. 230 – 34,434 – 41.

40. M. Herskovits, *Man and His Works*, p. 14. On p. 19 he cites an example from the Pueblo Indians (entry into the house). See also W. Muehlmann, *Methodik der V? lkerkunde*, pp. 206 – 7. Collections of tales soon show how rich this source can be. For Central Africa see, for example, L. Frobenius, *Dichtung der Kassaiden*, gathered in 1904 – 06, or R. H. Nassau, *Fetichism in West Africa*, pp. 331 – 86, gathered from 1864 onwards (Ogowe Delta and Gaboon estuary). Many precolonial practices, situations, techniques, social statuses, and roles are preserved there.

41. J. K. Wright, *Map*, pp. 830 – 31.

第四章

1. H. Moniot, "Les sources de l'histoire africaine," pp. 134 – 35.

2. J. D. Y. Peel, "Kings, Titles and Quarters," p. 109; T. O. Beidelman, "Myth, Legend and Oral History"; A. F. Robertson, "Histories and Political Opposition in Ahafo, Ghana"; P. C. Lloyd, "Yoruba Myths."

3. J. M. De Decker, *Les clans Ambuun*.

4. J. Vansina, *The Children of Woot*, pp. 227 – 34 and index.

5. B. G. Blount, "Agreeing to Agree on Genealogy." The same situation is reported for the Wolof of Senegal. See J. T. Irvine, "When Is Genealogy History?"

6. M. Verdon, *The Abutia Ewe of West Africa*, pp. 257 – 58. The difference with previous cases is that genealogies were rarely discussed here and were less important for the social present.

7. D. W. Cohen, *Womunafu's Bunafu*, p. 189, and "Reconstructing a Conflict in Bunafu." For a vivid case of actual gossip see P. Irwin, *Liptako Speaks*, pp. 22 – 23.

8. L. Baudin, "La formation de lélite"; J. H. Rowe, "Inca Culture," pp. 201 – 2, and "Absolute Chronology," p. 272; H. B. Nicholson, "Native Historical Tradition," p. 609.

9. E. Meyerowitz, *Akan Traditions*, pp. 21 – 22.

10. B. Malinowski, *Argonauts of the Western Pacific*, pp. 291 – 98.

11. R. Lowie, "Primitive Society," pp. 224 – 32, and *Social Organization*, pp. 131 – 34.

12. J. Vansina, *Children of Woot*, pp. 123 – 26 and 49 – 63. Many other cases can be cited. For instance, see D. Lange,

Chronologie et *histoire*, for the Sefawa dynasty of Kanem-Bornu, incorrectly reputed to be the first and only dynasty of that state for a thousand years.

13. E. Meyerowitz, *Akan Traditions*, pp. 21 – 22.

14. Ibid. , pp. 21 – 22,84 n. 2,106 n. 3,109.

15. R. Lacey, "On *Tee* Grounds as Historical Places. "

16. A. Delivré, *L'histoire des rois*, pp. 424 – 26, for various editions and manuscripts. Delivre's work consists of an interpretation of Callet's materials checked against others, and by work in the field.

17. G. Dupré, *Un ordre* et *sa destruction*, pp. 249 – 53.

18. J. Vansina, *Geschiedenis van de Bakuba*, pp. 133 – 35.

19. W. MacGaffey, *Modern Kongo Prophets*, p. 92.

20. Especially in so-called segmentary lineage systems. See, for example, Lewis, "Historical Aspects of Genealogies in Northern Somali Social Structure. "

21. Lord Kinross, *The Ottoman Centuries*, pp. 19,23,25.

22. W. M. J. Van Binsbergen, "Interpreting the Myth of Sidi Mhâmmad. "

23. D. Henige, *Chronology of Oral Tradition*, pp. 1 – 120.

24. D. Westermann, *Geschichte Afrikas*, passim.

25. A. Kagame, *Un abrégé de l'ethno-histoire du Rwanda*, pp. 130 – 31,133 – 34.

26. F. Hagenbucher Sacripanti, *Fondements spirituels*, pp. 71 – 82 (Loango); J. Vansina, *The Tio Kingdom*, pp. 459 – 63,470 – 77.

27. J. A. Barnes, "History in a Changing Society," pp. 1 – 9; M. Reed, 'Traditions and Prestige among the Ngoni. "

28. K. 1. BIu, *The Lumbee Problem*, pp. 134 – 68 and passim.

29. A. Kituai, "Historical Narrative of the Bundi People," p. 12.

30. D. Henige, *Oral Historiography*, pp. 83,87 – 89,99.

31. J. Vansina, *Children of Woot*. Compare Shyaam (magician) and Mboong aLeeng (warrior).

32. J. Vansina, *La légende*, p. 208 – 17 (Mwezi I) to oppose to Ntare I and Ntare II. '

33. D. Henige, *Oral Historiography*, p. 88; W. Fenton, "Field Work," pp. 78 – 80; and "Problems in Authentification. "

34. 1. Cunnison, *History of the Luapula*, p. 5.

35. C. H. Perrot, "Ano Asema: mythe et histoire," first thought this person was fictive only to find later he was not. R. Firth, *History and Traditions of the Tikopia*, p. 164, implies that Sako, the culture hero, was a real person who either performed great deeds or created institutions of importance. This may but need not be so. Alexander and Charlemagne became culture heroes. With lesser heroes, such as warriors or law givers, this may be more often the case than with the overall culture hero. Yet even in such cases some figures may have been invented as foils to others (Sancho Panza vs. Don Quixote), as is the case with the Chinese Yao, Shun, and Yü (see J. Gates, ' Model Emperors of the Golden Age in Chinese Lore"). For battles see R. M. Dorson, *Folklore and Fakelore*, pp. 413 – 44. Each party always claimed victory.

36. A. Kagame, *Poésie dynastique*, pp. 158 – 59.

37. S. Camara, *Gens de la Parole*, pp. 176 – 96.

38. S. Latukefu, "Oral Traditions," pp. 44 – 45.

39. P. Denolf, *Aan den rand der Dibese*, pp. 27 – 29.

40. R. Lacey, "Coming to Know Kepai," especially pp. 76 – 77.

41. J. Egharevba, *A Short History of Benin.*

42. For a full list of genres see, F. M. Rodegem, Anthologie rundi, pp. 12 – 14; P. Smith, *Le récit populaire*, pp. 20 – 24 (Rwandan narrative genres); A. Coupez and T. Kamanzi, *Littérature de cour au Rwanda.*

43. J. Helm and B. C. Gillespie, "Dogrib Oral Tradition as History."

44. S. Saberwal, "The Oral Tradition, Periodization and Political Systems," puts their plight well. For some approaches see J. Tosh, *Clan Leaders and Colonial Chiefs in Lango*; J. Lamphear, *The Traditional History of the Tie*; J. B. Webster, Chronology, *Migration and Drought in Interlacustrine Africa*-all for northern Uganda.

45. J. Fernandez, *Bwiti*, pp. 76 – 87. The longest genealogies were kept in Polynesia. K. P. Emory, 'Tuamotan Concepts of Creation," gives one from Fangatau Island running to sixty-two generations, pp. 69 – 71.

46. J. Vansina, *The Tio Kingdom*, p. 53 n. 33 and p. 445.

47. J. -L. Vellut, *"Notes sur le Lunda,"* pp. 66 – 69.

48. R. Lowie, *"Oral Tradition and History,"* pp. 164 – 65.

49. F. M. Rodegem collected well over four thousand proverbs in Burundi alone (*see Paroles de sagesse*), and this is only one of many genres.

50. A. Delivré, *L'histoire des rois*, pp. 16 – 17, 139 – 74, 235 – 83.

51. See chapter six, I.

52. J. Goody and I. Watt, "The Consequences of Literacy."

53. Goody overlooks that written societies are often only partially

literate, that manuscripts are not books, that alphabets are not ideograms, that social pressures tend to push literates to read the same books, and differences between people in oral cultures are greater than he assumes because of specializations and differing interests. There is no specific "oral mentality."

54. K. Burridge, *Mambu*, pp. 158,250.

55. R. Firth, *History and Traditions*, pp. 176 – 79.

56. Ibid., pp. 178 – 79.

57. Ibid., p. 181.

58. J. Vansina, *Children of Woot*, pp. 155 – 59, and "Traditions of Genesis," p. 320 (palimpsest); R. Sigwalt, 'The Study of Historical Process in African Traditions of Genesis."

第五章

1. B. Berlin and P. Kay, *Basic Color Terms*.

2. J. Goody and I. Watt, "The Consequences of Literacy."

3. The very existence of encyclopedic informants illustrates this point.

4. G. H. Gossen, Chamulas, pp. 18 – 45; Leon Portilla, *Time and Reality in the Thought of the Maya*.

5. W. De Mahieu, "Cosmologie et structuration," pp. 124 – 26 (Komo); J. Fernandez, *Bwiti*, pp. 103 – 6 (Fang). J. Vansina, *Children of Woot*, p. 34 (Kuba). W. Mac Gaffey, "Oral Tradition in Central Africa," links Kongo cosmology and migration accounts. In medieval Europe the Orient was the cardinal direction. Hence "orientation" and "*ex Oriente lux.*"

6. E. Ohnuki-Tierney, "Spatial Concepts of the Ainu."

7. E. Ohnuki-Tierney, "Sakhalin Time Reckoning."

8. L. A. Howe, "The Social Determination of Knowledge"; C. Geertz, *The Interpretation of Cultures*, pp. 389 - 98.

9. T. Spear, "Oral Tradition: Whose History?" p. 140. Opinions shared by R. Willis and J. C. Miller. The concept is too functional, suspiciously elegant, and yet underestimates the complexity of notions of duration and time. The threefold division of periods is not universal. See P. M. Mercer, "Oral Tradition in the Pacific," pp. 140 - 41.

10. B. Malinowski, Argonauts, pp. 300 - 301; R. Firth, *The Work of the Gods*; M. Eliade, *The Myth of the Eternal Return*. F. Harwood, "Myth, Memory and Oral Tradition" (Trobriand), claims that a succession of places there replaced a sequence of time. The data do not convince. The mythical past there remains timeless, whatever the ordering of places.

11. The complexity of concepts about time is well set out in J. Hoornaert, "Time Perspective." Structuralists had argued that in oral societies duration was interpreted in terms of discontinuities, rather than as a flow of time. As M. Panoff, "The Notion of Time among the Maenge People of New Britain," pp. 456 - 57, showed, arguing against E. Leach, the Maenge perceive time as a continuum, a homogeneous and irreversible reality appreciated in terms of "long" and "short" and not as sums of discontinuous units. Space, like time, is represented as continuous and infinity in space is "forever" in time. Evidence from many Bantu-speaking peoples in Africa corroborates these points. This dimension of the notion of time is only one of many that we have not taken up in the text, even though it is crucial. Reading Hoornaert makes clear that many

other possible and equally relevant dimensions could be explored, but we have not space to do this here.

12. G. H. Gossen, *Chamulas*, p. 81.

13. Ibid. , p. 140.

14. G. Van Buick, "De invloed van de Westersche kultuur," p. 29; B. Malinowski, *Argonauts*, pp. 229 – 303; P. M. Mercer, "Oral Tradition in the Pacific," p. 143 (Kuma).

15. N. Kouyate, *Recherches sur la tradition orale*, p. 52.

16. J. Vansina, *Children of Woot*, p. 19.

17. L. Lévy-Bruhl, *La mentalité primitive*, pp. 85 – 93. The title of the first chapter is explicit: " Indifference of primitive mentality to secondary causes. " But the reader must keep a distance with regard to the explanation as to why this phenomenon occurs; for example, see pp. 17 – 85. To me there is no primitive mentality. All people think by the same logic, or use the same processes of analogy. There are no different "modes of thought," but the objects of thought clearly differ from culture to culture. Both substantive and symbolic objects are culture and time specific.

18. J. Goody and I. Watt, "The Consequences of Literacy. "

19. A. Delivré, *L'histoire des rois*, pp. 185 – 92.

20. J. Vansina, *Children of Woot*, pp. 19 – 20.

21. J. Middleton, "Some Aspects of Lugbara Myth. "

22. M. Fortes, *Oedipus and Iob* (West African Coast); J. Vansina *La légende*, pp. 30 – 31 (Burundi). Fate as ultimate cause was a standard notion to Greek (*Moirai*), Roman (*Parcae*), and Germanic (*Nomen*) populations.

23. J. Vansina, *The Tio Kingdom*, p. 227.

24. H. Baumann, *Schöpfung und Urzeit*, pp. 361 – 62.

25. R. F. Ellen and D. Reason, eds. , *Classifications in Their Social Context*, for a recent example. But see comments in M. R. Crick, "An-thropology of Knowledge," pp. 293 – 94.

26. J. Vansina, *Tio Kingdom*, pp. 126,377. Also A. Kronenberg and W. Kronenberg, *Nubische Mürchen*, fn. 57, pp. 294 – 95.

27. M. R. Crick, "Anthropology of Knowledge," pp. 288 – 89 for the difficulties involved in using grammatical categories.

28. Stanislas, "Kleine nota," p. 130, shows that the cliché of the bird that could not cross the waters is also found among the Nkutshu (Tetela), northeastern neighbors of the Kuba.

29. See chapter one, II, 2, c. A. O. Wiget, "Truth and the Hopi," shows these conclusions to be true even in accounts relating events of 1680. Apparently, once the reinterpretation had been made such accounts could then acquire great stability.

30. R. Fox, "Child as Plant. "

31. Mpase Selenge Mpeti, *L'évolution de la solidarité*, p. 91.

32. J. Fernandez, *Bwiti*, p. 88.

33. See n. 37, p. 216.

34. S. Feierman, *The Shambaa Kingdom*, pp. 43 – 44; M. G. Kenny, 'The Stranger from the Lake," p. 11; L. De Heusch, Le roi ivre; J. C. Miller, ed. , *The African Past Speaks*, index: cliché, foreign hunter; J. S. Boston, "The Hunter in Igala Legends of Origin"; W. Staude, "Die ätiologische Legende. " (See also chapter three, I, 2.)

35. J. C. Miller, "Listening for the African Past," p. 7.

36. R. Firth, *History and Traditions of Tikopia*, p. 164.

37. J. C. Miller, *Kings and Kinsmen*, pp. 169 – 74.

38. C. Mc Clellan, "Indian Stories about the First Whites in Northwestern America," pp. 116 – 17.

39. Ibid. , pp. 120 – 24.

40. S. Feierman, *The Shambaa Kingdom*, pp. 40 – 90. For the cliché see n. 34 above.

41. Ibid. , pp. 43 – 44.

42. Ibid. , pp. 82 – 90. The direction of the route would be questionable only if cosmological representatives favored a southern orientation, especially if Creation was located to the south.

43. Ibid. , pp. 56 – 59.

44. R. G. Willis, "A State in the Making," p. 37: "It is remarkable how readily the mythical concepts and relations translate into key Marxist concepts." Remarkable indeed, but no more so than others who find Weber's or Radcliffe-Brown's concepts hidden in clichés.

45. J. C. Miller, ed. , *The African Past Speaks*, pp. 55 – 88.

46. H. Scheub, "The Technique of the Expansible Image."

第六章

1. J. J. Jenkins, "Remember That Old Theory of Memory7" p. 793.

2. F. Bartlett, "*Remembering*," J. J. Jenkins, "Remember,"pp. 790 – 95; E. Loftus, *Eyewitness Testimony*, pp. 52 – 87,108 – 9. What Jenkins calls fusion, she calls integration (for example, see p. 104).

3. R. Cohen, *Womunafu's Bunafu*. A good example is in J. Irwin, *Liptako*, pp. 22 – 23.

4. V. Labrie-Bouthillier, "Les experiences sur la transmission orale," pp. 14 – 17. F. Barth, *Ritual and Knowledge among the Baktaman of New Guinea*, provides a real life proof of the total corpus kept in the minds of 183 Baktaman. See especially pp. 255 – 67.

5. G. Dupré, *Un ordre et sa destruction*, pp. 117 – 22.

6. The main point stressed by R. Mayer, *Les transformations*.

7. A. Kuper, "Les femmes," p. 42; E. Meyerowitz, "Akan Traditions," pp. 21 – 22; R. Firth, "History and Traditions," pp. 15 – 17.

8. J. Vansina, *La légende*, pp. 32,55 – 68.

9. J. C. Miller, "Listening," pp. 35 – 39; R. Sigwalt, "The Kings Left Lwindi," pp. 143 – 50. Note origin of contradiction (p. 144) and compromise text (pp. 154 – 56).

10. J. Vansina, *The Tio Kingdom*, pp. 440, 457, n. 41; F. Harwood, "Myth, Memory and the Oral Tradition," pp. 787 – 89,791 – 92.

11. S. Thompson, *Motif Index of Folk Literature*, is the paradigm.

12. P. Denolf, *Aan den rand der Dibese*, p. 415; J. Vansina, *Geschiedenis*, p. 318. The slogan is attached to the capital Bulody ("reparation") among the Kuba. The text runs: "The fire burns the villages of people; but his village does not burn." The Lulua text runs "He burns the villages of others but his village, no one burns."

13. J. Vansina, *Children of Woot*, pp. 30 – 34.

14. J. C. Miller, ed., *African Past*, pp. 86, 118; M. Plancquaert, *Les Yaka*, p. 112; and n. 38, p. 216.

15. H. Baumann, *Schöpfung*, pp. 256 – 60. The distribution is even wider in the great lakes area, in Kasai (Zaire), and in West Africa.

16. J. Vansina, *Children of Woot*, p. 37; D. E. MacGregor, "New Guinea Myths and Scriptural Similarities."

17. J. Vansina, *Tio Kingdom*, pp. 378 (tyrant), 460 (bell). I have seen both these clichés mentioned in the literature for west central Africa, but their total distribution remains unknown.

18. J. Thornton, "Chronology and Causes of Lunda Expansion," pp. 1 – 6.

19. U. Braukämper, "The Correlation of Oral Traditions," p. 50. The situation during the Middle Ages in western Europe and in the Arab world until this century confirms this stand.

20. D. Henige, *Oral Historiography*, pp. 80 – 87.

21. 1. Berger, "Deities Dynasties and Oral Tradition"; D. Henige, Royal Tombs and Preternatural Ancestors," pp. 212 – 15.

22. R. Rosaldo, "Doing Oral History," p. 97.

23. This is the more stringent position as defended by the most positivist historians, C. V. Langlois and C. Seignobos, *Introduction aux études historiques*, vs. E. Bernheim, *Lehrbuch*, pp. 173 – 74, 444 – 45, and especially 504 – 5. Bernheim believes in a criterion of "inner plausibility" which allows for the use of a single source, unlike the Roman adage: "one witness, no witness" (*testis unus, testis nullius*). The level of plausibility attained by independent confirmation is so much higher than what any single message (written or oral) can attain, that this should be recognized. One uses single sources for lack of anything better—this often occurs with written

sources—but one can never claim more than a plausibility in such a case.

24. A. Delivré, *Histoire*, p. 288.

25. J. Vansina, 'The Power of Systematic Doubt,'' where (p. 120) the case for the central role of tradition to initiate hypotheses is made.

26. A. Lieury, *La mémoire*, pp. 35 – 36, 193 – 98; M. Halbwachs, *Les cadres sociaux*, is largely vindicated by recent research.

27. C. Lévi-Strauss, *La pensée sauvage*.

28. C. Lévi-Strauss, *Mythologiques*.

29. D. Sperber, *Rethinking Symbolism*.

30. See B. Nathhorst, *Formal or Structural Studies*.

31. The other relationships are similarity, subordination, superordination, and co-occurence. See A. Lieury, *La mémoire*, pp. 48 – 52.

32. J. Vansina, "Is Elegance Proof?" pp. 309 – 12.

33. F. W. Young, "A Fifth Analysis ofthe Star Husband," pp. 389 – 413; E. Swanson, "Orpheus and the Star Husband," pp. 124 – 26; C. Lévi-Strauss, *L'homme nu*.

34. C. L. Thomas et al. , "Asdiwal Crumbles. "

35. Structuralism should not be confused with symbolic anthropology. Provided symbolic argument can be verified and replicated by others it is valid. Images and their interrelationships can objectively be shown to be interpreted in a standard way in a culture. Even then readers still will distinguish between the meaning attributed by the majority of members of a culture and interpretations—often on the basis of categories drawn from sociological

theories—derived by the scholar who studies the culture.

36. R. R. Atkinson, "The Traditions of the Early Kings of Buganda," pp. 17 – 57; J. Vansina, *Children of Woot*, pp. 228 – 33.

37. A. Coupez and T. Kamanzi, *Récits historiques*, gives the repertory of one performer where it is quite evident.

38. A. Kagame, *La poésie dynastique*; M. d'Hertefelt, A. Coupez, *La royauté sacrée*.

39. On this crucial point I strongly agree with J. C. Miller, "Listening," p. 12. .

40. E. Leach, *Genesis*, pp. 27,81 – 82.

41. A. O. Wiget, 'Truth and the Hopi.'' In the whole literature I found that the above could only be tested with the Hopi case. Others are not necessarily as stable as this one has been. The actual sociopolitical history of a community undoubtedly affects the stability of its traditions directly.

42. R. R. Atkinson, "Traditions of the Early Kings."

43. F. Eggan, "From History to Myth," p. 303.

44. See n. 2, p. 222.

45. A. Lieury, *La mémoire*, pp. 149 – 53.

46. The most striking experiment showing this is perhaps the one described by J. J. Jenkins, "Remember," pp. 790 – 93.

47. A. Delivré, *L'histoire des* rois, shows how to achieve this in practice. For my own attempt see *Children of Woot*, pp. 127 – 71.

48. Even if one takes action because one foresees a chain of events, the foresight antedates the action.

49. For the associated mnemotechnics see chapter two, II, i, d, i;

G. D. Gibson, "Himba Epochs."

50. E. Ohnuki-Tierney, "Sakhalin Time Reckoning," p. 288.

51. W. De Mahieu, "Le temps dans la culture komo."

52. J. Vansina, *Tio Kingdom*, pp. 501 – 2, for important events in recent Tio history.

53. Cataclysms are more important in some cultures than in others. Such themes are dominant among the Indians of southern South America; see J. Wilbert and K. Simonean, *Folk Literature of the Toba Indians*, pp. 10 – 13. A collection of cataclysmic tales of the Toba follows, pp. 68 – 100. Fire, deluges, long-lasting night, and an ice age all occur.

54. M. Panoff, 'The Notion of Time," p. 455, shows how this leads local people to use genealogies as a measurement of time.

55. See chapter four, II, 2.

56. J. C. Miller, "Listening," pp. 13 – 15.

57. J. Middleton, "Some Social Aspects of Lugbara Myth," p. 194; B. Malinowski, *Argonauts*, pp. 300 – 304.

58. J. Vansina, "Is Elegance Proof?" pp. 318 – 21.

59. J. C. Miller, "Listening," pp. 13 – 15.

60. J. C. Miller, *Kings and Kinsmen*, pp. 98 – 103.

61. A. Kagame, *Un abrégé de l'ethno-histoire*, pp. 72, 75, 168 – 69.

62. J. C. Miller, "Listening," p. 50; A. Delivré, *L'histoire des rois*, pp. 180 – 81.

63. F. Eggan, "From History to Myth," p. 301, quoting from A. M. Stephen.

64. J. Goody, *The Domestication of the Savage Mind*, pp. 74 – 111.

65. P. Mark, *Economic and Religious Change*, p. 9 (Diola *bukut* in Senegal); H. A. Fosbrooke, "The Masai Age-group System"; J. Berntsen, "Pastoralism, Raiding and Prophets," p. 60 – 111.

66. J. C. Miller, "Kings, Lists and History in Kasanje," p. 63.

67. D. Henige, *Oral Historiography*, pp. 98 – 102. Yet there are exceptions to these generalizations where lists, used as epochs, were quite reliable. See J. Irwin, *Liptako Speaks*, pp. 87 – 89, and p. 88 for another case, that of the Sereer of Saalum.

68. 1. M. Lewis, "Literacy in a Nomadic Society"; W. De Mahieu, "A l'intersection de temps et de l'espace," is the fullest, most elegant analysis of genealogies one can read. In the society (Komo, Zaire) he deals with, every family was autonomous.

69. See n. 5, p. 216.

70. See n. 6, pp. 216 – 17,

71. D. W. Cohen, "Reconstructing a Conflict in Bunafu," p. 219 fn. 20.

72. L. Delmas, *Au pays du mwami*, is a volume of genealogies of the nobility which allows this to be done.

73. D. Henige, *Oral Historiography*, p. 98.

第七章

1. P. Irwin, *Liptako Speaks*, pp. 162 – 64. I have reservations about the use of "truth" in this context when "occurrence" is meant.

2. Ibid. , pp. 65 – 66,162.

3. Ibid. , pp. 161,163.

4. F. Van Noten, *The Archaeology of Central Africa*, pp. 75 – 76

(site of Ryamurari).

5. P. Schmidt, "Cultural Meaning and History in Africa Myth."

6. P. De Maret, "Chronologie de l'âge du fer," pp. 345 – 65 (Boter dal Report) on the origin of the Luba and attributions by local people of who the people of Sanga were; A. Samain, *La langue Kisonge*, introduction (origin of the Songye).

7. J. Mack and P. Robertshaw, eds. , *Culture History in the Southern Sudan*, pp. 54 – 55,63.

8. M. L. Zigmond, "Archaeology and the Patriarchal Age."

9. A. Ryder, *Benin and the Europeans*; R. E. Bradbury, "Chronological Problems in the Study of Benin History."

10. In different genealogies a gap exists between Boyamo, who figures as an early hero, and later generations.

11. U. Braukaemper, "Correlation of Oral Tradition and Historical Records in Southern Ethiopia," pp. 43 – 44.

12. P. Mai, "The Time of Darkness of Yuu Kuia"; R. J. Blong, "Time of Darkness."

13. D. Henige, *Oral Historiography*, pp. 102 – 3.

14. J. Vansina, *Children of Woot*, pp. 49,68,85.

15. B. G. Day, "Oral Tradition as Complement."

16. P. Irwin, *Liptako Speaks*, pp. 77 – 81.

17. J. Vansina, "Western Bantu Expansion."

18. M. Mainga, *Bulozi under the Luyana Kings*, pp. 5 – 6, p. 65.

19. T. O. Beidelman, "Myth, Legend and Oral History," quotation on p. 95.

20. P. Thompson, *The Voice of the Past*, pp. 4 – 8.

21. P. Irwin, *Liptako Speaks*, pp. 63 – 64.

22. J. Vansina, *Geschiedenis*.

23. J. Vansina, *Children of Woot*.

24. I. Marrou, De *la connaissance historique*, passim. See p. 232: "History is the knowledge of a human by a human" (repeated p. 296).

25. D. E. L. Haynes, *An Archaeological and Historical Guide*, p. 143.

26. J. Vansina, "The Power of Systematic Doubt in Historical Enquiry," which argues for the crucial, *central* place traditions occupy in an array of disciplines used to study the history of oral societies. Hypotheses must start from tradition. Marshalling evidence is at first shaped by the *problématique* which the traditions propose.

27. L. Ntambwe, "Les Luluwa et Ie commerce luso-africain," p. 100, on the development of masks and the impact of Cokwe on Luluwa art. This corroborates J. Vansina, *The Children of Woot*, p. 216. On demography see C. H. Perrot, *Les Anyi Ndenye*, pp. 31 – 34.

28. P. Irwin, *Liptako Speaks*, p. 161, talks about a "style."

29. A. Delivré, *L'histoire des rois*.

30. R. Packard, *Chiefship and Cosmology*.

31. P. Irwin, *Liptako Speaks*, p. 164.

32. D. Henige, *Oral Historiography*, pp. 119 – 27, ranks this necessity so highly that he concludes his study on this note.

参考文献

Alagoa, E. J. , and K. Williamson. *Ancestral Voices: Historical Texts from Nembe*, *Niger Delta*. Jos Oral History and Literature Texts. Jos: 1983.

Andrzejewski, B. , and J. Lewis. *Somali Poetry: An Introduction*. Oxford: 1964.

Atkinson, R. R. "The Traditions of the Early Kings of Buganda: Myth, History and Structural Analysis. " *HA* 2(1975): 17 - 58.

Ayoub, A. , and M. Gallais. *Image de Djazya*. Paris: 1977.

Barnes, J. A. "History in a Changing Society. " *Human Problems in British Central Africa* 11(1952): 1 - 9.

Barrere, D. "Revisions and Adulterations in Polynesian Creation Myths. " In *Polynesian Culture History*, edited by G. Highland, pp. 103 - 19. Honolulu: 1967.

Barth, F. *Ritual and Knowledge among the Baktaman*. Oslo: 1975.

Bartlett, F. *Remembering*. Cambridge: 1932.

Baudin, L. "La formation de l'élite et l'enseignement de l'histoire dans l'empire des Incas. " *Revue des études historiques* 83(1927): 107 - 14.

Baudin, L. *Der Sozialistische Staat der Inka*. Translated from the

French by J. Niederehe. Hamburg: 1956.

Bauer, W. *Einführung in das Studium der Geschichte*. Tübingen: 1928.

Baumann, H. "Ethnologische Feldforschung und Kulturhistorische Ethnologie." *Studium Generale* 7(1954): 151 – 64.

Baumann, H. *Schöpfung und Urzeit des Menschen* im *Mythus der Afrikanischen Völker*. Berlin: 1936.

Becker, P. "Der Planctus auf den Normannenherzog Willem Langschwert." *Zeitschrift für Französische Sprache und Literatur 43* (1939): 190 – 97.

Beidelman, T. O. "Myth, Legend and Oral History: A Kaguru Traditional Text." *Anthropos* 65(1970): 74 – 97.

Ben Amos, D. "Introduction: Folklore in Africa." *FFA* (1977): 1 – 34.

Ben Amos, D. "Story Telling in Benin." *African Arts* 1(1967): 54 – 55.

Benison, S. , ed. *Tom Rivers: Reflections on a Life in Medicine and Science*. Cambridge, Mass. : 1967.

Berger, I. "Deities, Dynasties and Oral Tradition." *APS* (1980): 61 – 81.

Berlin, B. , and P. Kay. *Basic, Color Terms: Their Universality and Evolution*. Berkeley: 1969.

Bernheim, E. *Lehrbuch der historischen Methode und der Geschichtsphilosophie Mit Nachweis der wichtigsten Quellen und Hilfsmittel zum Studium der Geschichte*. Leipzig: 1903.

Berntsen, J. S. "Pastoralism, Raiding and Prophets: Maasailand in the Nineteenth Century." Ph. D. diss. , University of Wisconsin, 1979.

Best, E. *The Maori*. Memoirs of the Polynesian Society. 2 vols. Wellington: 1924.

Bianquis, T. "La transmission du hadith en Syrie à l'époque fatimide. " *Bulletin d'études orientales* 25(1972): 85 – 95.

Biebuyck, D. "The Epic as Genre in Congo. " In *African Folklore*, edited by R. M. Dorson, pp. 257 – 73. New York: 1972.

Biebuyck, D. *Hero and Chief*: *Epic Literature from the Banyanga (Zaire Republic)*. Berkeley: 1978.

Biernaczky, S. "Folklore in Africa Today. " *Current Anthropology* 25 (1984): 214 – 16.

Biobaku, S. O. "The Wells of West African History. " *West African Review* 29(1953): 18 – 19.

Bird, J. , ed. *The Annals of Natal*, 1495 to 1845. 2 vols. Pietermaritzburg: 1888.

Bloch, M. *Apologie pour l'histoire ou métier d'historien*. Paris: 1952.

Blong, R. J. "Time of Darkness: Legend and Volcanic Eruptions in Papua. " *OTM* (1981): 141 – 50.

Blount, B. G. "Agreeing to Agree on Genealogy: A Luo Sociology of Language. " In *Sociocultural Dimensions of Language*, edited by M. Sanchez and B. G. Blount, pp. 117 – 36. New York: 1975.

Blu, K. I. *The Lumbee Problem*. New York: 1980.

Boston, J. S. "The Hunter in Igala Legends of Origin. " *Africa* 34 (1964): 116 – 25.

Bradbury, R. E. "Chronological Problems in the Study of Benin History. " *Journal of the Historical Society of Nigeria* (1959): 263 – 87.

Braukaemper, U. "The Correlation of Oral Traditions and Historical Records in Southern Ethiopia: A Case Study of the Hadiya Sidamo Past. " *Journal of Ethiopian Studies* 11(1973): 29 - 50.

Burridge, K. *Mambu: A Study of Melanesian Cargo Movements and Their Social and Ideological Background.* New York: 1960.

Camara, S. *Gens de fa Parole: Essai sur la condition et Ie rôle des griots dans la société Malinké.* Paris: 1967.

Campbell, J. *Grammatical Man: Information, Entropy, Language and Life.* New York: 1982.

Chike Dike, P. "Some Items of Igala Regalia. " *African Arts* 17 (1984): 70 - 71.

Cohen, D. W. "Reconstructing a Conflict in Bunafu. " *APS* (1980): 201 - 39.

Cohen, D. W. *Womunafu's Bunafu: A Study of Authority in a Nineteenth-Century African Community.* Princeton: 1970.

Cope, T. , ed. *Izibongo: Zulu Praise Poems.* Oxford: 1968.

Comet, J. *Art Royal Kuba.* Milan: 1982.

Cotterell, A. *The First Emperor of China: The Greatest Archaeological Find of our Time.* New York: 1981.

Coupez, A. , "Rythmes poétiques africaines. " In *Mélanges de culture* et *de linguistique africaines,* edited by P. de Wolf, pp. 31 - 59. Berlin: 1983.

Coupez, A. , and T. Kamanzi. *Récits historiques rwanda dans la version de* C. *Gakaniisha.* MRAC 43. Tervuren: 1962.

Crépeau, P. "The Invading Guest: Some Aspects of Oral Transmissions. " *Yearbook of Symbolic Anthropology* 1(1978): 11 - 29.

Crick, M. R. "Anthropology of Knowledge. " *Annual Review of*

Anthropology 11(1982): 287 – 313.

Cunnison, I. *History* on *the Luapula*: *An Essay* on *the Historical Notions of a Central African Tribe*. Lusaka: 1951.

Daaku, K. Y. "History in the Oral Traditions of the Akan." In *Folklore and Traditional History*, edited by R. M. Dorson, pp. 42 – 54. The Hague: 1973.

D'Arianoff. *Histoire des Bagesera*, *souverains du Gisaka*. *ARSOM 24*. Brussels: 1952.

Day, B. G. "Oral Tradition as Complement." *Ethnohistory* 19 (1972): 99 – 108.

De Craemer, W. "A Cross-cultural Perspective on Personhood." *Milbank Memorial Fund Quarterly/Health and Society* 61 (1983): 19 – 34.

De Decker, R. *Les clans Ambuun*, *Bambunda*, *d'après leur littérature orale*. *ARSOM* 20. Brussels: 1954.

De Heusch, L. *Le roi ivre*. Paris: 1972.

Delahaye, H. *Les légendes hagiographiques*. Brussels: 1905.

Delivré, A. *L'histoire des* rois *d'Imerina*. Paris: 1974.

Delmas, L. *Au pays du mwami Mutara III Charles Rudahigwa*: *Généalogies de la noblesse (les Batutsi) du Ruanda*. Kabgayi: 1950.

De Mahieu, W. "Cosmologie et structuration de l'espace chez les Komo." *Africa* 45(1975): 123 – 38.

De Mahieu, W. "A l'intersection du temps et de l'espace, du mythe et de l'histoire-les généalogies: l'exemple komo." *Cultures* et *developpement* 11(1979): 415 – 37.

De Mahieu, W. "Le temps dans la culture komo." *Africa* 43 (1973): 2 – 17.

De Maret, P. "Chronologie de l' âge du fer dans la dépression de l'Upemba en République du Zaire. " 3 vols. Ph. D. diss. , Free University of Brussels, 1978.

Demesse, L. *Changements techno-économiques* et *sociaux chez les pygmées babinga*. Paris: 1978.

Denolf, P. *Aan den rand der Dibese. ARSOM* 34. Brussels: 1954.

De Rop, A. De *gesproken woordkunst van de Nkundo. MRAC 13.* Tervuren: 1956.

d'Hertefelt, M. , "Mythes et idéologies dans Ie Rwanda ancien et contemporain. " In *The Historian in Tropical Africa*, edited by J. Vansina, R. Mauny, and L. Thomas, pp. 219 - 38. London: 1964.

d'Hertefelt, M. , and A. Coupez. *La royauté sacrée de l'ancien Rwanda. MRAC* 52. Tervuren: 1964.

Dieterlen, G. "Mythe et organisation sociale au Soudan Francais. " *Journal de la société des Africanistes* 25(1955): 39 - 76.

Dorson, R. M. *Folklore and Fakelore: Essays towards a Discipline of Folk Studies*. Cambridge, Mass. : 1976.

Dupré, G. *Un ordre* et *sa destruction*. Paris: 1982.

Eggan, F. "From History to Myth: A Hopi Example. " In *Studies in Southwestern Ethnolinguistics*, edited by D. Hymes and W. E. Bittle, pp. 33 - 53. New York: 1967.

Egharevba, J. *A Short History of Benin*. Lagos: 1934.

Eliade, M. *The Myth of the Eternal Return*. New York: 1954.

Ellen, R. F. , and D. Reason, eds. *Classifications in Their Social Context*. London: 1979.

Emory, K. E. "Tuamotan Concepts of Creation. " *Journal of the Polynesian Society* 49(1940): 69 - 136.

Farrall, S. "Sung and Written Epics: The Case of the Song of Roland." *OTM* (1981): 101 – 14.

Feierman, S. *The Shambaa Kingdom: A History*. Madison: 1974.

Fenton, W. "Field Work, Museum Studies and Ethnohistorical Research." *Ethnohistory* 13(1966): 71 – 85.

Fenton, W. "Problems in the Authentification of the League of the Iroquois." In *Neighbors and Intruders: An Ethnohistorical Exploration of the Indian of Hudson's River*, edited by L. Hauptman and J. Campisi, pp. 262 – 68. Ottawa: 1978.

Fernandez, J. W. *Bwiti: An Ethnography of the Religious Imagination in Africa*. Princeton: 1982.

Fikry, Atallah. "Wala Oral history and Wa's Social Realities." In *African Folklore*, edited by R. M. Dorson, pp. 237 – 253. New York: 1972.

Finley, M. I. "Myth, Memory and History." *History and Theory* 4 (1965): 281 – 302.

Finley, M. I. *The World of Ulysses*. New York: 1954.

Finnegan, R. *Oral Literature in Africa*. Oxford: 1970.

Firth, R. *History and Traditions of Tikopia*. Wellington: 1961.

Firth, R. *The Work of the Gods in Tikopia*. 2 vols. London: 1940.

Fortes, M. *Oedipus and Job in West African Religion*. Cambridge: 1959.

Fosbrooke, H. A. "The Masai Age-group System as a Guide to Tribal Chronology." *African Studies* 15(1956): 188 – 206.

Fox, R. "Child as Plant." In *Rethinking Kinship and Marriage*, edited by R. *Needham*, pp. 219 – 52. London: 1971.

作为历史的口头传说

Frobenius, L. *Dichtkunst der Kassaiden*. Jena: 1928.

Frobenius, L. *Kulturgeschichte Afrikas*. Zürich: 1954.

Gamst, F. C. *The Qemant: A Pagan-Hebraic Peasantry of Ethiopia*. New York: 1979.

Gates, J. "Model Emperors of the Golden Age in Chinese Lore." *Journal of the American Oriental Society* 56(1936): 51 – 76.

Geary, C. *Les choses du palais: Catalogue du Musée du palais Bamoum à Foumban (Cameroun)*. (English version: *Things of the Palace*.) Wiesbaden: 1984.

Geertz, C. *The Interpretation of Cultures*. New York: 1973.

Gibb, H. A. R. *Mohammedanism*. Oxford: 1962.

Gibson, G. D. "Himba Epochs." *HA* 4(1977): 67 – 121.

Gidada, N. "Oromo Historical Poems and Songs." *Paideuma* 29 (1983): 317 – 40.

Goeroeg-Karady, V. *Littérature orale d'Afrique noire: Bibliographie analytique*. Paris: 1981.

Goody, J. , "Oral Tradition and the Reconstruction of the Past in Northern Ghana." *FO* (1978): 285 – 95.

Goody, J. "Mémoire et apprentissage dans les sociétés avec et sans écriture: la transmission du Bagre." *L'homme* 17 (1977): 29 – 52.

Goody, J. *The Domestication of the Savage Mind*. Cambridge: 1977.

Goody, J. *The Myth of the Bagre*. Oxford: 1972.

Goody, J. , and I. Watt. "The Consequences of Literacy." In *Literacy in Traditional Societies*, edited by J. Goody, pp. 27 – 68. Cambridge: 1968.

Gorju, J. *Entre Ie Victoria, l'Albert et l'Edouard*. Rennes: 1920.

Gossen, G. H. *Chamulas in the World of the Sun*. Harvard: 1974.

Gossiaux, P. "Comptes Rendus." *Revue universitaire du Burundi 1* (1972): 73 - 77.

Greene, G. *Journey without Maps*. 1936. Reprint, London: 1971.

Greene, G. *Ways of Escape*. London: 1981.

Griffin, J. B. *A Commentary on an Unusual Research Program in American Anthropology*. Bloomington: 1971.

Griffin, J. B. "Review of *Walam Olum*." *Indiana Magazine of History* 51(1954): 59 - 65.

Guebels, L. "Kallina, E." *Biographie Coloniale Beige* 1 (1948): 563.

Hagenbucher Sacripanti, F. *Les fondements spirituels du pouvoir au royaume de Loango*. Mémoire *ORSTOM* 67. Paris: 1973

Halbwachs, M. *Les cadres sociaux de la mémoire*. Paris: 1925.

Haring, L. "Performing for the Interviewer: A Study of the Structure of Context." *Southern Folklore Quarterly* 36 (1972): 383 - 98.

Handy, E. S. C. *Marquesan Legends*. Bernice P. Bishop Museum bulletin no. 69. Honolulu: 1930.

Hartwig, G. W. "Oral Traditions Concerning the Early Iron Age in Northwestern Tanzania." *IJAHS* 4(1971): 93 - 114.

Harwood, F. "Myth, Memory and the Oral Tradition: Cicero in the Trobriands." *American Anthropologist* 78(1976): 783 - 96.

Haynes, D. E. L. *An Archaeological and Historical Guide to the Pre-Islamic Antiquities of Tripolitania*. Tripoli: 1965.

Heintze, B. "Oral Tradition: Primary Source Only for the

Collector. " *HA* 3(1976): 47 – 56.

Heintze, B. "Translations as Sources for African History. " *HA* 11 (1984): 131 – 61.

Helm, Land B. C. Gillespie. "Dogrib Oral Tradition as History: War and Peace in the 1820's. " *Journal of Anthropological Method* 37(1918): 8 – 27.

Henige, D. *The Chronology of Oral Tradition: Quest for a Chimera*. Oxford: 1974.

Henige, D. *Oral Historiography*. London: 1982.

Henige, D. "Royal Tombs and Preternatural Ancestors: A Devil's Advocacy. " *Paideuma* 23(1977): 205 – 19.

Herskovits, M. *Man and* His *Works*. New York: 1949.

Hoornaert, J. "Time Perspective: Theoretical and Methodological Considerations. " *Psychologica Belgica* 13(1973): 265 – 94.

Howe, L. A. "The Social Determination of Knowledge: Maurice Bloch and Balinese Time. " *Man* 16(1981): 220 – 34.

Ifwanga wa Pindi. "Msaangu: chant d'exaltation chez les Yaka. Quelques considérations thématiques et stylistiques. " In *Mélanges de culture et de linguistique africaines*, edited by P. de Wolf. Mainzer Afrika Studien, 5. Berlin: 1983.

Irvine, J. T. "When Is Genealogy History? Wolof Genealogies in Comparative Perspective. " *American Ethnologist* (1978): 651 – 75.

Irwin, P. *Liptako Speaks: History from Oral Tradition in Africa*. Princeton: 1981.

Jason, A. "The Genre in Oral Literature: An Attempt at Interpretation. " *Temenos* 19(1973): 156 – 60.

Jason, A. "A Multidimensional Approach to Oral Literature. "

Current Anthropology 10(1969): 413 - 26.

Jenkins, J. J. "Remember That Old Theory of Memory Well, Forget It." *American Psychologist* 29(1974): 785 - 95.

Jensen, A. E. "Die Staatliche Organisation und die historische Ueberlieferungen der Barotse am oberen Zambesi." *Württ. Verein für Handelsgeographie* 50(1932): 71 - 115.

Johnson, J. W. "Somali Prosodic Systems." *Hom of Africa* 2 (1979): 46 - 54.

Johnson, J. W. "Yes, Virginia, There is an Epic in Africa." *Research in African Literature* 2(1980): 308 - 26.

Jones, G. 1. "Time and Oral Tradition with Special Reference to Eastern Nigeria." *JAH* 6(1965): 153 - 60.

Jousse, M. *Le style oral rythmique* et *mnémotechnique chez les verbomoteurs.* Archives de philosophie 11. Paris: 1924.

Kaemmer, J. E. "Tone Riddles from Southern Mozambique: Titekatekani of the Tshwa." *FFA* (1977): 204 - 19.

Kagame, A. *Un abrégé de l'ethno-histoire du Rwanda.* Butare: 1972.

Kagame, A. "Etude critique d'un vieux poème historique du Rwanda." In *Symposium Leo Frobenius*, pp. 151 - 95. Pullach: 1974.

Kagame, A. *Introduction aux grands genres lyriques de l'ancien Rwanda.* Butare: 1969.

Kagame, A. *La notion de génération appliquée a la généalogie dynastique et à l'histoire du Rwanda des X-XI siécles a nos jours.* *ARSOM* NS. IX, 5. Brussels: 1959.

Kagame, A. "*La poésie dynastique au Rwanda. ARSOM* NS. 9, 5. Brussels: 1951.

Kagame，A. "Le code ésoterique de la dynastie du Rwanda. " *Zaire* 1: 363 - 86.

Karsten，R. *La civilisation de l'empire inca*. Paris: 1949.

Kanenari，Matsu. *Ainu Jojishi Yukarashu*. Tokyo: 1959 - 65.

Kenny，M. G. "The Stranger from the Lake: A Theme in the History of the Lake Victoria Shorelands. " *Azania* 17(1982): 1 - 26.

Kesteloot，L. , and A. Traore, eds. *Da Monzon de Segou: épopée bambara*. 2 vols. Paris: 1972.

Kinross (Lord). *The Ottoman Centuries: The Rise and Fall of the Turkish Empire*. New York: 1977.

Kirk，G. S. *Myth*. Cambridge: 1970.

Kituai，A. "Historical Narrative of the Bundi People. " *Oral History* (Papua，New Guinea) 2(1974): 8 - 16.

Kronenberg，A. "The Fountain of the Sun: A Tale Related by Herodotos，Pliny and the Modem Teda. " *Man* 55(1955).

Kronenberg，A. , and W. Kronenberg. *Nubische Märchen*. Düsseldorf: 1978

Kouyate，Namankoumba. "Recherches sur la tradition orale au Mali. " DES, Fac. lettres. Alger: 1970.

Kuper，A. "Les femmes contre les Boeufs. " *L'Homme* 27(1983): 33 - 54.

Labrie-Bouthillier，V. "Les expériences sur la transmission orale: d'un modéle individual à un modéle collectif. " *Fabula* 18(1977): 1 - 17.

Lacey，R. "Coming to Know Kepai: Conversational Narratives and the Use of Oral Sources in Papua New Guinea. " *Social Analysis* 4 (1980): 74 - 88.

Lacey, R. "On Tee Grounds as Historical Places: Holders of the Way. A Study in Precolonial Socio-economic History in Papua New Guinea." *Journal of the Polynesian Society* 88 (1979): 277 - 325.

Laman, K. *The Kongo* 111. Studia Ethnographica Upsaliensia XII. Lund: 1962.

Lamphear, J. *The Traditional History of the Iie of Uganda.* Oxford: 1976.

Lange, D. *Le Diwān des sultāns du Kānem Bornū: Chronologie et histoire d'un royaume africain (de la fin du X' siécle jusqu'à 1808.* Studien zur Kulturkunde 42. Wiesbaden: 1977.

Langlois, C. V. , and C. *Seignobos. Introduction aux études historiques.* Paris: 1897.

Langness, L. L. *The Life History in Anthropological Science.* New York: 1965.

Lanzoni, F. *Genesi e svolgimento e tramonto delle leggende storiche.* Studi e Testi VIII. Rome: 1925.

Latukefu, S. "Oral Traditions: An Appraisal of Their Value in Historical Research in Tonga. " JPH 3 (1968): 133 - 43.

Lavachery, H. *Vie des Polynésiens.* Brussels: 1946.

Leach, E. *Genesis as Myth and Other Essays.* London: 1969.

Lévi-Strauss, C. *Mythologiques.* 4 vols. [Vol. 4: L'homme nu] Paris: 1964 - 71.

Lévi-Strauss, C. *La pensée sauvage.* Paris: 1962.

Lévy-Bruhl, L. *La mentalité primitive.* Paris: 1947.

Lewis, I. M. "Historical Aspects of Genealogies in Northern Somali Social Structure. "*JAH* 3 (1962): 35 - 48.

Lewis, I. M. "Literacy in a Nomadic Society: The Somali Case. " *In*

Literacy in Traditional Societies, edited by J. Goody. Cambridge: 1968.

Lieury, A. *La mémoire: Résultats et théories*. Brussels: 1975.

Lloyd, P. C. "Yoruba Myths: A Sociologist's Interpretation. " *Odu* 2(1955): 20 – 28.

Loftus, E. *Eyewitness Testimony*. Cambridge, Mass. : 1979.

Loftus, E. F. *Memory*. Menlo Park: 1980.

Loftus, E. F. , and G. R. Loftus. "On the Permanence of Stored Information in the Human Brain. " *American Psychologist* 35 (1980): 409 – 20.

Lord, A. *The Singer of Tales*. New York: 1960.

Lowie, R. H. *The Crow Indians*. New York: 1935.

Lowie, R. H. *Indians of the Plains*. New York: 1963.

Lowie, R. H. "Oral Tradition and History. " *Journal of American Folklore* 30(1917): 161 – 67.

Lowie, R. H. *Primitive Society*. London: 1949.

Lowie, R. H. *Social Organization*. London: 1950.

Lunghi, M. *Oralità e trasmissione in Africa negra*. Milan: 1979.

Luomala, K. "Polynesian Literature. " In *Encyclopaedia of Literature*, edited by J. T. Shipley, vol. 2, pp. 771 – 89.

Mc Clellan, C. "Indian Stories about the First Whites in Northwestern America. " In Ethnohistory *in Southwestern Alaska and the Southern Yukon*, edited by M. Lantis, pp. 103 – 33. Lexington, Ky. : 1970.

Mac Gaffey, W. "Fetishism Revisited. Kongo *nkisi* in Sociological Perspective. " *Africa* 7(1977): 140 – 52.

Mac Gaffey, W. *Modern Kongo Prophets: Religion in a Plural Society*. Bloomington, 1983.

Mac Gaffey, W. "Oral Tradition in Central Africa." IJAHS 7 (1974): 417 - 26.

Mc Gregor, D. E. "New Guinea Myths and Scriptural Similarities." *Missiology* 2(1974): 33 - 46. Mack, J. , and P. Robertshaw, eds. *Culture History in the Southern Sudan.* British Institute in Eastern Africa Memoir no. 8. Nairobi: 1982.

Mac Pherson, J. *Fragments of Ancient Poetry, Collected in the Highlands and Translated from the Gaelic or Erse Language.* London: 1760.

Mai, P. "The Time of Darkness of Yuu Kuia." *OTM* (1981): 125 - 40.

Mainga, M. *Bulozi under the Luyana Kings: Political Evolution and State Formation in Pre-Colonial Zambia.* London: 1973.

Malinowski, B. *Argonauts of the Western Pacific.* London: 1950.

Malinowski, B. "The Problems of Meaning in Primitive Languages." *In Magic, Science and Religion,* pp. 228 - 76. Glencoe: 1948.

Mark, P. "Economic and Religious Change among the Diola of Boulouf (Casamance), 1890 - 1940: Trade, Cash Cropping and Islam in Southwestern Senegal." Ph. D. diss. , Yale University, 1976.

Marrou, H. I. *De la connaissance historique.* Paris: 1973.

Mayer, R. *Les transformations de la tradition narrative à i'Île Wallis.* Ph. D. 3" cycle. Paris, 1976.

Mbot, J. E. *Ebughi bifia: Démonter les expressions. Enonciations et situations sociales chez les Fang du Gabon.* Mémoires de l'institut d'ethnologie XII. Paris: 1975.

Mercer, P. M. "Oral Tradition in the Pacific: Problems of

Interpretation. " *IPS* 14(1979): 130 – 53.

Meyerowitz, E. *Akan Traditions of Origin*. London: 1952.

Middleton, J. "Some Social Aspects of Lugbara Myth. " *Africa* 24 (1954): 189 – 95.

Miller, J. C. , ed. *The African Past Speaks: Essays on Oral Tradition and History*. Folkestone: 1980.

Miller, J. C. "The Dynamics of Oral Tradition in Africa. " *FO* (1978): 75 – 102.

Miller, J. C. "Kings, Lists and History of Kasanje. " *HA* 6 (1979): 51 – 96.

Miller, J. C. *Kings and Kinsmen: Early Mbundu States in Angola*. Oxford: 1976.

Miller, J. C. "Listening for the African Past. " *APS* (1980): 1 – 59.

Moniot, H. "Les sources de l'histoire africaine. " *In Histoire de l'Afrique*, edited by H. Deschamps, vol. 1, pp. 123 – 47.

Morris, H. F. *The Heroic Recitations of the Bahima of Ankole*. Oxford: 1964.

Mpase Nselenge Mpeti. *L'évolution de la solidarité traditionelle en milieu rural et urbain au Zaire*. Kinshasa: 1974.

Muehlmann, W. *Methodik der Völkerkunde*. Stuttgart: 1938.

Nassau, R. H. *Fetichism in West Africa*. New York: 1904.

Nathhorst, B. *Formal or Structural Studies of Traditional Tales*. University of Stockholm Studies in Comparative Religion 9. Bromma: 1969.

Nathhorst, B. "Genre, Form and Structure in Oral Tradition. " *Temenos* 3(1968): 128 – 35.

Niane, D. T. *Soundjata ou l'Epopée Mandingue*. Paris: 1960.

Niangouran Bouah, G. "Les poids à peser l'or et les problémes de l'écriture." *Symposium Leo Frobenius*. Cologne: 1974.

Nicholson, H. B. "Native Historical Tradition." *American Anthropologist* 57(1955): 595 – 613.

Njoya, I. M. *Histoire et coutumes des Barnum, rédigées sous la direction du Sultan Njoya*. Mémoires de l'IFAN, série populations 5. Translated by H. Martin. Paris: 1972.

Nketia, J. H. *Drumming in the Akan Communities of Ghana*. London: 1963.

Nketia, J. H. *Funeral Dirges of the Akan People*. Achimota: 1955

Notes and Queries in Anthropology. Committee of the Royal Anthropological Institute of Great Britain and Ireland. London: 1951.

Ntambwe Luadia Luadia. "Les Luluwa et Ie commerce luso-africain (1870 – 1895)." *Etudes d'histoire africaine* 6(1974): 55 – 104.

Nzewunwa, N. *The Masquerade in Nigerian History and Culture*. Port Harcourt: 1982.

Obuke, O. O. *A History of Aviara: Its Foundation and Government*. Madison: 1975.

Ohnuki-Tierney, E. "Sakhalin Time Reckoning." *Man* 8(1973): 285 – 99.

Ohnuki-Tierney, E. "Spatial Concepts of the Ainu of the Northwest Coast of Southern Sakhalin." *American Anthropologist* 74 (1972): 426 – 57.

Olajubu, O. "Iwì Egúngún Chants: An Introduction." *FFA* (1977): 154 – 74.

Oliver, R. "Ancient Capital Sites of Ankole." *The Uganda Journal* 23(1959): 51 – 63.

Oliver, R. "The Royal Tombs of Buganda. " *The Uganda Journal* 23(1959): 129 – 33.

Ore, T. , ed. *Memorias de un viejo luchador campesino: Juan H. Pevez.* Lima: 1983.

Ottino, P. " *Un procédé littéraire malayo-polynésien.* De l'ambiguité à la pluri-signification. " *I' Homme* 6(1966): 5 – 34.

Packard, R. *Chiefship and Cosmology: An Historical Study of Political Competition.* Bloomington: 1981.

Paideuma. vol. 22(1976).

Pagès, A. *Un royaume hamite au centre de I'Afrique.* ARSOM I. Brussels: 1933.

Palau Marti, M. *Les Dogon.* Paris: 1957.

Panoff, M. "The Notion of Time among the Maenge People of New Britain. " *In Second Waignai Seminar: The History of Melanesia,* edited K. S. Inglis, pp. 443 – 62. Canberra/Port Moresby: 1969.

Peel, J. D. Y. "Kings, Titles and Quarters: A Conjectural History of Ilesha. I. The Traditions Reviewed. " *HA* 6(1979): 109 – 53.

Pellat, C. *Langue et Littérature arabe.* Paris: 1952.

Pender-Cudlip, P. " Encyclopedic Informants and Early Interlacustrine History. " *IJAHS* 6(1973): 198 – 210.

Pender-Cudlip, P. "Oral Tradition and Anthropological Analysis: Some Contemporary Myths. " *Azania* 7(1972): 6 – 12.

Pernoud, R. *Les Gaulois.* Paris: 1957.

Perrot, C. H. "Ano Asema: my the et histoire. " *JAH* 15(1974): 199 – 223.

Perrot, C. H. *Les Anyi-Ndenye et Ie pouvoir aux 18 " et 19 " siecies.* Paris: 1982.

Perrot, C. H. "Les documents d'histoire autres que les récits dans la société agni. " *FO*, pp. 483 – 96.

Philippi, D. *Kojiki*. Tokyo: 1968.

Plancquaert, M. *Les Jaga* et *les Bayaka du Kwango*. *ARSOM* 3. Brussels: 1932.

Plancquaert, M. *Les Yaka*: *Essai d'histoire*. MRAC 71. Tervuren: 1971.

Portilla, L. *Time and Reality in the Thought of the Maya*. Boston: 1973.

Propp, V. *Morphology of the Folktale*. International Journal of American Linguistics bulletin no. 24. Bloomington: 1958.

Prins, G. *The Hidden Hippopotamus*. Cambridge: 1980.

Radin, P. *The Story of the American Indian*. New York: 1937.

Read, M. H. "Traditions and Prestige among the Ngoni. " *Africa 9* (1936): 453 – 84.

Reefe, T. "Lukasa: A Luba Memory Device. " *African Arts* 10 (1977): 48 – 50.

Reefe, T. *The Rainbow and the Kings*: A *History of the Luba Empire* to 1891. Berkeley: 1981.

Reischauer, E. O. , and J. K. Fairbanks. *East Asia*: *The Great Tradition*. Boston: 1958.

Robertson, A. F. "Histories and Political Opposition in Ahafo, Ghana. " *Africa* 43(1973): 41 – 58.

Robson, J. "Hadīth. " *The New Encyclopedia of Islam*, vol. 2. Leiden: 1954.

Rodegem, F. M. *Anthologie rundi*. Paris: 1973.

Rodegem, F. M. *Paroles de sagesse au Burundi*. Leuven: 1983.

Rosaldo, R. "Doing Oral History. " *Social Analysis* 4(1980): 89 –

99.

Rowe, J. H. "Inca Culture at the Time of the Spanish Conquest. " In *Handbook of South American Indians*, edited by J. Steward, pp. 183 - 330. Washington: 1946.

Ryder, A. *Benin and the Europeans*, 1485 - 1897. London: 1969.
Saberwal, S. "The Oral Tradition, Periodization and Political Systems. " *Canadian Journal of African Studies* 1(1967): 155 - 62.

Salisbury, R. E. "Unilineal Descent Groups in the New Guinea Highlands. " *Man* 56(1956): 2 - 7.

Samain, A. *La langue Kisonge: grammaire, vocabulaire, proverbs*. Brussels: 1923.

Schacht, J. "A Reevaluation of Islamic Traditions. " *Journal of the Royal Asiatic Society of Great Britain and Ireland.* (1949): 142 - 54.

Scheub, H. *African Oral Narratives, Proverbs, Riddles, Poetry and Song*. Boston: 1977.

Scheub, H. "The Art of Nongenile Mazithathu Zenani, a Gcaleka Ntsomi Performer. " In *African Folklore*, edited by R. M. Dorson, pp. 115 - 42. New York: 1972.

Scheub, H. "Body and Image in Oral Narrative Performance. " *New Literary History* 8(1976): 345 - 67.

Scheub, H. "Performance of Oral Narrative. " In *Frontiers of Folklore*, edited by W. Bascom, pp. 54 - 78. New York: 1977.

Scheub, H. "The Technique of the Expansible Image of Xhosa *Ntsomi* Performances. " *Research in African Literatures* 1 (1970): 119 - 46.

Scheub, H. "Translation of African Oral Narrative-Performances to the Written Word. " *Yearbook of Comparative and General Literature* 20(1971): 28 – 36.

Scheub, H. *The Xhosa Ntsomi*. Oxford: 1975.

Schmidt, P. "Cultural Meaning and History in African Myth. " *International Journal of Oral History* 4(1983): 167 – 83.

Schulze-Thulin, A. *Intertribaler Wirtschaftsverkehr und kulturökonomische Entwicklung*. Meisenheim am Glan: 1973.

Sigwalt, R. "The Kings Left Lwindi; The Clans Divided at Luhunda: How Bushi's Dynastic Origin Myth Behaves. " *APS*, pp. 126 – 56.

Simmons, D. C. "Tonal Rhyme in Efik Poetry. " *Anthropological Literatures* 2(1960): 1 – 10.

Smith, P. Le *récit populaire au Rwanda*. Paris: 1975.

Spear, T. O. "Oral Tradition: Whose History?" *JPS* 16(1981): 132 – 48.

Speke, J. H. *Journal of the Discovery of the Source of the Nile*. Edinburgh: 1863.

Sperber, D. *Rethinking Symbolism*. Translated from French by A. L. Morton. Cambridge: 1975.

Stanislas, P. "Kleine nota over de Ankutsh'u. " *Aequatoria* 2 (1939): 124 – 30.

Stappers, L. "Toonparallelisme als mnemotechnisch middel in spreekwoorden. " *Aequatoria* 15(1953): 99 – 100.

Staude, W. "Die ätiologische Legende von dem Chefsystem in Yoro. " *Paideuma* 16(1970): 151 – 58.

Swanson, E. "Orpheus and the Star Husband: Meaning and Structure of Myth. " *Ethnology* 15(1976): 124 – 26.

Tamene, Bitima. "On Some Oromo Historical Poems. " *Paideuma*

29 (1983): 317 - 40.

Tamminen, M. *Finsche My then en Legenden: Het volksepos "Kalevala."* Zutphen: 1928.

Tedlock, D. "On the Translation of Style in Oral Narrative." *Journal of American Folklore* 84(1971): 114 - 33.

Thomas, C. L. , J. Z. Kronenfeld, and D. B. Kronenfeld. "Asdiwal Crumbles: A Critique of Lévi-Straussian Myth Analysis." *American Ethnologist* 3(1976): 147 - 73.

Thompson, P. *The Voice of the Past.* London: 1978.

Thompson, R. F. , and J. Comet. *The Four Moments of the Sun: Kongo Art in Two Worlds.* Washington: 1982.

Thompson, S. *Motif-Index of Folk Literature.* 6 vols. Bloomington: 1955 - 1958.

Thornton, J. "The Chronology and Causes of Lunda Expansion to the West, c. 1700 to 1852." *Zambia Journal of History* 1, pp. 1 - 13.

Tominaga, Jiró. "Literature." In *Japan: The Official Guide*, pp. 150 - 65. Tokyo: 1954.

Tosh, J. *Clan Leaders and Colonial Chiefs in Lango.* Oxford: 1978.

Underhill, R. *Red Man's America: A History of Indians in the United States.* Chicago: 1953.

UNESCO. *La méthodologie de l'histoire de l'Afrique contemporaine.* Etudes et documents. Histoire générale de l'Afrique no. 8. Paris: 1984.

Van Binsbergen, W. M. J. "Interpreting the Myth of Sidi Mhâmmad: Oral History in the Highlands of North-Western Tunisia." *Social Analysis* 4(1980): 51 - 73.

Van BuIck, G. "De invloed van de westersche kultuur op de gesproken woordkunst bij de Bakongo. " *Kongo-Overzee* 2(1936 - 37): vol. 2, pp. 285 - 93: vol. 3, pp. 26 - 41.

Van Caeneghem, R. "Hekserij bij de Baluba van Kasai". *ARSOM* NS. 3, 1. Brussels: 1954.

Van Gennep, A. *La formation des Iégendes.* Paris: 1910.

Van Noten, F. , ed. *The Archaeology of Central Africa.* Graz: 1982.

Vansina, J. *The Children of Woot: A History of the Kuba Peoples.* Madison: 1978.

Vansina, J. *Geschiedenis van de Kuba van ongeveer 1500 tot 1904.* MRAC 44. Tervuren: 1963.

Vansina, J. *Ibitéekerezo: Historical Narratives from Rwanda.* CRL Microfilm. Chicago: 1973.

Vansina, J. "Is Elegance Proof?" *HA* 10(1983): 307 - 48.

Vansina, J. "L'influence du mode de compréhension historique d'une civilisation sur ses traditions d'origine: l'exemple kuba. " *Bulletin des séances de l'Académie des sciences d'Outre-Mer.* (1973): 220 - 40.

Vansina, J. *La Iégende du passé: Traditions orales de Burundi.* *MRAC, Archives* no. 16. Tervuren: 1972.

Vansina, J. "Memory and Oral Tradition. " *APS*, pp. 262 - 79.

Vansina, J. " The Power of Systematic Doubt in Historical Enquiry. " *HA* 1(1974): 109 - 28.

Vansina, J. *The Tio Kingdom of the Middle Congo, 1880 -1892.* London: 1973.

Vansina, J. "Traditions of Genesis. " *JAH* 15(1974): 317 - 22.

Vansina, J. "Western Bantu Expansion. " *JAH* 25(1984): 131 -

49.

Vansina, J. , and J. Jacobs. "*Nshoong atoot*: Het koninklijk epos der Bushong (Mushenge, Belgisch Kongo). " *Kongo Overzee* 22 (1956): 1 – 39.

Vellut, J. -L. "Notes sur Ie Lunda et la frontiére luso-africaine. " *Etudes d'histoire africaine* 3(1972): 61 – 166.

Verdon, M. *The Abutia Ewe of West Africa*. Berlin: 1983.

Verhaegen, B. *Introduction à l'histoire immédiate*. Gembloux: 1974.

Voegelin, C. F. , ed. *Walam Olum or Red Score: The Migration Legend of the Lenni Lenape or Delaware Indians*. Indianapolis: 1954.

Webster, J. B. , ed. *Chronology, Migration and Drought in Interlacustrine Africa*. New York: 1979.

Weinstock, H. *Rossini, A Biography*. New York: 1968.

Weiskel, T. "The Precolonial Baule: A Reconstruction. " *Cahiers d'études africaines* 72(1978): 503 – 60.

Westermann, D. *Geschichte Afrikas. Staatsbildungen Südlich der Sahara*. Cologne: 1952.

Wiget, A. O. "Truth and the Hopi: An Historiographic Study of Documented Oral Tradition Concerning the Coming of the Spanish. " *Ethnohistory* 29(1982): 181 – 99.

Wilbert, J. , and K. Simonean. *Folk Literature of the Toba Indians*. Berkeley: 1982.

Willis, R. G. *On Historical Reconstruction from Oral-Traditional Sources: A Structuralist Approach*. Twelfth Melville J. Herkovits Memorial Lecture. Evanston, Ill. : 1976.

Willis, R. G. *A State in the Making: Myth, History and Social*

Transformation in pre-colonial Ufipa. Bloomington: 1981.

Wilson, M. *Communal Rites of the Nyakyusa*. London: 1959.

Wilson, M. , and L. Thompson. *The Oxford History of South Africa*, vol. 1. Oxford: 1969.

Wright, D. , ed. *Beowulf*. Baltimore: 1957.

Wright, D. R. *Oral Tradition of the Gambia*. 2 vols. Athens, Ohio: 1979.

Wright, D. R. "Uprooting Kunta Kinte: On the Perils of Relying on Encyclopedic Informants. " *HA* 7(1981): 205 – 17.

Wright, J. K. " Map. " *Encyclopaedia Britannica*, vol. 14. Chicago: 1971.

Yoder, J. C. "The Historical Study of a Kanyok Genesis Myth: The Tale of Citend a Mfumu. " *APS*, pp. 82 – 107.

Young, F. W. "A Fifth Analysis of the Star Husband. " *Ethnology* 9 (1970): 389 – 413.

Zigmond, M. L. "Archaeology and the 'Patriarchal Age' of the Old Testament. " In *Explorations in Cultural Anthropology*, edited by W. H. Goodenough, pp. 571 – 98. New York: 1964.

缩略词

APS
The African Past Speaks: Essays on Oral Tradition and History. Edited by J. C. Miller. Folkestone: 1980.

ARSOM
Institut Royal Colonial BeIge. Section des sciences morales et politiques. Mémoires in 8°. Later (post-1952), Académe royale des sciences coloniales. Classe des sciences morales et politiques. Later (post-1960), Académie royale des Sciences d'Outre-Mer.

FFA
Forms of Folklore in Africa. Narrative, Poetic, Gnomic, Dramatic. Edited by B. Lindfors. Austin: 1977.

FO
Fonti Orali-Ora I Sources-sources orales. Antropologia e Storia-Anthropology and History-Anthropologie et Histoire. Edited, by B. Bernardi, C. Poni, and A. Triulzi. Milan: 1978.

HA
History in Africa: A Journal of Method.

IJAHS
International Journal of African Historical Studies

JAH	*Journal of African History*
JPH	*Journal of Pacific History*
MRAC	*Musée royal de I 'Afrique Centrale. Annales.* Série in 8°. *Sciences humaines.*
MRAC，*Archives*	*Musée royal de l'Afrique Centrale. Archives d'Anthropologie.*
OTM	*Oral Tradition in Melanesia.* Edited by D. Denoon and R. Lacey. Hong Kong：1981.

译后记

《作为历史的口头传说》是一部著名的研究口述史的理论著作，作者是非洲史学家简·范西纳。简·范西纳是比利时人，毕业于鲁汶大学，自 20 世纪 40 年代开始在中部非洲和东部非洲，相当于今天的刚果（金）、刚果（布）、卢旺达、布隆迪和利比亚等国从事实地考察，获得了丰富的第一手资料。这部著作是简·范西纳在长期实地考察的基础上，从一般方法论的角度论述了在历史研究中如何运用口头传说。

全书分为七章：第一章，作为过程的口头传说；第二章，表演、传说和文本；第三章，信息的获取；第四章，信息是一种社会产物；第五章，信息表达文化；第六章，传说是已记录的信息；第七章，口头传说的评价。

对口头传说的重视是非洲独立之后第一代历史学家，即民族主义历史学家的共识，如戴克、阿贾伊和奥戈特等人，在其对非洲历史的研究中都比较广泛地运用口头传说。但是，系统阐述口头传说在历史研究中的作用，确实是范西纳的最大贡献。他认为，口头传说是文化延续的工具之一，同时也包含着丰富的历史信息。简·范西纳也注意到口头传说的缺陷，这一缺陷主要表现在缺乏年代顺序，以及因各种社会原因而产生的选择性解释。

本书尽管是 1985 年出版的，今天翻译它并未过时，因为该书是一部关于口述史基本理论和非洲口述史的经典之作，对于非洲史研究和口述史研究都有一定的参考价值。

　　本书的翻译是集体协作完成,上海师范大学非洲研究中心博士郑晓霞翻译第二章,博士生杨敬翻译致谢、前言、第一章和第七章,硕士王恪彦翻译第三章、第四章(到原文第 114 页),李慧翻译第四章(原文第 114 页之后)、第五章,张依华翻译第六章。硕士生欧阳媚卉校对了注释和参考文献。全书由张忠祥、郑晓霞校译。

　　本书的出版得到多方面的支持。首先,本书是上海师范大学非洲研究中心的成果之一,感谢教育部区域和国别研究基地的资助;其次,本书的翻译和出版是在陈恒教授的大力支持下完成的,对于陈恒教授深表感谢;再次,本书能够顺利出版,还得到上海三联书店的大力支持,对于殷亚平女士的辛勤付出表示感谢。由于该著作涉及面很广及翻译难度大,加之我们水平有限,所以,肯定还有不少翻译不到位甚至错误的地方,敬请大家批评指正。

张忠祥

2019 年 6 月 23 日

上海三联人文经典书库

已出书目

1. 《世界文化史》(上、下) 〔美〕林恩·桑戴克 著 陈廷璠 译
2. 《希腊帝国主义》 〔美〕威廉·弗格森 著 晏绍祥 译
3. 《古代埃及宗教》 〔美〕亨利·富兰克弗特 著 郭子林 李凤伟 译
4. 《进步的观念》 〔英〕约翰·伯瑞 著 范祥涛 译
5. 《文明的冲突:战争与欧洲国家体制的形成》 〔美〕维克多·李·伯克 著 王晋新 译
6. 《君士坦丁大帝时代》 〔瑞士〕雅各布·布克哈特 著 宋立宏 熊莹 卢彦名 译
7. 《语言与心智》 〔俄〕科列索夫 著 杨明天 译
8. 《修昔底德:神话与历史之间》 〔英〕弗朗西斯·康福德 著 孙艳萍 译
9. 《舍勒的心灵》 〔美〕曼弗雷德·弗林斯 著 张志平 张任之 译
10. 《诺斯替宗教:异乡神的信息与基督教的开端》 〔美〕汉斯·约纳斯 著 张新樟 译
11. 《来临中的上帝:基督教的终末论》 〔德〕于尔根·莫尔特曼 著 曾念粤 译
12. 《基督教神学原理》 〔英〕约翰·麦奎利 著 何光沪 译
13. 《亚洲问题及其对国际政治的影响》 〔美〕阿尔弗雷德·马汉 著 范祥涛 译

14. 《王权与神祇：作为自然与社会结合体的古代近东宗教研究》
    （上、下）［美］亨利·富兰克弗特　著　郭子林　李　岩
    李凤伟　译

15. 《大学的兴起》［美］查尔斯·哈斯金斯　著　梅义征　译

16. 《阅读纸草，书写历史》［美］罗杰·巴格诺尔　著　宋立宏
    郑　阳　译

17. 《秘史》［东罗马］普罗柯比　著　吴舒屏　吕丽蓉　译

18. 《论神性》［古罗马］西塞罗　著　石敏敏　译

19. 《护教篇》［古罗马］德尔图良　著　涂世华　译

20. 《宇宙与创造主：创造神学引论》［英］大卫·弗格森　著
    刘光耀　译

21. 《世界主义与民族国家》［德］弗里德里希·梅尼克　著　孟
    钟捷　译

22. 《古代世界的终结》［法］菲迪南·罗特　著　王春侠　曹明
    玉　译

23. 《近代欧洲的生活与劳作（从 15—18 世纪）》［法］G. 勒纳尔
    G. 乌勒西　著　杨　军　译

24. 《十二世纪文艺复兴》［美］查尔斯·哈斯金斯　著　张　澜
    刘　疆　译

25. 《五十年伤痕：美国的冷战历史观与世界》（上、下）［美］德瑞
    克·李波厄特　著　郭学堂　潘忠岐　孙小林　译

26. 《欧洲文明的曙光》［英］戈登·柴尔德　著　陈　淳　陈洪
    波　译

27. 《考古学导论》　［英］戈登·柴尔德　著　安志敏　安家
    瑗　译

28. 《历史发生了什么》［英］戈登·柴尔德　著　李宁利　译

29. 《人类创造了自身》［英］戈登·柴尔德　著　安家瑗　余敬
    东　译

30. 《历史的重建：考古材料的阐释》［英］戈登·柴尔德　著
    方　辉　方堃杨　译

31. 《中国与大战：寻求新的国家认同与国际化》　［美］徐国琦

著　马建标　译

32.《罗马帝国主义》［美］腾尼·弗兰克　著　宫秀华　译

33.《追寻人类的过去》［美］路易斯·宾福德　著　陈胜前　译

34.《古代哲学史》［德］文德尔班　著　詹文杰　译

35.《自由精神哲学》［俄］尼古拉·别尔嘉耶夫　著　石衡潭　译

36.《波斯帝国史》［美］A.T.奥姆斯特德　著　李铁匠等　译

37.《战争的技艺》［意］尼科洛·马基雅维里　著　崔树义　译　冯克利　校

38.《民族主义：走向现代的五条道路》［美］里亚·格林菲尔德　著　王春华等　译　刘北成　校

39.《性格与文化：论东方与西方》［美］欧文·白璧德　著　孙宜学　译

40.《骑士制度》［英］埃德加·普雷斯蒂奇　编　林中泽　等译

41.《光荣属于希腊》［英］J.C.斯托巴特　著　史国荣　译

42.《伟大属于罗马》［英］J.C.斯托巴特　著　王三义　译

43.《图像学研究》［美］欧文·潘诺夫斯基　著　戚印平　范景中　译

44.《霍布斯与共和主义自由》［英］昆廷·斯金纳　著　管可秾　译

45.《爱之道与爱之力：道德转变的类型、因素与技术》［美］皮蒂里姆·A.索罗金　著　陈雪飞　译

46.《法国革命的思想起源》［法］达尼埃尔·莫尔内　著　黄艳红　译

47.《穆罕默德和查理曼》［比］亨利·皮朗　著　王晋新　译

48.《16世纪的不信教问题：拉伯雷的宗教》［法］吕西安·费弗尔　著　赖国栋　译

49.《大地与人类演进：地理学视野下的史学引论》［法］吕西安·费弗尔　著　高福进　等译

50.《法国文艺复兴时期的生活》［法］吕西安·费弗尔　著　施诚　译

51.《希腊化文明与犹太人》 ［以］维克多·切利科夫 著 石敏敏 译

52.《古代东方的艺术与建筑》 ［美］亨利·富兰克弗特 著 郝海迪 袁指挥 译

53.《欧洲的宗教与虔诚：1215—1515》 ［英］罗伯特·诺布尔·斯旺森 著 龙秀清 张日元 译

54.《中世纪的思维：思想情感发展史》 ［美］亨利·奥斯本·泰勒 著 赵立行 周光发 译

55.《论成为人：神学人类学专论》 ［美］雷·S.安德森 著 叶汀 译

56.《自律的发明：近代道德哲学史》 ［美］J. B.施尼温德 著 张志平 译

57.《城市人：环境及其影响》 ［美］爱德华·克鲁帕特 著 陆伟芳 译

58.《历史与信仰：个人的探询》 ［英］科林·布朗 著 查常平 译

59.《以色列的先知及其历史地位》 ［英］威廉·史密斯 著 孙增霖 译

60.《欧洲民族思想变迁：一部文化史》 ［荷］叶普·列尔森普 著 周明圣 骆海辉 译

61.《有限性的悲剧：狄尔泰的生命释义学》 ［荷］约斯·德·穆尔 著 吕和应 译

62.《希腊史》 ［古希腊］色诺芬 著 徐松岩 译注

63.《罗马经济史》 ［美］腾尼·弗兰克 著 王桂玲 杨金龙 译

64.《修辞学与文学讲义》 ［英］亚当·斯密 著 朱卫红 译

65.《从宗教到哲学：西方思想起源研究》 ［英］康福德 著 曾琼 王涛 译

66.《中世纪的人们》 ［英］艾琳·帕瓦 著 苏圣捷 译

67.《世界戏剧史》 ［美］G.布罗凯特 J.希尔蒂 著 周靖波 译

68.《20世纪文化百科词典》 ［俄］瓦季姆·鲁德涅夫 著 杨明天 陈瑞静 译

69.《英语文学与圣经传统大词典》 〔美〕戴维·莱尔·杰弗里（谢大卫）主编 刘光耀 章智源等 译

70.《刘松龄——旧耶稣会在京最后一位伟大的天文学家》 〔美〕斯坦尼斯拉夫·叶茨尼克 著 周萍萍 译

71.《地理学》 〔古希腊〕斯特拉博 著 李铁匠 译

72.《马丁·路德的时运》 〔法〕吕西安·费弗尔 著 王永环 肖华峰 译

73.《希腊化文明》 〔英〕威廉·塔恩 著 陈 恒 倪华强 李 月 译

74.《优西比乌：生平、作品及声誉》 〔美〕麦克吉佛特 著 林中泽 龚伟英 译

75.《马可·波罗与世界的发现》 〔英〕约翰·拉纳 著 姬庆红译

76.《犹太人与现代资本主义》 〔德〕维尔纳·桑巴特 著 艾仁贵 译

77.《早期基督教与希腊教化》 〔德〕瓦纳尔·耶格尔 著 吴晓群 译

78.《希腊艺术史》 〔美〕F·B·塔贝尔 著 殷亚平 译

79.《比较文明研究的理论方法与个案》 〔日〕伊东俊太郎 梅棹忠夫 江上波夫 著 周颂伦 李小白 吴 玲 译

80.《古典学术史：从公元前 6 世纪到中古末期》 〔英〕约翰·埃德温·桑兹 著 赫海迪 译

81.《本笃会规评注》 〔奥〕米歇尔·普契卡 评注 杜海龙 译

82.《伯里克利：伟人考验下的雅典民主》 〔法〕 樊尚·阿祖莱 著 方颂华 译

83.《旧世界的相遇：近代之前的跨文化联系与交流》 〔美〕 杰里·H.本特利 著 李大伟 陈冠堃 译 施诚 校

84.《词与物：人文科学的考古学》修订译本 〔法〕米歇尔·福柯 著 莫伟民 译

85.《古希腊历史学家》 〔英〕约翰·伯瑞 著 符莹岩 张继华 译

86.《自我与历史的戏剧》 〔美〕莱因霍尔德·尼布尔 著 方

永 译

朱晶进　译

104.《俄罗斯诗人布罗茨基》［俄罗斯］弗拉基米尔·格里高利耶维奇·邦达连科　著　杨明天　李卓君　译

105.《巫术的历史》［英］蒙塔古·萨默斯　著　陆启宏　等译
陆启宏　校

106.《希腊-罗马典制》［匈牙利］埃米尔·赖希　著　曹明
苏婉儿　译

107.《十九世纪德国史（第一卷）：帝国的覆灭》［英］海因里希·冯·特赖奇克　著　李娟　译

108.《通史》［古希腊］波利比乌斯　著　杨之涵　译

109.《苏美尔人》［英］伦纳德·伍雷　著　王献华　魏桢力　译

110.《旧约：一部文学史》［瑞士］康拉德·施密特　著　李天伟
姜振帅　译

111.《中世纪的模型：英格兰经济发展的历史与理论》［英］约翰·哈彻　马可·贝利　著　许明杰　黄嘉欣　译

112.《文人恺撒》［英］弗兰克·阿德科克　著　金春岚　译

113.《罗马共和国的战争艺术》［英］弗兰克·阿德科克　著　金春岚　译

114.《古罗马政治理念和实践》［英］弗兰克·阿德科克　著　金春岚　译

115.《神话历史：现代史学的生成》［以色列］约瑟夫·马里　著
赵琪　译

116.《论人的理智能力及其教育》［法］爱尔维修　著　汪功伟　译

117.《俄罗斯建筑艺术史：古代至19世纪》［俄罗斯］伊戈尔·埃马努伊洛维奇·格拉巴里　主编　杨明天　王丽娟　闻思敏　译

118.《论革命：从革命伊始到帝国崩溃》［法］托克维尔　著　［法］弗朗索瓦丝·梅洛尼奥　编　曹胜超　崇明　译

欢迎广大读者垂询，垂询电话：021－22895540

图书在版编目(CIP)数据

作为历史的口头传说/(比)简·范西纳著;郑晓霞等译;张忠祥等校译.—上海:上海三联书店,2022.9
(上海三联人文经典书库)
ISBN 978-7-5426-7795-2

Ⅰ.①作… Ⅱ.①简…②郑…③张… Ⅲ.①口述历史学-研究 Ⅳ.①K0

中国版本图书馆 CIP 数据核字(2022)第 142565 号

著作权合同登记号:09-2019-918

作为历史的口头传说

著　者 / [比利时]简·范西纳
译　者 / 郑晓霞　等
校　译 / 张忠祥　等

责任编辑 / 殷亚平
装帧设计 / 徐　徐
监　制 / 姚　军
责任校对 / 王凌霄

出版发行 / 上海三联书店
　　　　　(200030)中国上海市漕溪北路 331 号 A 座 6 楼
邮　箱 / sdxsanlian@sina.com
邮购电话 / 021-22895540
印　刷 / 上海展强印刷有限公司

版　次 / 2022 年 9 月第 1 版
印　次 / 2022 年 9 月第 1 次印刷
开　本 / 640mm×960mm　1/16
字　数 / 220 千字
印　张 / 17.5
书　号 / ISBN 978-7-5426-7795-2/K·678
定　价 / 88.00 元

敬启读者,如发现本书有印装质量问题,请与印刷厂联系 021-66366565